学思践悟
细照笃行

——关于民主党派
履职尽责的行与思

张耀勇 ◎ 著

群言出版社
QUNYAN PRESS
·北京·

图书在版编目（CIP）数据

学思践悟 细照笃行：关于民主党派履职尽责的行与思/张耀勇著. --北京：群言出版社，2024.1（2024.11重印）
ISBN 978-7-5193-0865-0

Ⅰ.①学… Ⅱ.①张… Ⅲ.①民主党派－参政议政－研究－中国 Ⅳ.①D665

中国国家版本馆CIP数据核字(2023)第153395号

策划编辑：孙平平
责任编辑：胡　明
封面设计：闰江文化

出版发行：群言出版社
地　　址：北京市东城区东厂胡同北巷1号（100006）
网　　址：www.qypublish.com（官网书城）
电子信箱：qunyancbs@126.com
联系电话：010-65267783　65263836
法律顾问：北京法政安邦律师事务所
经　　销：全国新华书店
印　　刷：北京九天万卷文化科技有限公司
版　　次：2024年1月第1版
印　　次：2024年11月第2次印刷
开　　本：710mm×1000mm　1/16
印　　张：16
字　　数：210千字
书　　号：ISBN 978-7-5193-0865-0
定　　价：78.00元

【版权所有，侵权必究】

如有印装质量问题，请与本社发行部联系调换，电话：010-65263836

在心底的沉淀。

  本着这样的态度，在写作过程中，作者力求做到每一个文字都精雕细琢，每一个观点都反复论证，每一个判断都符合逻辑，每一个文献都用当其需，经得起实践的检验。当然，这只是一种自加压力的精神状态和心理自觉，具体是否做到了，还是要靠事实来说话，也需要各位专家和实务工作者的批评指正。

  征途依然漫漫，做事力所能及。人活于世，混吃等死是最悲哀的选择。既然还有呼吸，总要做点什么。哪怕只是一只小小的萤火虫，也要释放自己的美好，用仅有的一点点微光，为追梦的人点亮前行的路。

  是为感。

作者
2023 年 3 月 2 日于昆明呈贡实力心城寓所

写在前面的话

历时三年时间，终于到了要完成一个长久以来心愿的美好时刻。心中有感慨，有欣慰，更多是如诗般的宁静。不知道怎么会有这样的状态，但这是如此真实的内心自白。

日日行，不怕千万里；常常做，不怕千万事。从决定写这部书的第一天开始，就有一种战战兢兢的感觉。仿佛在建一座房子，本职工作之余，多少个夜深人静，多少个彷徨忐忑，在学习、思考和实践的氛围中一天一块砖、一天一块砖地往上有规律地堆砌，已经形成一种习惯。同时知道每天的进度如何，现在已经砌到哪里，明天开始要砌哪里。这是一种鞭策，也是一种快乐。

三年来，我随时在反思，是否真有能力做好这样的著述，我写的东西是否无愧于称之为一本书，是否能够把自己的所有心力奉献给读者？所以总是如履薄冰，也在时时检讨和审视自己：是否用了足够的耐心和踏实的态度去对待研究中哪怕是一个很小的问题？除了站在前人的肩膀，吸纳必要的引用和学习大量的参考文献外，是否做到原创，是否出自个人的独立思考和感悟？时时告诫自己："如果粗制滥造，花那么大精力有意思吗？""如果要靠囫囵吞枣式的照抄照搬，哪怕只是一段话，那内心能安吗？"如果不能做到深入探讨和研究问题，只是人云亦云，或者浮于表面的浅尝辄止，或者生拉硬拽的无病呻吟，就干脆不做，还不如休息游乐，多么轻松。

避免说教式的论述，注重叙事说理平实，既不偏重理论的阐述，也不在具体工作做法上纠缠，而是着重在理论与实际的结合上下功夫，是作者写作的特点之一。这不仅是唯物辩证法，而且是一种务实风格

序　言

《中国新型政党制度》白皮书指出,"中国共产党领导的多党合作和政治协商制度是中国的一项基本政治制度。这一制度既植根中国土壤、彰显中国智慧,又积极借鉴和吸收人类政治文明优秀成果,是中国新型政党制度。"这一重要论述将中国政党制度置于世界政治文明发展的大背景之中,系统深刻概括了中国政党制度的鲜明特色和独特优势,彰显出宽广的世界眼光、高度的理论自觉、坚定的制度自信和深邃的政治智慧,对于进一步加强新时代中国特色社会主义民主政治建设、推进我国多党合作事业持续向前发展,具有十分重大的意义。

我国各民主党派是与中国共产党风雨同舟、团结合作、共同致力于中国特色社会主义事业的参政党,是中国共产党领导的多党合作和政治协商制度的重要组成部分。在国家富强、民族独立和人民解放的风雨历程中,各民主党派始终坚守接受中国共产党领导的政治品格和精神特质,始终与中国共产党共克时艰、共历风雨、共襄伟业、共同前进,始终与中国共产党站在一起、走在一起、干在一起,自觉做中国共产党的好参谋、好帮手、好同事,矢志不渝沿着中国特色社会主义道路前进。在中国共产党领导的多党合作和政治协商制度框架内,作为执政党来说,建设什么样的长期执政的马克思主义政党、怎样建设长期执政的马克思主义政党是一个重大的理论和实践问题,直接关系到党和国家的前途命运。同样的,各民主党派也面临着"建设什么样的参政党,怎样建设适应时代要求的中国特色社会主义参政党",以及"民主党派要履行什么样的职能职责,怎样履行好参政党的职能职责"这样一个重要的理论和实践问题。当前,如何与时俱进地提升履职能力，履行好参政议政、民主监督和参加中国共产党领导的政治协商职能，开展好各项社会服务活动，回答好这样的理论和实践问题，是摆在新时代中国特色社会主义参政党面前的重要课题。

因缘际会，遂忝过任。作者于2002年9月成为中国民主同盟云南省委员会机关的一名专职干部，并长期从事思想宣传和多党合作理论研究及工作实践，与民主党派工作结下了不解之缘。在长期的理论学习和工作实践中，作者深刻认识到，民主党派工作是一项政治性极强的工作，它是贯彻落实中国共产党领导的多党合作和政治协商制度的重要载体和平台。在新的时代条件下，民主党派及其成员只有通过不断学习实践，深刻领悟马克思主义及其中国化时代化最新成果习近平新时代中国特色社会主义思想的精神实质和深刻内涵，对中国共产党领导的多党合作和政治协商制度确立完善发展的时代背景、变化演进的整个历程深刻理解和准确把握，才能不断增强对中国共产党领导的多党合作和政治协商制度产生的历史必然性和巨大优越性的理解和认识；只有始终坚持中国共产党的领导，与中国共产党团结合作，与人民群众同呼吸、共命运，与时代共舞，与人民同歌，履行好参政党职责，发挥好参政党作用，才能与中国共产党一道共同谱写多党合作事业的新篇章，为奋力推进中华民族伟大复兴历史进程作出应有的贡献。

从什么样的切入点研究和讨论民主党派履职尽责的性质规律、内容特点和途径方法，是一个值得思考的话题。结合多年理论学习和实践探索，作者感悟到，准确全面地探讨和分析民主党派在中国共产党领导的多党合作和政治协商制度框架内的性质地位和作用，无疑是理解中国共产党领导的多党合作和政治协商制度所倡导的合作、参与、协商的基本精神和团结、民主、和谐的本质属性的有效途径。同时，准确把握民主党派履行参政议政、民主监督和参加中国共产党领导的政治协商职能的理论基础、实践价值和具体内涵，准确把握民主党派开展社会服务的重要意义、工作规律和实践要求，准确把握加强履职能力建设对民主党派履行职能、发挥作用的基础性价值和保障性作用，深入研讨民主党派参政履职、社会服务和能力提升之间的内在逻辑，无疑是打开民主党派在中国共产党领导的多党合作和政治协商制度框架内履职尽责重要课题大门的一把钥匙。因为只有实现了执政党与参政党执政与参政、领导与合作、协商与监督的有机统一，实现了民主党派履行基本职能和社会服务职责的有机统一，才能使中国共产党领导的多党合作和政治协商制度这种人民当家做主的重要实现形式和社会主义协商民主的重要制度载体充分体现政治参与、利益表达、社会整合、民主监督和维护稳定功能，彰显新时代中国特色社会主义政治发展道路的鲜明特点和重要价值。

　　为此，依据这样的历史逻辑、理论逻辑和实践逻辑，作者从理论与实践的角度，从中国共产党领导的多党合作和政治协商制度发展脉络的历史感悟和现实考量入手，以对民主党派参政履职和社会服务的理论探讨和实践思考为重点，以加强民主党派履职能力建设的剖析为支撑，完成本书的整体构架和逻辑建构。具体来说，本书结合作者理论学习和工作实践体会，通过中国共产党领导的多党合作和政治协商制度以及多党合作与民主党派履职尽责典型事例的深入分析，从民主党派在多党合作中的性质地位和作用的感悟与思考、民主党派履行基本职能的感悟与思考、民主党派社会服务的感悟与思考，以及民主党派履职能力建设的感悟与思考四个专题，以梳理历史脉络、挖掘困难问题、探究理论实践层层递进的方式提出作者的立场和观点。当然，这里说的只是本书的概要。如果读者朋友感兴趣，不妨找一个安静的地方，泡上一杯清茶，默默地审读书中的内容，既体会作者的所思所悟，也为作者提供中肯的批评建议。此为作者的至感期盼和深深谢忱。

　　民主党派在中国共产党领导的多党合作和政治协商制度框架内履

职尽责的问题是一个需要长期跟踪和发挥集体智慧共同参与研究的事业。作为一名民主党派专职工作者,在此仅为抛砖引玉,一家之言。亟待民主党派各级领导、多党合作理论专家学者、民主党派实务工作者们共同努力,一起为开辟民主党派履职尽责理论研究新领域和实践探索途径,为多党合作事业和中国共产党领导的多党合作和政治协商制度创新发展尽一份心力,作一份贡献。

是为序。

作者

目 录

第一编　关于民主党派在多党合作中性质、地位、作用的感悟与思考……………………………… 1

  第一章　深刻理解民主党派在多党合作中的重要地位 ……… 2
  第二章　民主党派在多党合作事业中发挥作用的
      感悟与思考 ……………………………………… 7

第二编　关于民主党派履行基本职能的感悟与思考……… 11

  第三章　民主党派履行基本职能的理论与实践回顾 ………… 12
  第四章　民主党派参政履职存在的困难问题思考 …………… 49
  第五章　民主党派参政履职的理论思考 ……………………… 55
  第六章　民主党派参政履职的实践探索 ……………………… 82

第三编　关于民主党派社会服务的感悟与思考…………… 117

  第七章　民主党派社会服务的理论与实践回顾 …………… 119
  第八章　民主党派社会服务存在的困难问题思考 ………… 147

第九章　民主党派社会服务的理论思考……………… 153

第十章　民主党派社会服务的实践探索……………… 178

第四编　关于民主党派履职能力建设的感悟与思考……… 195

第十一章　民主党派履职能力建设的思想、组织、
　　　　　人才保障探讨……………………………… 197

第十二章　民主党派履职能力建设的制度保障探讨……… 218

参考文献……………………………………………… 229

后　记………………………………………………… 243

第一编

关于民主党派在多党合作中性质、地位、作用的感悟与思考

我国各民主党派是在中国人民反帝爱国、争取民主和反对独裁专制的斗争中产生和发展起来的，其社会基础是民族资产阶级、城市小资产阶级以及同这些阶级相联系的知识分子和其他爱国人士。在中国共产党领导下，各民主党派积极投身建立新中国、建设新中国、探索改革路、实现中国梦的伟大实践，共同致力于民族独立、人民解放和国家富强、人民幸福的宏图伟业。[1] 作为一名民主党派成员和机关专职干部，认真学习中国共产党领导的多党合作和政治协商制度确立的历史背景和丰富内涵，深入思考各民主党派在我国各个时期多党合作事业中的性质地位和作用，是义不容辞的重要责任。

---

[1] 中华人民共和国国务院新闻办公室.中国新型政党制度[M].北京：人民出版社，2021.

第一章　深刻理解民主党派在多党合作中的重要地位

《中国新型政党制度》白皮书强调："政党制度是现代民主政治的重要实现形式，是国家政治制度的重要组成部分。一个国家实行什么样的政党制度，是由这个国家的历史传统和现实国情决定的，不是哪一个人、哪一个政党主观意志的产物。世界政党制度具有多样性，没有也不可能有普遍适用于各国的政党制度。"① 通过对历史的回顾与梳理，我们可以看到，中国共产党领导的多党合作和政治协商制度既根植于中华民族五千年优良传统和文明精华的沃土，又来自马克思列宁主义在中国传播并与中国革命实践相结合，是伴随着中国共产党与各民主党派风雨同舟、患难与共、团结合作的卓绝历程发展起来的，是伴随着中国人民政治协商会议第一届全体会议召开，在多党合作和充分协商的基础上正式确立的。在这一政党制度确立的历史进程中，中国共产党适时根据中国革命需要建立和发展最广泛的抗日民族统一战线和人民民主统一战线。各民主党派在探索救国救民道路上历经思想彷徨、艰辛探索和复杂斗争，不少民主党派成员甚至付出了生命的沉重代价，最终毅然决然地自觉郑重选择接受中国共产党的领导，坚定地与中国共产党在共同目标下共同奋斗，这是历史的选择、必然的选择、正确的选择。

中国共产党领导的多党合作和政治协商制度既植根中国土壤、彰显中国智慧，又积极借鉴和吸收人类政治文明优秀成果，是中国新型

---

① 中华人民共和国国务院新闻办公室. 中国新型政党制度[M]. 北京：人民出版社，2021.

政党制度。中国作为一个大一统思想长期占统治地位的国家,"和合"理念一直以来就是中华民族的文化追求。中国传统既主张《礼记·礼运》篇中说的"大道之行也,天下为公",也主张《尚书·尧典》《尚书·虞书·皋陶谟》《荀子·议兵》等强调的"协和万邦,和衷共济,四海一家"。《论语·颜渊》中也有"……君子敬而无失,与人恭而有礼。四海之内,皆兄弟也。君子何患乎无兄弟"的说法。"和""合"二字蕴含了儒、道、墨、法各家的共同追求,成为"同归而殊途,一致而百虑"的价值认同。儒家更是把"和""合"理念推向了一个新高度。《论语》中的"礼之用,和为贵""君子和而不同,小人同而不和",主张"万物并育而不相害,道并行而不相悖"等言论,突出体现了儒家对"和合"理念和"中庸"之道的执着,成为中华民族孜孜以求的理想境界。此外,"和合"文化讲求知行合一。梁漱溟说过:"儒、佛、道三家之学均贵践履实修,各有其当真解决的实在问题,非徒口耳三寸之间的事。"正因为如此,"和合"不仅仅停留在理念层面,而且还渗透到社会实践的各个层面,不断在交融中完善,在"天人合一"中和谐,在创新中发展。而这种社会各个层面之间、个体与个体之间、组织与组织之间、甚至政党与政党之间和谐共存的"和合"理念,与民盟中央原领导人费孝通所倡导的"各美其美,美人之美,美美与共,天下大同"的思想境界不谋而合,正是"有事多商量、众人的事众人商量"理念的中华文化溯源,是"协商民主"和"全过程民主"的中华民族心理基因。同时,中华优秀传统文化所展现出的社会理想与马克思主义所预示的共产主义社会理想之间有着某种兼容共鸣的特质。中华优秀传统文化作为中国具体实际在历史镜像中的反映,是马克思主义中国化进程中有机融合的过程。我们深切体会到,正是因为马克思主义政党学说与中国具体实际的紧密结合,才使中国共产党领导的多党合作和政治协商制度能够真实、广泛、持久代表和实现最广大人民根本利益、全国各族各界根本利益,有效避免了旧式政党制度代表少数人、少数利益集团的弊端,在中国历史传承、文化传统和经济社会发展基础上长期发展,从而充分体现中国特点、中国风格、中国气派,进而成为推进中华民族伟大复兴的重要推动力量。

中国共产党领导的多党合作和政治协商制度确立、完善和发展是一项长期的重要任务。早在中共七届二中全会上,毛泽东就明确指出:"我党同党外民主人士长期合作的政策,必须在全党思想上和工作上确定下来。我们必须把党外大多数民主人士看成和自己的干部一样,同他们诚恳地坦白地商量和解决那些必须商量和解决的问题,给他们工作做,使他们在工作岗位上有职有权,使他们在工作上做出成绩来。"①

新中国成立后,在中国共产党的领导和推动下,各民主党派作为一支政治力量,根据各自的章程,充分发挥自身在教育、科技、卫生、经济、金融等方面的专长,参与制定一系列政策,团结所联系的阶级阶层人士积极参与推动社会主义改造,为恢复国民经济、巩固人民民主政权发挥了积极作用。中国共产党与各民主党派、各民主人士精诚合作,汇集在爱国主义和新民主主义的旗帜下,为新中国的繁荣富强凝聚起强大的奋进力量。

改革开放以来,中国共产党领导的多党合作和政治协商制度得到不断发展和完善。1982年中国共产党第十二次全国代表大会根据国内阶级关系的重大变化和新时期的总任务,明确提出中国共产党和各民主党派要"肝胆相照、荣辱与共",从而在过去"长期共存、互相监督"的基础上形成了中国共产党与各民主党派团结合作的"十六字"基本方针。之后,各民主党派工作不仅得到恢复和发展,而且空前活跃,工作重点也转移到为社会主义现代化建设服务上来,广大民

---

① 毛泽东. 毛泽东选集:第4卷[M]. 人民出版社,1991:1437.

主党派成员服务社会主义现代化的热情高涨。民革提出要"调动一切积极因素,发挥自己的专长和利用自己的社会关系,努力做好各项工作,为社会主义现代化建设贡献力量"。[①]民盟的政协委员就物价、教育、知识分子等问题和有关三峡工程上马与否的发言,坦率真诚,知无不言,言无不尽,充分体现了中国共产党领导的多党合作和政治协商制度的日臻完善和落实。其他民主党派也结合自身实际,积极探索实现工作重点转移的有效途径和方法,努力为社会主义现代化建设服务。1988年全国"两会"期间,八个民主党派在人民大会堂联袂举行中外记者招待会,各民主党派领导人就多党合作、民主党派的地位作用等问题作了精辟回答。这在新中国成立后的民主党派史上还是第一次,生动树立了改革开放后在中国共产党领导下中国民主党派的形象,提高了各民主党派在国内外的声望,产生了深远的影响。[②]

近代以来中华民族最伟大的梦想是实现中华民族伟大复兴。如今,我们国家经历沧桑巨变,实现了从站起来到富起来再到强起来的巨大飞跃。历史与现实昭示我们,中国共产党的领导是中国特色社会主义的最本质特征,中国特色社会主义是中国共产党团结带领中国人民历尽千辛万苦、付出巨大代价找到的康庄大道,是实现中国梦的必由之路。我们深刻感悟到,中国共产党领导的多党合作和政治协商制度作为我国一项基本政治制度,不是简简单单就形成的,而是中国共产党、中国人民和各民主党派、无党派人士从苦苦探索的艰难历程中,经历了一次又一次困惑、付出了一个又一个巨大代价,甚至是以无数英烈的鲜血共同浇铸而成的伟大政治创造;不是凭空从天上掉下来的,而是适合中国实际,在中国土壤中吸收世界优秀政治文明成果和中华优秀传统文化的基础上不断实践、对比、完善中生长出来的。中华民族

---

① 孙晓华主编.中国民主党派史[M].沈阳:辽宁人民出版社,1999:97.
② 孙晓华主编.中国民主党派史[M].沈阳:辽宁人民出版社,1999:219.

争取民族独立、人民解放和自由发展的每一个印痕,都渗透着多少仁人志士不懈探索的心血,凝聚着中国共产党从诞生到引领国家民族独立和发展进步的丰功伟绩,也承载着各民主党派和广大人民群众在中国共产党领导下不懈奋斗的历史足迹。只有了解历史,才能明白我们为什么出发,今后将到何处去。民主党派及其广大成员只有牢记多党合作的历史,从与中国共产党团结合作的伟大实践中感受中国政党制度的鲜明特色、显著优势和历史伟力,才能更好地凝心聚力、履职尽责,担当作为、奉献社会,不忘合作初心,继续携手前进。

第二章　民主党派在多党合作事业中发挥作用的感悟与思考

《中国新型政党制度》白皮书强调,"中国共产党是中国特色社会主义事业的坚强领导核心,各民主党派、无党派人士自觉接受中国共产党的领导,拥护中国共产党的领导地位和执政地位。中国共产党对各民主党派、无党派人士的领导,主要是政治领导,即政治原则、政治方向和重大方针政策的领导,中国共产党支持各民主党派、无党派人士独立自主地开展工作,充分履行职能、积极发挥作用。坚持中国共产党的领导是中国新型政党制度的鲜明特征和重要内容,也是多党合作事业健康发展的首要前提和根本保证。"[①] 在中国共产党领导的多党合作和政治协商制度框架内,执政党与各民主党派之间形成了团结合作的党际关系,为了国家民族利益心往一处想、劲往一处使,共同把中国的事情办得更好,推进我国经济社会发展蓝图一绘到底,更好地彰显了中国特色社会主义的巨大优越性。民主党派如何更好地履行好自身职责,发挥好自身作用?这是需要各民主党派长期探索的重要任务。我们深刻感悟和体会到:

第一,着力夯实共同思想政治基础,进一步坚定理想信念,是民主党派存在发展之根本所在。中国共产党领导的多党合作和政治协商制度产生、确立和发展的历程充分证明,只有始终保持明辨是非的清醒头脑和坚定立场,始终坚持中国共产党的领导,才能不断增强对中国特色社会主义的理想信念。自觉接受中国共产党的领导,既是各民主党派先

---

① 中华人民共和国国务院新闻办公室.中国新型政党制度[M].北京:人民出版社,2021.

辈在历经各种风雨和重大考验后必然的历史选择，也是当代广大民主党派成员坚定的政治信念和必须遵循的根本政治准则。民建中央原主席成思危有一个很贴切的比喻："我们的政党制度是'唱大合唱'，要大合唱，就要有指挥，这个指挥无论从历史还是现实来看，都只有中国共产党才能胜任。唱大合唱，就要有主旋律，这个主旋律就是建设中国特色社会主义。"[①] 随着岁月的流逝，衷心拥护和坚持中国共产党领导，矢志不渝走中国特色社会主义道路的坚定信念已经转化为多党合作的灵魂之所系。无论在何种时代背景和社会环境下，我们都要把坚持中国共产党的领导作为坚定政治方向的根本前提，不断提高政治判断力、政治领悟力、政治执行力，不断增进对中国特色社会主义的道路自信、理论自信、制度自信、文化自信，始终胸怀"国之大者"，不断推进中国共产党领导的多党合作和政治协商制度的创新完善和发展，才能不断巩固团结奋斗的共同思想基础，形成团结奋斗的强大思想共识。

第二，着力继承弘扬优良传统，确保多党合作事业根基永固，是民主党派必须始终不渝的价值追求。民主党派的优良传统是各民主党派同中国共产党在长期患难与共、团结合作的历史实践中形成的深切体会和成功经验，是民主党派最可宝贵的精神财富，也是民主党派坚守合作初心，深化政治交接，不断坚持和完善中国共产党领导的多党合作和政治协商制度源源不竭的原动力，具有永恒价值，是民主党派凝聚力和感召力的根源所在。各民主党派在与中国共产党长期团结合作、共同致力于国家独立和民族解放，致力于中国特色社会主义建设、改革和发展的丰富实践中形成了一系列贯穿始终的优良传统和精神，这些优良传统和精神是各民主党派的宝贵精神财富，值得各民主党派一以贯之，倍加珍惜。在新的时代条件下，我们要继承和弘扬民主党

---

① 孙春兰主编.大道：多党合作历史记忆和时代心声[M].北京：团结出版社，2017.

派老一辈久经考验、业已形成的坚定政治理想、政治信念、高尚风范和优良传统，始终坚持"长期共存、互相监督，肝胆相照、荣辱与共"的方针，立足于始终坚持正确政治方向和履职尽责的长远大局，立足于与执政党亲密合作关系的长期存续和发展，立足于对中国政党制度主要内容和内在规律的深刻认识和准确把握，切实担负起中国特色社会主义参与者、实践者、推动者、建设者的责任使命。

第三，着力保持同中国共产党同心同德、团结奋斗的政治本色，切实履行参政党职能，是民主党派存在发展的重要价值之所在。衡量中国共产党领导的多党合作和政治协商制度优越性最好的标尺就是这一制度的效能能否得到充分发挥。面对中华民族伟大复兴战略全局和世界百年未有之大变局，各民主党派需要重点考虑的是在中国共产党领导下如何更好地履行职能，坚持建言资政与凝聚共识双向发力，努力做好中国共产党的好参谋、好帮手、好同事的问题。一是坚持把参政议政作为履行职能的第一要务，真正做到"参政参到点子上，议政议在关键处"，更好地联系界别社会群体，发挥各自特色和优势，开展调查研究，积极议政建言。更加扎实了解社情民意，主动反映所联系社会阶层和群体的利益诉求，促进社会更加和谐稳定。二是要深入研究和探索如何切实履行好民主监督职能，发挥好民主监督作为我国监督体系重要组成部分的作用。当前，民主党派尤其要借助参与各项专项民主监督的契机，积极探索民主党派开展民主监督的有效途径和形式，使之更好地往深里走、往实里走，往能够取得实效的方向走。三是要充分发挥积极性、主动性和创造性，着力参与中国共产党领导的政治协商，积极参与健全完善协商于决策之前和决策实施之中的制度机制，共同丰富"有事好商量、有事会商量"的制度化实践，积极探索社会服务的有效形式，更好地服务于执政党的民主科学决策，使新时代多党合作更加展现出勃勃生机。

第四，着力全面加强自身建设，不断提升履行职责的能力和水平，是民主党派提升履职效能的必然要求。当前，我们正意气风发向着全面建设社会主义现代化强国的第二个百年奋斗目标迈进。新的历史征程和发展阶段需要越来越广泛的政治参与，中国共产党领导的多党合作和政治协商制度的健全完善和发展也需要民主党派发挥越来越积极的作用。在这样的情况下，各民主党派提升履职能力和水平就成为重中之重的工作。因此，各民主党派要准确把握新时代中国特色社会主义参政党建设的目标，坚持以执政党为师，以思想政治建设为核心、组织建设为基础、履职能力建设为支撑、作风建设为抓手、制度建设为保障，着力提高政治把握能力、参政议政能力、组织领导能力、合作共事能力和解决自身问题的能力，努力建设政治坚定、组织坚实、履职有力、作风优良、制度健全的新时代中国特色社会主义参政党。

第五，更加注重把坚持守正创新作为履职尽责的动力源泉和认识问题、分析问题、处理问题所遵循的重要原则。只有既坚守合作初心，与执政党共同携手前进，准确把握新发展阶段、贯彻新发展理念、构建新发展格局，又坚持问题导向，提高分析问题和解决问题的能力，在深刻把握时代特征和发展趋势的基础上创新工作思路和方法，才能更好地积极建言资政，广泛汇集思想共识，以一往无前的奋斗姿态、风雨无阻的精神状态，合力推进国家治理体系和治理能力现代化，共同谱写新时代多党合作事业的新篇章。

当然，复述多党合作历史和研究多党合作理论不是我们的主要任务。在接下来的讨论中，作者仅是站在一个民主党派专职干部的角度，在严格遵守中国共产党领导的多党合作和政治协商制度原则的大前提下就民主党派履职尽责的有关问题进行探讨，提出一家之言，以引起更多专家学者和民主党派工作者的思考，共同推进民主党派履职尽责相关问题的理论研究和实践探索。

第二编

关于民主党派履行基本职能的感悟与思考

在中国共产党领导的多党合作和政治协商制度框架里，民主党派是接受中国共产党领导，与共产党通力合作的中国特色社会主义参政党。参政议政、民主监督、参加中国共产党领导的政治协商这一民主党派政党政治实践中的基本职能，是民主党派履职尽责、发挥作用的重要形式，也是参政党存在价值和意义的重要体现。

我们前面说过，中国知识分子素来有着"为天地立心、为生民立命"和"先天下之忧而忧，后天下之乐而乐"这样浓厚的家国情怀和强烈的社会责任感、使命感。作为以知识分子为主体的民主党派，其诞生、发展的每一个历史进程都伴随着对国家富强、民族独立和人民幸福的殷殷热望和不懈追求。"奔走国是、关注民生"成为民盟长期以来积极探索和实践形成的优良传统，民进主要创始人马叙伦青年时期就立下"遇风雨而厉鸣，誓微躯以护国"的誓言等等，最终成为民主党派在中国特色社会主义伟大实践中的重要价值取向。在新的历史时期，我国各民主党派及其成员为国家发展和人民福祉切实履行职能的积极作为就是达此目的的重要渠道和职责之所在。

第三章 民主党派履行基本职能的理论与实践回顾

在世界历史上，政党制度的形成和发展受到特定生产力水平所决定的特定生产关系基础上形成的社会利益结构、不同阶级政治力量对比和发展成熟度，以及国家的政治文化积淀、国体政体和国民素质等多种因素的作用和影响。不同政治制度框架内政党所履行的职能和发挥的作用也是不一样的。在西方国家的政党制度中，政党是资产阶级利益的维护者、宣传者、领导者、组织者，他们以获取政权为目的，要么是国家政治权力的拥有者（执政党），要么是国家政治权力的争夺者（在野党），这样相互倾轧的政党关系和政党结构，其本质是资产阶级维护其阶级利益的工具。

中国的民主党派在国家政治生活中的性质、地位和作用与西方政党制度中的在野党是不同的。参政议政、民主监督和参加中国共产党领导的政治协商作为民主党派履行职责、发挥作用的基本职能在多党合作中的作用之所以越来越凸显，既具有必然的历史根源，也因其具有极强的现实可行性。从历史根源的角度来说，在争取国家独立和民族解放共克时艰的血火考验中，民主党派自觉选择与中国共产党勠力同心、团结合作，这里有重庆谈判期间毛泽东三顾特园与张澜的促膝长谈，有毛泽东与黄炎培在延安著名的"窑洞对"，有在旧政协上民主党派与中国共产党精诚合作与国民党反动派的坚决斗争，有孙越崎带领资源委员会起义的凛然壮举；在社会主义建设共历风雨的艰辛探索中，有民主党派积极参与社会主义改造和建设，与中国共产党一道为巩固新生的人民政权，推进社会主义建设作出的积极贡献。在中共十一届三中全会以后中国特色社会主义建设和改革开放共襄伟业波澜壮阔的伟大历程中，民主党派参政履职的热情进一步迸发。正如民建中央原主席胡厥文多次说的："现在是为社会主义建设服务千载难逢的黄金时代，要把吃奶的力气拿出来"[①]；费孝通"行行重行行"带领民盟践行"出主意、想办法，做好事、做实事"的理念，不仅体现出对国家民族的深厚感情和对民生问题的高度关注，更浓缩了民盟文化底蕴的深厚和参政议政的履职特质。

第一节　从历史回顾看民主党派履行职能的发展脉络

民主党派履行职能的定位是一个不断发展完善的过程。在新政协召开以前，中国共产党与各民主党派在长期革命斗争实践中逐渐形成了团结合作的优良传统，各民主党派成立之初就普遍以反帝国主义、封建主义和官僚资本主义作为自己的使命，当然也不同程度存在着政治动机多样、领导机构不健全、组织结构不完善、成员成分复杂等问题。新中国成立后，各民主党派明确宣布接受中国共产党的领导，以《共同纲领》作为各自的政治纲领，并确定了今后的方针和任务。中国共产党还和各民主党派协商，根据各个民主党派组织成员的历史情况，确定了各民主党派分工活动的主要范围和组织发展重点。自此，各民主党派分别成为中国共产党领导的多党合作和政治协商制度框架内履行各自职能的政党。1949年11月，中国国民党民主派第二次代表会议在北京举行，确立了接受中国共产党领导和为新民主主义服务的政治路线，参加国家政权建设和国家事务的管理。中国民主同盟一届四中全会的《政治报告》指出："过去本盟的总的立场和方针是在于和中

[①] 孙春兰主编.大道：多党合作历史记忆和时代心声[M].北京：团结出版社，2017.

共一起彻底推翻蒋介石的反动统治，成立新的人民民主政府。"而"在这一个人民民主专政的时代，本盟乃是参与政权的一分子"。这次会议修改后的《盟章》指出："本盟接受中国共产党的领导，与之密切配合工作，以期在革命建国的伟大事业中尽其最大的努力。"在这里，民盟较早地在民主党派文件中出现了"参与政权"四个字，可以认为这就是民盟职能定位转变的一个新的开始，是民主党派参政履职这一职能定位的最早表述。从此开始，民主党派坚决执行中国人民政治协商会议共同纲领，积极参与新民主主义和社会主义建设。各民主党派成员有的被任命为中央人民政府副主席、政务院副总理、全国政协副主席、最高人民法院院长及有关部委的部长、副部长，还有一大批民主党派成员担任地方政府的要职等，直接参与有关方针、政策的制定和执行，为新中国经济社会恢复和发展作出了积极的努力。这一时期民盟的"议政"和"参政"是紧密结合在一起的，集体的"议政"功能寓于民主党派成员个体的"参政"之中，在参与政权的工作中发挥了民主党派的重要作用。

1952年年底，民盟响应中共中央过渡时期总路线的号召，开始把工作重点向参加文教建设转移。先于1953年3月召开主要地方组织文教工作汇报会，后于5月召开民盟一届七中全委（扩大）会议，确定了"以参加国家文化教育建设作为盟的中心工作"，这一工作重心的转移是由民盟盟员中文教界知识分子占优势的特点在实践中符合逻辑地自然形成的。当然，这一时期民盟参与文教工作，主要是着重宣传国家文教政策，推动和协助盟员及所联系的群众贯彻执行国家文教政策，并把重点放在高等教育上。可见，民盟在这一时期的主要任务还是着重于"工作"本身，着重于团结和动员盟员和所联系的知识分子积极投身到文教事业发展中，通过宣传、教育、引导和支持盟员参加文教工作，贯彻执行执政党和国家政策的角度来体现和发挥民盟的整体作用。这一时期民主党派的主要任务就是结合各自特色和优势，踊跃参与国家各项民主改革和建设实践，为巩固人民民主政权，恢复和发展国民经济，实现过渡时期总任务等，发挥了积极的作用。

随着社会主义改造的全面胜利和社会主义制度的基本建立，加快发展科学技术、充分发挥知识分子作用的问题日益突出。1955年起，各民主党派从更深层次思考自身在社会主义建设中的作用。在工作实践中，各民主党派逐步认识到，不仅要做好各项具体工作，而且还要通过调研、座谈、访问等多种形式了解情况、发现问题、分析问题，并通过各级政协等平台向执政党提出建议。从这一时期开始，虽然没有提出"参政议政"这一概念，但民主党派实际上已经开始注重"参政"和"议政"的结合，已经开始从事参政议政工作了。可以说，从这一时期开始，各民主党派已经在一定程度上履行着参政议政职能了。多年来，各民主党派组织积极发挥参（参加社会主义建设和各种政治活动）、代（代表成员的合法利益和合理要求）、监（互相监督）、改（自我教育和自我改造）的作用，参与社会主义建设的工作任务并没有改变。

这一时期民主党派履行职能最典型的案例就是民盟中央就新中国成立后知识分子队伍发展及发挥知识分子作用所作的大范围调研及其形成的成果。1955年起，民盟中央提出关于知识分子的一些问题，如部分知识分子的思想包袱重，作用得不到进一步发挥，工作待遇、生活待遇还存在一些不容忽视的问题等等。针对这一情况，民盟中央通过调研走访、召开座谈会等方式，在28个民盟省市组织中获得了近2000名高级知识分子的现状调研数据和材料。在此基础上形成向政协全国委员会和中共中央提交的《关于高级知识分子问题主要情况的分析和建议》及《关于政协全国委员会设立高级知识分子问题委员会的建议》两个报告。报告根据调研中发现的问题针对性地提出了适当提高知识分子工资、有特殊贡献者给予物质奖励；提高居住面积定额，配备助手、全面规划专门人才的使用，以及畅开言路，听取知识分子心声等意见建议，受到了中共中央和全国政协的高度重视，为中共中央制定正确的知识分子政策提供了重要参考。1956年1月召开的政协全国第二届委员会第二次会议着重讨论了知识分子问题，中共中央还专门召开了关于知识分子问题的会议，中共中央领导作了《关于知识分子问题的报告》。1956年2月，中共中央政治局作出《关于知识分子问题的指示》等，不仅体现执政党对民主党派意见建议的高度重视，也体现了民主党派在推进国家建设中的重要作用。

民盟中央这次调研及其所形成的成果之所以被很多民主党派的会议和文件反复提及，成为民主党派履行职能的经典之作，就在于所提出的意见建议始终建立在深入调查研究基础之上，而且是新中国成立后第一个以民主党派名义开展的如此大规模、专门化的调查研究和参政履职活动。此后农工民主党、九三学社等民主党派都参照民盟中央的做法，开展专题调研，形成意见建议，共同推进了发挥知识分子作用问题的解决。因此，可以说，民盟的这次调研和形成成果上报全国政协和中共中央的方式，正是20世纪80年代后民主党派开展专题调研和履行职能的发端，具有重要的参考意义。

1978年12月召开的中共十一届三中全会为新时期各项工作指明了方向。1979年10月，民盟举行第四次全国代表大会，决定把工作重点转移到为社会主义现代化建设服务的轨道上来。各民主党派除积极参与各种形式的政治协商活动外，由于这一时期各民主党派从内部来说组织恢复和发展的任务十分繁重，从外部来说民主党派职能如何定位，作用如何发挥等都是一个探索中的问题。

民主党派作为中国共产党领导的多党合作和政治协商制度的重要组成部分，是伴随着人民政协事业发展而不断发展的。中共十一届三中全会后，执政党和国家拨乱反正，加快落实各方面政策。民主党派这一时期着重就落实知识分子政策、智力开发、经济建设等具体问题开展调查研究，提出意见建议。之后，正是在执政党和各民主党派"长期共存、互相监督、肝胆相照、荣辱与共"十六字方针的指引下，在不断探索实践中民主党派的职能作用才得以不断确立、凸显、提炼和升华。政治协商、参政议政、民主监督作为民主党派的基本职能也就由此得以不断形成发展，"参政议政"的提法也随着多党合作事业的不断推进深化而日趋成熟。20世纪80年代中期起，很多地方政协用"参政议政"的提法来描述政协的一项重要工作，在中央层面使用"参政议政"见之于1988年4月中央组织部、中央统战部下发的《关于全国人大代表、政协委员中党外人士入党问题的通知》。但在整个20世纪80年代末至90年代初，中共中央相关文件中并没有将"参政议政"提高到"职能"的地位。直至1994年3月全国政协八届二次会议才将人民政协政治协商、民主监督的职能，正式拓展和延伸成政治协商、民主监督、参政议政，写入章程。

1989年中共中央下发的《关于坚持和完善中国共产党领导的多党合作和政治协商制度的意见》指出："充分发挥和加强民主党派参政和监督的作用，对于加强和改善共产党的领导，推进社会主义民主政治建设，保持国家长治久安，促进改革开放和现代化建设事业的发展，具有重要的意义。"该《意见》还对民主党派参政的基本点作了规定，实质上是首次将参政议政作为民主党派履行职能的主要内容，但并没有完整地把"参政议政"作为民主党派的一项职能来表述。1990年7月，《中共中央关于加强统一战线工作的通知》从实质上提出了"参政议政"和"民主监督"是民主党派的重要职责，但也没有将"参政议政"确定为各民主党派的基本职能。1992年各民主党派在进行章程修订时第一次将参政议政同政治协商、民主监督一道确定为民主党派的基本职能。直到2000年12月31日，中共中央在《关于加强统一战线工作的决定》才明确提出要充分发挥民主党派的参政党作用，"积极支持民主党派履行参政议政、民主监督的职能"。中共十八大以来，中共中央领导人对发挥民主党派作用提出许多新思想、新论断，中共中央也颁发了《关于加强社会主义协商民主建设的意见》《中国共产党统一战线工作条例（试行）》《关于加强政党协商的实施意见》等一系列党内法规和重要文件，为民主党派履行参政党职能提供了重要依据。

虽然不同时期对民主党派履行职能表述的内涵和外延有所不同，但其实质是一致的。换句话说，无论是最早说的"参政"，还是"参政议政、民主监督"，或者后面说到的"政治协商、参政议政、民主监督"，还是中共十八大以后提出的"参政议政、民主监督和参加中国共产党领导的政治协商"，其实质都是民主党派履行职能的不同表述。因此，笔者在本部分所说的民主党派的基本职能，就是这样一种中国共产党领导的多党合作和政治协商制度不断发展完善概念下的"参政议政、民主监督和参加中国共产党领导的政治协商"等基本职能的综合体。尽管随着时代发展对民主党派职能的认识是不断深化、发展和丰富的，但不同时期对民主党派职能不同概念的表述从其本质上来说具有同一性。因此在探讨民主党派基本职能时候说的就是这样一种综合体。为了论述方便，笔者在本书中把这种民主党派履行基本职能的综合体姑且称之为"参政履职"。当然任何"比喻"或者"简称"都不是完美的，但相信读者从这样角度去翻阅我们的这些心得和感悟，就会有一种心灵相通的美好感觉，而这正是笔者所期望的。

民主党派的基本职能得以确立后，如何解读这种基本职能的具体含义也是一个认识不断深化的过程。从历史来看，民主党派的基本职能最早体现为"参政议政"，而"参政议政"可以有三种理解方式，一种是把"参政议政"分为"参政"和"议政"两种职能形式，另一种是把"参政议政"作为民主党派的职能整体来考察。在笔者的理解中应该属于第三种,即"参政议政"作为一个研究对象,既有两种职能分开表述的合理之处,也有将两者结合的恰当之点,要做综合的分析和理解。当把两者分开考察时,首先把"参政"和"议政"的含义弄清楚是必要的。中共中央有关文件中表述的"参政",笔者理解其实就是完整意义上的"参政议政"。1989年12月制定颁发的《中共中央关于坚持和完善中国共产党领导的多党合作和政治协商制度的意见》提出了我国各民主党派参政的基本点,2005年2月颁发的《中共中央关于进一步加强中国共产党领导的多党合作和政治协商制度建设的意见》进一步明确重申平常所说的"一个参加、三个参与"。2021年1月印发修订后的《中国共产党统一战线工作条例》又将之完善为:"支持民主党派和无党派人士参政的主要内容是:参加国家政权,参与重要方针政策、重要领导人选的协商,参与国家事务的管理,参与国家方针政策、法律法规的制定和执行。"可见,"参政议政"作为民主党派的一项基本职能是一脉相承的,《中国共产党统一战线工作条例》将统一战线和多党合作的相关规定科学化规范化制度化和党内法规化,为民主党派参政议政提供了指导和遵循。应该看到,这里所说的"参政议政"实际上也是包括"参政议政、民主监督和参加中国共产党领导的政治协商"作为一个整体的基本职能内涵。

显而易见的是,具体复述中共中央关于民主党派履行基本职能的理论发展脉络不是本书研究的重点,但通过一些梳理和回顾可以更清晰地理解和研究民主党派职能产生和发展的时间经纬和逻辑思路,也便于更好地理解和研究民主党派在履行职能中的作用。

第二节 从典型事例看民主党派履行职能的主要特点

费孝通曾经说过,一个政党,在一个历史时期要做什么,不是自己定位，是时代定位。进入新的历史时期，民主党派实现"以经济建设为中心"工作重点的转移后，各民主党派积极探索在新的历史条件下发挥作用的渠道和形式，号召各自民主党派组织和广大成员为建设社会主义物质文明和精神文明作出贡献。其中民盟聚焦区域经济社会发展问题，为一些西部地区制订区域经济社会发展规划献计出力的做法，是民盟在20世纪80年代以来履行职能取得丰硕成果的一个典型案例。1983年，时任民盟中央副主席的费孝通率盟内外专家学者到甘肃省干旱地区考察，帮助制订种草种树发展农业和多种经济的规划，并决定在定西地区会宁县派驻专家进行长期科学考察和实验推广。此后数十年时间，民盟中央发挥民盟人才和智力聚集的整体优势，还帮助闽南三角地区、海南黎族苗族自治州、长江荆江段和洞庭湖地区、四川遂宁地区和贵州毕节地区等制订区域经济发展和综合治理规划，有效推进区域经济社会发展，得到了当地中共组织和政府的肯定和认可。民盟中央曾于1987年举办"区域规划与咨询研究班"，组织有关学科专家讲学，指导全盟各级组织开展区域规划工作。2010年，民盟中央经济委员会副主任、国土资源部规划司长董祚继参与河南省中原经济区发展规划制定的相关论坛，提出真知灼见。如此等等，民盟这种发挥参政议政作用，开展国是咨询，服务地区经济社会发展的工作实践，不仅丰富了民主党派履行职能的内容，而且为各民主党派从宏观上服务地方经济社会发展提供了重要参照，对民主党派基本职能的最终确立起到了积极的实践推动和示范作用。

在民主党派帮助地区制订区域经济社会发展规划诸多案例中，费孝通"行行重行行"，亲自参与，率先垂范，为国家和区域经济社会发展深入调查研究，积极建诤言、献良策，躬身实践，早已成为各民主党派及其广大成员为国奉献的标杆。其中"为长三角发展鼓与呼"不仅是民盟中央，也是费老深入调研，多方奔走参政履职的生动实践，也成为彰显中国共产党领导的多党合作和政治协商制度优势的经典实践。我们回顾这个案例，可以得到很多启示。

自古以来，长江三角洲地势低平，土地肥沃，是人口稠密和河网纵横的富庶地区，是举世闻名的"鱼米之乡"，工商业发达，经济基础雄厚。目前，这一地区也是我国经济活力最丰富、开放程度最高、创新能力最强的区域之一。但在改革开放后10年左右的时间里，由于国家政策重点向珠江三角洲地区倾斜，长江三角洲地区的经济社会发展还没有放在全国发展战略中应有的位置，这一地区的发展动力和能量都不充足，潜力并没有得到充分挖掘，以上海为龙头的长江三角洲地区发展还处于相对滞后的状态。费孝通等时任民盟中央领导敏锐感到，长江三角洲地区的发展是未来全国经济社会发展的重要引擎，如果以上海为龙头，以江、浙为两翼，将长江流域地区作为一个整体考量，采取有力措施加快这一地区的经济社会发展，就能牵一发而动全身，带动全局的经济腾飞。之后，民盟中央向中共中央报送了《关于建立长江三角洲经济开发区的初步设想》，并组织调研组等赴上海、江苏、浙江进行近一个月的考察调研，形成《关于振兴上海经济的设想和建议》等重要成果。之后近20年时间，民盟中央又多次深入长江三角洲地区开展持续的跟踪调研、长期调研，形成《关于加快长江三角洲经济区域发展的设想和建议》等重要调研成果，被吸纳到国家的相关重大决策之中。30多年来，民盟紧跟改革开放和中国特色社会主义事业发展步伐，持续不断为上海及长江三角洲的发展鼓与呼，推进了这一地区经济社会的大踏步跨越式发展，为这一地区成为举世瞩目的焦点地区发挥民主党派的作用，体现了民主党派为党分忧、为国尽责的时代担当。[1]

---

[1] 周荣，王玮. 丁仲礼、陈晓光分别率队开展深化长三角一体化调研[Z]. 中国民主同盟中央委员会官网，2018-04-20.

这里还有一个民主党派积极参政议政，为推进改革开放事业发展建言献策的典型案例。那就是在民主党派群体中十分著名的民建中央"小平会五老　火锅演大戏"的生动例子。为了论述的方便，我把《团结报》采写的一篇综述文章中的有关段落摘编如下：

1979年1月17日，胡厥文、胡子昂、荣毅仁、周叔弢、古耕虞5位老同志应邀来到人民大会堂福建厅，与邓小平共同商讨改革开放的宏图伟业。

五老纷纷发表意见，小平同志频频点头表示赞同。胡厥文提出，原工商者的技术专长不能发挥，"投降主义"帽子没有摘掉，工商界心有余悸。胡子昂说："工商界中，在技术、管理专长方面还大有潜力可挖。"荣毅仁根据接待外宾的实践反映情况："有的美国人很想来，但是现在美国大公司到中国来还有顾虑。"古耕虞说："中美建交以来，每年都接到不少在美国的亲友来信，想为家乡效力，想来投资。"

会见中，小平同志明确表态："要落实对原工商业者的政策，这也包括他们的子孙后辈。只要没有继续剥削，资本家的帽子为什么不摘掉？"

不知不觉已到了中午时分，小平同志说："先到此为止好不好？请大家一起吃顿便饭——涮羊肉！"于是，大厅的屏风后面摆上了两个长条桌，金灿灿的铜火锅端了上来。席间，古耕虞又递上关于改进外贸工作的长篇建议。多年以后，他回忆起这餐午饭，诙谐地说："我们是一只火锅，一台大戏。"

的确，"火锅宴"拉开了一场大戏的帷幕。会见五个月后，在全国政协五届二次会议开幕式上，小平同志代表党中央正式宣布给资本家"摘帽"。

五老经过认真思索，各自开始用立足于个人实际的工作，来回报小平同志的嘱托。20天后，胡厥老写出了《关于怎样调动工商界一切积极因素为社会主义现代化建设服务的意见》。胡子昂立即奔忙组织全国工商界为国家经济建设服务。古耕虞四处调研，对发现的问题向党和政府提出建议。五老中，周叔弢是年龄最大的一位，他写下遗嘱，把为数不多的存款全部上交国家。这是一位九旬老人临终之时对历史的最后交代，也可算是对小平同志嘱托的最后回答吧。①

民盟为推进长江三角洲地区发展问题从未间断的深入调研和建言献策以及民建中央"小平会五老 火锅演大戏"推进为资本家"摘帽"、使之更好地为社会主义现代化建设服务的生动案例，给民主党派通过参政履职实现"奔走国是、关注民生、报国为民"的理想信念提供了路径选择，给我们带来了深刻的启示。一是要有坚定政治信念与国家经济社会发展目标的高度融合。二是要有高瞻远瞩和因势利导的战略眼光。三是要有立足实际的务实作风和胸怀全局的宽阔视野。四是要有善谋长远和统筹兼顾的整体意识。五是要有持之以恒和久久为功的战略定力。其实，民盟还先后就黄河三角洲地区、黄河上游多民族地区、攀西地区、南方丝绸之路、"一带一路"的开发建设等区域经济发展问题作过深入的调查研究，提出很具前瞻性和可操作性的意见建议，也产生了深远的社会影响。

正确的立场、观点、方法，是参政党履行基本职能政治属性的首要的必然要求。政治属性是政党的第一属性。我国民主党派基本职能的定位是由各民主党派的性质、地位和作用所决定的。发展是执政党

---

① 综合自微信公众号"统战新语"等.民主党派参政议政经典案例选登[Z].搜狐网，2018-12-18.

执政兴国的第一要务。各民主党派是与中国共产党团结合作的、共同致力于中国特色社会主义建设的参政党，为国为民履职尽责是作为参政党发挥作用的应有之义，必然把促进科学发展作为参政履职的第一要务。各民主党派数十年参政履职的实践证明，坚持中国共产党的领导，坚定中国特色社会主义政治发展道路的理想信念是坚持中国共产党领导的多党合作和政治协商制度的根本原则。因此，民主党派各级组织在履行职能工作实践中始终坚持中国共产党的领导，坚持围绕执政党各级组织和各级政府的中心工作，服务经济社会发展的大局深入调查研究，积极参政议政，提出真知灼见，始终保持了履行职能的政治立场不移，政治方向不偏，目标任务不变。

我们还是举前面提到的费老率民盟中央同志深入调查研究后提出建立长江三角洲开发区建议的例子。费老在《长江三角洲之行》一文中曾提道："这份建议交出后，我原本打算去一趟江苏南通，为已由张智楚同志编就的从沿海到边区的考察补加一篇'南通行'。行程已定，临行前接到中共中央主要领导通知，要我和民盟负责同志去见他。大家一起促膝谈心，讨论有关长江三角洲的开发问题。""于是我们改变了原定行程，4月开始了包括南京、杭州、上海的长江三角洲之行。"①此外，民革中央持续聚焦"一带一路"，从2017年"西北发展"到2018年"南向通道"作为他们年度考察调研的重点。民革中央认为，南向通道是"一带一路"建设、西部大开发、长江经济带建设、脱贫攻坚等重大国家战略的交叉点，具有战略重要性和扩展必要性。在深入调研的基础上，民革中央《关于助推西部发展，建设"一带一路"南向通道的建议》通过"直通车"报送中共中央、国务院。报告得到中央领导同志重要批示，有关提升战略定位、强化顶层推动、完善协

---

① 费孝通. 费孝通与多党合作[M]. 中国社会科学出版社，2010：143，文字稍作了处理。

调机制等建议，得到高度认可。①

从上面两个例子我们可以看到，民主党派在参政履职工作中始终坚持中国共产党的领导，始终围绕执政党和政府关心关注的全局性问题开展调查研究，提出意见建议；其次，始终把自身工作置于执政党工作的大框架范围去考虑和部署，服从和服务于工作大局来调整参政履职的工作方向，从而实现民主党派工作与围绕中心、服务大局、促进发展目标指向的深度契合。

民主党派参政党地位的确定，给民主党派履职尽责打下了坚实的思想基础和理论基础，同时也提供了重要的实践指引。我们可以从下面一些民主党派参政履职的实例来体会参政党地位确定的意义和价值。

长期以来，民盟发挥自身优势和特色，把发挥知识分子作用和振兴教育问题作为参政履职的重点，持续跟踪调研，提出意见建议，为提升我国知识分子地位、发挥知识分子作用，不断推进高等教育、义务教育、民办教育事业发展等建言献策。从20世纪80年代提出的《关于改革城市中等教育的几点建议》《关于高等教育改革的几点建议》，到新世纪后民盟中央受托组织全盟力量针对"我国高等教育改革与发展"中的难点和重点问题进行专题研究等等，民盟始终矢志不渝关心教育、关注教育，积极为促进教育事业的发展鼓与呼，许多意见建议得到执政党各级组织和各级政府采纳。民盟从中央到地方各级组织对教育问题的持续关注和建言献策的例子不胜枚举，已经成为民盟一种类似品牌标签一样的存在。从历史上看，民盟中央历任领导人基本都是影响时代的教育大家，或为社会做出巨大贡献的科学家、社会活动家。比如张澜以开放的办学理念、海纳百川的学术思想、不拘一格选拔人才的用人思路提出的"自由教育"思想，梁漱溟的乡村教育

---

① 综合自微信公众号"统战新语"等.民主党派参政议政经典案例选登[Z].搜狐网，2018-12-18.

思想与实践，陶行知的平民教育思想与实践、潘光旦的人文教育思想，费孝通的公民教育思想等等，都产生了重要影响。民盟先贤毕生追求"教育救国"理念，其目的是从教育入手，进而感化、教化国民，提升国民的整体素质，力求把博大精深的中华文化与西方现代教育理念融合，既提倡独行自尊和涵养风骨，又提倡实践求真和平民教育，强调整体的解放与改造，实现用文化教育引导广大民众觉醒觉悟，内化于心、外化于行，真正做到"知行合一"，从而达到个人品格的塑造和社会教化功能的结合。由于这些盟内大家对教育问题的关注关心和潜心研究实践，成为民盟最终形成以教育为主界别并得以不断深化的基因源泉，吸引了一代又一代教育界的党外知识分子加入民盟，为民盟持续发展奠定了深厚的价值导向基础。在新的时代条件下，民盟之所以仍然把教育作为参政履职的主攻方向，是与民盟前辈的长期探索和艰苦实践密不可分的，也是民盟广大成员在履行职能过程中薪火相传的强大精神动力。

同样的，民进是以从事教育、文化、出版工作的高中级知识分子为主的参政党，始终以推动国家教育事业发展为己任，长期关心教师，呼吁尊师重教，曾建议设立教师节。从1981年民进全国政协委员提交《建议确定全国教师节日期及活动内容案》部分内容，到1981年11月在全国政协五届四次会议上，民进17位全国政协委员联名提交《建议确定全国教师节日期及活动内容案》，再到1985年全国人大常委会通过每年9月10日为教师节的决定，整个过程凝聚了民进组织从中央到成员政协委员的心血。可以说是民进率先在国家政治舞台上发出设立教师节的呼声，并见证推动了设立教师节的整个过程。农工民主党中央关于设立国家医疗保险局和建立符合国情、体现规律、促进发展的医疗保障管理体制的有关建议得到国务院的重视和采纳，推进了我国医疗保障事业的发展，也是民主党派参政履职取得明显成效的一个著名案例。① 如此等等，不胜枚举，成为民主党派在中国共产党领导的多党合作和政治协商制度框架内积极履行参政党职能，为国家各项事业发展呕心沥血的历史见证。

"着眼小切口，思考大问题"是民主党派参政履职始终强调的一大特点。在国家政治生活中，民主党派具有地位超脱和观察问题视角独特等优势和特点，也聚集了一大批与人民群众的根本利益息息相关的各个领域的知识分子。这些知识分子既处于整个社会大环境之中，是人民群众的一员，同时他们又具有探索社会经济发展脉络规律的强烈意愿和高度自觉，有忧国忧民的情怀和为解决人民群众所思所想所盼而提出意见建议的胆识、能力和水平。因此，各民主党派及其成员中的参政履职骨干一方面满怀对国家和社会的热忱时常思考关系国家经济社会发展大事要事和根本长远问题，同时又善于从小处着眼，从细处着手，解剖麻雀，以小见大，从而更能反映存在问题的本质，提出的意见建议也更加具有针对性和可操作性。这方面的例子数不胜数，我们在此仅举两个例子作说明。

下面是一个在陕西省政协网上看到的文章，很有典型意义。这篇文章的题目是《让群众生活更美好——咸阳市政协委员会小切口建言大民生》，第三部分"厕所虽小装载着文明生活"说的是民盟咸阳市委在调研中发现，咸阳市在贯彻落实中央农办等印发的《关于推进农村"厕所革命"专项行动的指导意见》过程中虽然取得很大成绩，但由于各级政府和有关部门的职责没有清晰厘定，除"水冲"改厕技术外，其他改厕技术研发使用不足。此外，改厕进度快慢不一，农村公厕严重缺量，部分农村中小学还存在公厕设置不标准、环境不达标等问题。为此，民盟咸阳市委建议出台咸阳市改厕法规，对改厕工作的政府职

---

① 综合自微信公众号"统战新语"等.民主党派参政议政经典案例选登[Z].搜狐网，2018-12-18.

责、工作机制、改厕模式、监督管理等予以规范。根据气候、用水、经济条件，对各县市区划分区域，征询民意、分类施策，精准确定改厕路径，改厕技术"宜旱则旱、宜水则水"，粪污处理"宜分则分、宜合则合"。将农村中小学改厕作为农村"厕所革命"的重点，在资金安排上予以特殊保障，支持基础不完善的学校对照《国家学校体育卫生条件试行基本标准》，改造设置楼层卫生间、建设单体公厕，并将后期管理维护费用纳入财政预算，足额予以保障，等等。①

这里还有一篇在"六安统一战线"网站上看到的文章:《立足本职　参政议政——记六安民革党员陈静》，说的是民革党员陈静立足本职，从小处着眼，以小见大，为解决人民群众关心的问题建言献策的事迹。其中有这么一个故事让作者印象深刻，现摘录如下:

> 她善于用微观视野关注社会生活，从身边微小处发现体察民情，心系群众，为民代言，为民立言。一次，她路过霍邱县彭塔乡，左单路是沟通裕安霍邱两县区主要道路，但这条所属霍邱县乡道，因地势低洼，经常遭水淹，又年久失修，路况极差，就在这样的道路上每天都有往返接送幼儿的小客车通行，安全隐患令人担忧，周围老百姓也怨声载道，返程后她立即给霍邱县人大写了一份建议，不久后县长批示县财政挤出10万元经费，县交通局从有关项目调剂10万元经费，共同用于彭塔乡左单路段的抢修维护工作，确保了此条乡道畅通和安全。②

这些看似"小切口"，一个是农村厕所改造的"小事"，一个是

---

① 唐冰，韩永国.让群众生活更美好——咸阳市政协委员小切口建言大民生[Z].陕西省政协官网，2020-06-04.
② 王静.立足本职　参政议政——记六安民革党员陈静[Z].六安统一战线网，2017-04-17.

乡道改造抢修的"小事",但都是关系千家万户的"大问题",是关系农村巩固脱贫攻坚成果、提升美丽乡村建设以及乡村道路建设质量的"大事",所以提出存在问题后引起社会的强烈反响,所提意见建议也得到执政党和政府的高度重视和吸纳。如此等等,随着民主党派履行职能步入正轨后,从身边小事发现问题,从一个小事去发现事物的本质,从而抓住事物主要矛盾,以点带面,点面结合,力争让参政履职以小见大,做深文章,推进整个区域乃至整个国家重要问题解决的做法,成为民主党派参政履职的一个规律和特点。这样的例子非常多,既体现了民主党派"奔走国是、关注民生"的优良传统,是民主党派及其成员深入社会,紧贴基层、紧贴群众的重要体现,也是民主党派影响力和良好社会形象的重要来源。

结合本职工作议政建言,是民主党派参政履职的又一个特点。各民主党派成员都有自己的本职工作,许多成员都是所处教育、科技、文化、经济、法律等各个行业的领军人物、代表人物或业务骨干,他们所处的位置和领域决定了与社会方方面面都是紧密联系在一起的。民主党派的参政履职本身就是就关系国家和地区经济社会发展各个领域的重要问题和人民群众关心的热点、焦点和难点问题开展调查研究,提出中肯和可操作性的意见建议。因此,处于各个行业领域的广大民主党派成员尤其是成员中的专家学者往往能结合自身工作特点和国家的现实或长远需要积极参政履职,取得丰硕成果。

这里我们看到的是一位民盟盟员医学专家黄改荣如何三十余载初心不改,在本职岗位作出突出贡献的同时,紧密结合本职工作特点就一些重要问题建言献策的感人故事。

一方面,黄改荣老师是河南省人民医院老年医学科主任、主任医师、硕士研究生导师,长期在医治老年病的临床第一线,除了老干部病房的工作外还有每星期固定的门诊时间,直接为老百姓服务。她每天早 7 点到办公室，晚 9 点离开医院。对于这样高强度的工作节奏，她从不觉得累，总感到身上有无穷的力量，她说："因为我喜欢自己的工作，在工作中我是快乐的，我很开心。"她先后撰写专业论著 5 部，参加 8 项临床科研，获省级一等奖 1 项、二等奖 1 项，获国家专利 2 项等。另一方面，她又是全国政协委员、民盟中央委员、民盟河南省委副主委，长期关注健康养老话题，一直关注"养老"和"看病"如何结合的问题。她把每一次出诊当作一次调研，把每一次接诊和查房都当作为履职做铺垫，倾听百姓意见，破解养老难题，提出了"加强医养结合模式人才培养，从源头上推进养老服务专业化建设""打造社区多功能服务平台，助力社区健康幸福养老"等一系列有价值的意见建议和提案，为老年人的幸福晚年建言献策，为"银发老人"发声代言，被称为老年人的"代言人"。黄改荣提出"应该加强对村医、乡村卫生所的统一管理，像培养教师一样免费培养村医，让他们扎根基层服务。"她说"政协委员是连接政府和人民的纽带，我把担任政协委员当成一种责任、一种使命。做委员和当医生一样，要求我关注民生，热爱生命！"我们的民盟盟员就是这样，一肩挑着本职工作、爱岗敬业的重担，一肩扛着参政议政、为民奉献的使命，而且尤其注重从本职工作的实践中发现一些从全局层面需要解决的重点难点问题，并通过走访、座谈、问卷调查等多种形式深入开展调查研究，听取最基层群众的呼声和意见建议，通过自己在盟内外的参政履职平台形成提案、建议和社情民意信息等，推进党委政府及有关部门对这些问题的解决，从而推进经济更加发展、政治更加文明、社会更加和谐、生态更加良好，山川更加美丽，国家更加繁荣富强，体现和发挥了参政党的职能作用。①

---

① 黄改荣：守护"夕阳红"三十三载初心不变 [N]．人民政协报，2020-01-07（08）．

我们再来看一个民主党派成员如何发挥自身优势，结合本职岗位参政议政的例子，就更能理解民主党派参政履职的重要意义。这里是九三学社中央网站上的一篇文章《亦教亦研心有大我　献言献策至诚报国》，讲的是全国政协委员，九三学社中央委员、九三学社江苏省委副主委、南通大学校长施卫东肩负时代使命，担当建言重任，做到亦教亦研心有大我，献言献策至诚报国的感人故事。以下是文中的一段描述，我们可以细细体会。

尽管施卫东委员来自教育界别，但他的关注点从来没有只局限于教育领域，而是围绕大局而谋、服务大局而为。为了争取国家更大力度支持江苏和南通发展，他先后提出了"加快通州湾建设，打造长江经济带新出海口""加快北沿江高铁建设，推进长三角区域交通运输更高质量一体化发展""建设长三角一体化立体化交通网""支持沿海港口建设项目用海"等提案；为了推进农业产业现代化建设，他提出了"关于支持农机装备行业学科建设和人才培养，加快推动农机装备行业发展"等提案；为了加强教师教育体系和学科建设，营造高校毕业生公平就业的环境，他提出了"关于支持综合性大学举办教师教育，加强教师教育体系和学科建设""关于禁止将'双一流'作为高校毕业生就业门槛，促进就业公平"等提案；为了推进健康中国建设和"幼有所育"的民生问题，他提出了"关于推进多类型医联体建设，进一步完善分级诊疗制度""关于加快建设公办普惠型为主的0—3岁婴幼儿社会化照护体系"等提案。这些提案涵盖了经济、科技、教育、医疗等多个领域，可以说，每一件提案背后都有一个故事，每一次提案产生的过程都是深入群众，广泛调研实情、了解实事、观察实际的实践结晶。

……

施卫东先后担任全国、省、市政协5届政协委员，共提出提案和反映社情民意信息近百件，受到了有关部门的肯定，有些提案被直接采用。其中，在全国政协十三届一次全会提出的"关于制定海员个税优惠政策、提升海员职业吸引力"的提案，国务院决定从2019年1月1日起到2023年底，对一年在船航行超过183天的远洋船员，其工资薪金收入减按50%计入个税应纳税所得额……"关于加快长三角一体化建设，打造高质量综合立体交通网"的提案被全国政协十三届三次会议列为重点督办提案……

不仅如此，他还经常利用调研考察、参观学习、讨论发言、媒体采访等机会，积极当好江苏和南通对外宣传的"传声筒"，用心用情讲述"江苏故事""南通故事"。①

高度重视调查研究的作用，是民主党派履行职能的一大法宝。90多年前，毛泽东同志作寻乌调查时提出了"没有调查就没有发言权"的著名论断。无论是执政党还是参政党，深入调查研究，摸清国情地情、体察社情民意都是做好各项工作的基本功，这也是民主党派多年形成的优良传统。梁漱溟等民盟前辈参与乡村建设的实践，费孝通深入广西瑶乡开展民族调查以及深入云南禄村、易村、玉村开展社会学调查等社会实践，早已成为民主党派开展调查研究的典范。多年来，民盟从中央到地方始终强调"不调查、不发言"，始终强调要动员更多的地方组织和盟员收集第一手资料和基础数据，为最终撰写有分量的调研报告和形成有价值的意见建议打下坚实的基础。下面这个例子就

---

① 施卫东：亦教亦研心有大我　献言献策至诚报国[Z].九三学社中央委员会官网，2020-09-11.有删节。

很有典型意义。

民盟盟员尧金仁，高级经济师，太平人寿保险有限公司总公司企划部总经理，上海市政协第十二、十三届委员。他在深入调研后提出的《关于对徐汇区交通干道龙吴路实施整体改造的建议》得到采纳。而这一切的背后，是他亲自上路"吃灰"调研两个月的不平凡经历：

> 面对弥漫灰尘的龙吴路，尧金仁自己下了"上街吃灰2个月"的决心。从到现场调研的第一天起，无论是工作日下班回家还是每个周末，无论是白天还是晚上，无论是晴天还是雨天，都能看到尧金仁或步行、或驾车的身影。从机动车道到人行道，从一个路口到另一个路口，尧金仁总要全方位地实地调研几个来回。他计算着路上土方车、垃圾车、水泥搅拌车的来往频率和路线，了解沿途混凝土作业工地、渣土码头的具体方位；他也观察这些路段日常联勤联动执法力量的部署，以及对相关车辆违法行为的查处力度。一组组数据、变量在尧金仁的记录本上汇总。带着初步的调研成果，尧金仁来到区建交委、绿化市容局、华泾镇等地，了解区内有关路段的后续整治，以及附近道路建设的规划设想、巡检执法力量、道路清扫保洁的配置等内容，寻找拾遗补阙之处。2014年1月市政协十二届二次会议期间，尧金仁提交了《关于对徐汇区交通干道龙吴路实施整体改造的建议》的提案。在区政协龙吴路综合整治情况专题协商会上，尧金仁不仅谈了对重型车辆的整治意见，还从自己的实地调研出发，谈了一些街面设施的细节问题。比如他说："大家不要小看这普通的花坛，它的高度过低，雨水就会带着土壤，流失到街面。风干以后，增加了街上的灰尘。"区政协领导称赞道："这些细节，不下功夫观察，看不到更想不到这

些问题。政协委员的履职热情和能力、民盟盟员'不调研不发言'的传统,我们见到了。"在各方共同推动下,龙吴路整治自2014年进入快车道,提案建议逐步落地,路段降尘量以每年20%以上的速度降低。①

如此等等,很多民主党派人大代表、政协委员通过积极作为和不懈努力,把议案、提案建议变成民生工程,把真知灼见变成促进经济社会发展的实际作为,其基础就在于锲而不舍的深入调研。正是因为有扎实深入的调查研究,他们才能了解和掌握事物发生、发展的规律,找准存在的问题和困难,也才能针对性地提出解决问题的措施和办法,提出的意见建议才接地气,更有指导性和可操作性,更有利于转化成执政党各级组织和各级政府的决策,从而推动相关问题的解决。

健全完善工作机制是民主党派参政履职的重要保障。经过多年的实践,参政议政是民主党派履职尽责的第一要务已经是一个普遍共识,再去论述参政履职对民主党派的重要性已然没有必要,大家更多的理论和实践探索主要是着眼于如何更好参政履职方面。民盟在多年的探索实践中普遍感到,只有建立起一套相对成熟的工作机制,才能有效开展调查研究,更好地建言献策。各民主党派组织经过积极探索,逐步建立了一些参政履职的制度机制,如组织保障机制,人才选拔、培养使用和激励约束机制,经费保障机制,信息来源机制等等,为提高参政履职的质量和水平提供了制度保障。各民主党派中央加强与省级组织的上下联动,由各民主党派中央协调统领,省级组织投标参与等形式,委托地方组织开展大量基础性调研,搜集地方基层的第一手数据和基层对相关问题的看法和意见建议,扩大了课题调研覆盖面和参

---

① "不调研就不发言,讲靠谱的话"——记市政协委员尧金仁[Z].搜狐网.

与度。民主党派各级组织也积极探索健全完善参政履职工作机制,积累了丰富的经验。如,民盟云南省委建立健全领导班子成员分管专门委员会和每年领衔一个重点调研课题制度,民盟成都市委规范课题立项程序,强化课题完成的督促指导,切实落实信息工作激励机制等,都成为推进参政履职工作的重要机制保障。民盟上海市委自2012年起陆续与上海市信息中心、上海科学技术情报研究所、上海市科学学研究所和上海市教育科学研究院四家单位签订《合作协议书》,建立领导沟通机制、联合调研机制、信息反馈和成果共享机制以及协作发展机制,加强全方位、多层次的联系合作,联合开展课题调研,交流研究成果,共享信息资源,开展智力资源互助等,形成了议政合力,提升了建言质量。①一些民主党派地方组织提出"一次大会、四个环节、六项激励"(即:每年召开一次参政议政工作会议,通过立项申报、确定立项、阶段评审、结题评审等四个环节,采取课题立项、课题承担人培训、经费资助、成果采用、成果出版和表彰奖励等六项激励措施)的科学化、规范化、制度化、常态化的参政履职工作机制,也有很高的参考价值。

发挥集体智慧是民主党派参政履职取得成效的一大关键。民主党派成立初期绝大多数组成人员都是民族资产阶级、小资产阶级知识分子,他们中的很多成员尤其是领导人要么是学界巨擘,要么是政治社会活动家,要么是忧国忧民长期从事国情研究的精英学者,他们一方面用自己的亲言亲行表达着爱国爱民的情怀,一方面为国家富强、民族独立和人民幸福积极探索社会发展进步的各种方案,有的甚至是凭借自身的丰富学识和个人魅力发挥着重要作用。对于民盟来说,张澜、黄炎培、费孝通等一串串闪亮名单背后,就是他们为国为民奔走呼号

---

① 凝智聚力 打造参政履职"品牌"和"亮点"[Z].中国民主同盟上海市委员会官网.

的身影。随着时代发展变化和社会分工不断细化，我国经济社会发展遇到的问题和困难层出不穷，仅凭借少数精英人士建言献策的做法已经不适应时代的要求。而各民主党派作为智力密集的知识分子群体，聚集了一大批教育、科技、文化、经济、法律等各方面的高层次人才，为民主党派更好地参政履职、建言献策提供了重要的人才资源保障。

以下这个民盟上海市委官网《上海金融学院民盟参政议政团队建言获市领导批示》文章中所述的就是一个民主党派发挥集体智慧，积极履行参政议政职能的好例子。

> 2014年，上海市政府参事室在上海金融学院成立了吴大器参事工作室，成为该校决策咨询研究的开放平台。随之上海金融学院民盟支部也成立了以盟员吴大器、肖本华、胡乃静组成的开放式参政议政团队。该团队以校内骨干盟员为核心，邀请校内部分非盟员老师参与，努力通过区校联动、优势互补、平台共享、学科融合的方式提高建言质量。成立以来，该团队不仅发挥集体智慧提交了多份高水平建言，还提高了团队成员建言献策的整体水平。从2014年至今，团队首席研究员吴大器参事的专报受到市委市政府领导的多次批示；团队成员肖本华研究员则有4篇建言被中央统战部《零讯》采用，肖老师还因参政议政成果突出被中共浦东区委统战部推选为浦东新区参政议政联谊会副会长；团队成员胡乃静教授也在互联网金融等问题上有所建言。三位不同学科背景的盟员教授通过这个平台进行了很好的融合研究。①

---

① 中国民主同盟上海金融学院支部委员会.上海金融学院民盟参政议政团队建言获市领导批示[Z].团结网,2016-04-29.有删节。

我们再来看致公党中央研究室的一篇《致力为公谋国是——近年来中国致公党参政议政工作纪实》的文章，也能深刻体会到中国致公党作为由归侨、侨眷和与海外有联系的代表性人士、专家学者组成的参政党，发挥自身独特优势和特色积极履行参政议政职能的踏实作为和重要贡献。下面是全文的两个小段落：

"发挥留学人员作用"是一个既围绕中心又与侨务特色相结合的系列。从1998年11月起，致公党中央与光明日报合办了数期以海外留学人员为主题的专栏。在全国政协九届二次会议上，致公党中央作了题为《筑巢引凤，精心培育，促进留学人员创业园健康发展》的大会发言，在今年的全国政协九届三次会议上，致公党再接再厉，对促进企业园健康发展，实行中国"绿卡"等问题提出提案。

1999年，致公党中央副主席杜宜瑾率队考察高速公路建设。课题组不辞奔波劳苦，先后到达了黑龙江、辽宁、山东、浙江、江苏、四川、广西等地，参观当地在建、改造、新建的高速公路，走访当地负责交通建设的领导，了解当地公路规划和交通发展。初步形成提案后，还邀请专家学者对其反复论证、仔细推敲，力求贴近实际，内容翔实，材料确凿。最后完成了《关于我国高速公路建设快速、持续、健康发展中的问题调查报告》，并在此基础上整理出《依法治路，确保质量，促进高速公路建设的快速健康发展》的大会发言。辛勤耕耘结出累累硕果，此文一经发布，便得到了交通部等部门的高度重视，引起了社会各界广泛的关注。[1]

---

[1] 中国致公党中央委员会研究室. 致力为公谋国是——近年来中国致公党参政议政工作纪实[J]. 中国统一战线，2000，12：24-25.

以上两个例子是民主党派各级组织和广大成员发挥群体作用为经济社会发展建言献策诸多故事中的小小缩影。改革开放以来，民主党派始终十分注重发挥集体智慧和力量，鼓励和组织各方面的人才发挥自身的特色和优势，及时围绕经济社会发展中的难点、热点问题深入调查研究，"出主意、想办法"，提出解决问题的对策建议，促进一系列重大问题的解决，推进了经济社会发展，较好地体现和发挥了参政党的职能作用。

独立思考、担当诤友，是民主党派参政履职的基本素质和责任担当。坚持正确的政治方向是民主党派及其成员参政履职的基本前提和首要条件。民主党派及其成员尤其是参政履职骨干人才要有对国情地情民情的深刻认识，努力把智力密集和渠道畅通的特色优势转化到为关系国计民生的重大问题建言献策上来。这就需要民主党派及其成员不仅要饱含为国为民的热情，而且要把知识分子独立思考的精神充分展现出来，勇于担当、善于担当，知无不言，言无不尽，诚恳地提出意见和建议，这也是民主党派老一辈给我们留下的优良传统。在三峡工程建设之前，对工程项目建设的利弊得失有着广泛的讨论甚至争论，对于这些争论和质疑，不同的专家学者有不同的看法。民盟中央原领导人陶大镛正是当年带头提出质疑的人。在论证三峡工程的汇报会上，他说："对于像三峡水库这样举世无双的超级工程，要全面考虑经济效益、社会效益和环保效益的统一，宁可把各种各样的困难估计得多一些，把问题看得严重一些，万万不可强迫命令，以免愧对子孙后代。""世纪工程"的三峡大坝建成后产生了重大的经济、社会和生态效益，取得的成就举世瞩目。而面对这样的成绩，三峡建设委员会主要领导却说："三峡大坝建设的成功，首先要感谢民盟和各民主党派在论证时的诸多质疑，因为这些质疑都是建立在科学的基础上。三峡大坝正是在反复探索和实践中，包括在世界范围内的招标中，解决了一个个质疑。可以说，正是这些质疑成就了三峡工程的成功。"[①] 同样是大坝建设，怒江水电开发的问题几经争议，至今尚没有定论，其中也有云南民盟盟员对这一问题的高度关注。不管该项目最后如何定夺，但民主党派及其成员不是人云亦云，而是基于事实和科学表示忧虑以及由此基础上提出的铮铮建言，体现了对历史和人民负责的态度，更是民盟盟员"立盟为公、以天下为己任"精神的最好诠释。

　　人才队伍建设是民主党派参政履职各项工作取得成绩的关键。在这个世界上要做成一件事，人是第一位的。所以说人才资源是第一资源，这是一个常识性问题。民主党派的参政履职工作要取得成绩，人才队伍建设就是首要条件，这也是各民主党派在实践中总结出来的普遍共识。一直以来，民主党派十分注重干部队伍建设和人才工作。例如民盟早在 2005 年的民盟九届四次中常会上就提出了全面实施"人才强盟"战略的重大举措，强调要加强人才队伍的选拔、培养和使用，发挥专门人才的作用，推进参政议政工作不断向前发展。十多年来，民盟各级组织也高度重视人才队伍建设，一方面积极吸引具有很强参政履职能力的党外代表人士加入民盟组织，另一方面注重加强参政履职人才的培养。民盟上海市浦东区委通过"传承'一老'（区委委员、人大代表、政协委员等骨干、资深盟员组成）、挖掘'一新'（注重激励培养新人队伍）、创建'一特'（建设参政议政特色支部）"，不断发掘、培养参政履职人才，切实提升议政建言质量。民盟辽宁省大连市委通过向基层单位征集提案线索或政协征文等途径，应用差异法、直觉法等筛选出具有一定参政履职能力的后备人才，建立起数量合理的参政履职后备人才库等等，都是民盟加强参政履职人才队伍建设的有效举措。民盟山东省青岛市委探索建立以新盟员支部为平台的参政议

---

① 张梅颖.抚今追昔忆陶公 [N].光明日报，2011-02-10（15）.

政后备人才培养模式,有针对性地组织新盟员参与专题调研、社情民意信息撰写等工作,以较快速度、较高效率搭建发现、培养参政履职后备人才的平台,以实现参政履职人才早发现、早培养、早使用,是参政履职人才培养的创新形式,值得推广和借鉴。

对社情民意的日益重视,是新时期民主党派参政履职的一大特点。大海由无数的水滴组成,智慧来源于民间,好主意、好办法也来源于民间。改革开放的许多举措,都来自人民群众的首创。各民主党派的参政履职人才毕竟有限,只有广泛吸收社会各阶层人士积极参与,才能积沙成塔,形成广纳民意的洪流,推进国家和社会各方面工作的高质量发展。这是执政党和各民主党派多年工作中逐渐形成的共识。执政党各级组织无论中央层面还是地方层面,都十分注重通过各级政协、各级统战部门、民主党派各级组织、各级信访部门甚至新闻媒体等多种渠道收集社会各界的思想动态、生活工作实际情况,以及对关系国计民生的重点问题和人民群众关心的热点、难点问题和各行各业看似不起眼的一些重要问题的意见建议。这些社情民意,可以说就是我们平时所说的"小例子""好典型""金点子""好点子",通过它们往往最能了解实情。其中民主党派的社情民意信息被称为参政履职"直通车",在为各级党委政府了解民情民意、科学民主决策、解决实际问题等方面发挥了不可替代的积极作用。

下面这个《为"雅安芦山灾后重建"争取国家层面政策和项目资金》的例子很能体现民主党派社情民意信息的价值:

2013年4月20日8时02分,四川芦山发生7.0级地震。5月,民盟四川省委成立了反映"芦山灾后重建"社情民意信息工作队伍,组织社情民意信息员赴地震灾区深入调研当地民众的受灾情况和生态遭受破坏的情况,掌握大量的第一手资料和信息，形成了芦山地震灾区生态遭受破坏情况的调研报告，经民盟中央以《关于在芦山灾区建设国家生态文明示范区的建议》为题报送国务院。之后，国务院领导、中共四川省委、省政府领导等亲自作出批示，四川省人民政府督查室发文给省发展改革委、财政厅、环境保护厅、国土资源厅、林业厅、国资委。有关部门立即行动，扎实部署，2014年《芦山地震灾区生态文明示范区建设规划（2014年—2020年）》通过由国家、省相关科研、高校等机构（单位）组成的专家组评审，扎实高效地推进了芦山灾后重建工作。[①]

值得注意的是，民主党派很多社情民意信息来自最基层，所反映的问题也是最贴近基层实际的。这些社情民意信息所反映的问题看似不起眼，但如果得到切实解决，会对提升党委政府形象起到意想不到的效果。辽宁省政协机关报《友报》上一篇《"小信息"服务"大民生"》的文章引起作者的兴趣，其中一段文字说的是民盟盟员一则社情民意"小信息"解决了关系人民群众直接利益的"大问题"：

> 民盟辽宁省本溪市委盟员王丽丹在调研中发现，该市明山区成德嘉园公交站点有长80米、宽1至1.5米的裸地，晴天一地土，雨天一地泥，严重影响了城市环境建设和百姓出行。为此，她撰写反映这一问题的社情民意信息通过民盟报送市政协并转报市领导后，得到本溪市副市长的批示。市住建委高度重视，以最快速度在这里铺设人行道砖65平方米，砌筑界石65米，既美化城市环境，又方便市民出行。"20路公交车成德嘉

---

① 人民政协社情民意信息工作的经典案例[Z].淮安区政协微信公众号，2017-08-29.

园站点的人行道建成了,我们非常满意。"本溪市市民李女士给市政协打来电话,为这项民生工程的有效落实点赞。①

这只是民主党派社情民意信息工作"小信息"服务"大民生"的一个镜头。一直以来,民主党派始终坚持把社情民意信息工作作为建言献策的一个重要载体,有些反映的问题很细小、容易被忽略或边缘化,或者有些问题涉及的面不广,牵涉利益的群众并不是很多,执政党和政府的视线暂时未能触及投射,但这些问题又往往与人民群众的根本利益或日常生产生活息息相关。民主党派各级组织及其成员在平时树立"群众利益无小事"的政治自觉,就能在关键时刻用自身专业领域的知识积累和敏锐的思维触觉发现这些"小信息",开展调查研究,并提出可操作性的意见建议,用信息"直通车"渠道推动"大民生"问题的及时有效解决,体现了参政党心系天下、关注民生、服务大众的特殊价值。

对品牌效应的日益重视,是民主党派参政履职的一个重要特征。多年来,在为国家经济社会发展建言献策过程中,由于各民主党派成员界别特点和优势特色不同,其参政履职的侧重点也有不同。各民主党派根据自身界别特色和优势,形成了各具特色的参政履职品牌,提升了各自参政履职质量水平和社会影响力。在这方面,民盟各级组织以举办各种论坛、征文等形式创建参政履职品牌,提高建言献策的深度和广度,进行了许多有益的探索。例如,从民盟中央层面先后创立和连续举办的"教育论坛""法治论坛""民生论坛""经济论坛""农产品质量论坛""民盟科技论坛",以及民盟中央主办、民盟江苏省委和民盟泰州市委承办的"一带一路"与民心相通论坛,民盟北京市委

---

① 张晓文."小信息"服务"大民生"——本溪市政协反映社情民意信息工作侧记[N].友报,2019-02-15: 2.

举办的"基础教育论坛",民盟上海市委与普陀区政协联合举办的"苏州河论坛",民盟云南省委举办的"民生论坛""教育论坛"等等,不仅举全盟之力,聚集盟员的集体智慧,集中开展建言献策活动,而且每次论坛都邀请执政党组织、政府及有关部门的领导参加。论坛形成的成果通过政策建议信、在政协会上的大会发言、提案以及转化成社情民意信息等多种形式通达执政党各级组织、各级政府及其有关部门,为科学决策、民主决策提供重要参考。这样集中的议政建言活动是参政党职能作用发挥的重要体现,进一步扩大了民主党派的社会影响。

以上讲的是民主党派积极拓展参政履职新形式、新途径,创立了不少参政履职品牌。其实,在民主党派的参政履职工作实践中,还有一种参政履职品牌也非常值得关注,甚至成为民主党派参政履职的重中之重。这就是在中国共产党的领导下,各民主党派积极参与形成的"党委出题、党派调研、政府采纳、部门落实"的一种重点调研课题机制,也称民主党派"大调研"品牌。这一品牌的建立,首先从中央层面展开。经中共中央批准、由中共中央统战部负责组织,从1993年起各民主党派中央每年开展年度重点考察调研活动。中共中央统战部每年都会在充分听取各民主党派中央意见的基础上,与有关部门协商后提出下一年度重点考察调研的主题。各省(市、区)、州(市)、县(区、市)也参照这一做法开展当地的"大调研"活动。这一参政议政调研模式作为中国共产党领导的多党合作和政治协商制度的一大亮点写入《中国的政党制度》白皮书。经过30年的实践,这一模式已经形成从确定调研选题、做好调研准备、开展实地调研、召开调研协商座谈会到报送调研成果的一整套高效完整的工作程序,相关制度和机制也日趋完善。例如,2017年民盟中央调研组由主要负责同志带队赴江苏就"大力振兴和提升实体经济"课题开展的考察调研活动,就是一项重要的"大调研"活动。又比如,多年来各民主党派云南省委在中共云南省委统战部的协调指导下开展年度重点调研，并于年末参加中共云南省委主要领导参加的重点调研课题汇报会或协商会，汇报协商调研成果等，也是这种"大调研"活动的体现。"大调研"获得的成果有多种转化形式，中共中央或者各省（市、区）、州（市）、县（区、市）党委负责同志主持召开调研协商座谈会，就各民主党派重要调研成果进行协商，邀请有关部门参加；各民主党派中央或地方组织根据调研成果形成调研报告呈中共中央、国务院（地方呈当地党委、政府及有关部门，也可通过各自民主党派中央呈中共中央、国务院）；在各种协商座谈会的发言中提出意见建议，还可形成每年各级政协会议的大会发言、提案及社情民意信息等，为执政党和政府科学决策、民主决策提供重要的参考，推动了国家地方重大项目的实施和经济社会的发展。①

参政履职与社会服务的紧密结合，是民主党派履行职能的有益探索。参政履职不是独立于社会存在的，而是来源于社会生活和社会实践，参政履职的研究对象、服务对象和工作素材都来自社会生活的方方面面。因此，民主党派履行职能就应与社会服务紧密结合，这也是各民主党派在长期的工作实践中形成的共识。一方面，随着民主党派社会服务的不断深化，社会服务对民主党派提高参政履职能力，树立良好形象的重要性日益凸显。通过社会服务工作，参政党可以深入基层，了解社情民意，发现一些具有普遍性的问题可以作为参政履职的基础、素材和源泉。所以费孝通早年就说过"社会服务也是参政议政，而且是参得很深的"。大家之言的确很有见地。自20世纪80年代开始，民盟中央就先后组织全盟在毕节、黔西南、广宗、百色等地开展社会帮扶。另一方面，在参与社会帮扶的基础上，邀请盟内外专家通

---

① 龚亮，王海磬.参政履职重头戏　统战工作大品牌[N]，光明日报，2017-04-11（15）.

过调研、走访、座谈等多种形式发现当地经济社会发展中存在的问题，针对性地参与区域发展规划的制定，提出可操作性的意见建议等，推动了这些地区经济社会的发展。

下面民盟中央社会服务部编的《关注民生　服务社会》一书中《积极参与"同心工程"建设　助推毕节试验区科学发展》一文的一段文字，一字不动，全文摘录如下：

> 1993年，民盟中央在毕节科技扶贫三年试点的基础上，向中共毕节地委、毕节地区行署提出了《促进粮食再上新台阶以加速生态建设区开发的建议》。1996年初，民盟中央向中共贵州省委提出《贵州省贫困地区"九·五"实现稳定脱贫应优先发展大农业》的建议。2000年，民盟中央向中共贵州省委提出《旱坡耕地梯化建设是贵州农业生态环境保护、建设和可持续发展的基础》的建议，得到贵州各级政府有关部门的高度重视和充分肯定，中共贵州省委、省政府以中共贵州省委办公厅的名义将建议转发各地和有关部门，要求结合实际积极采纳推广。2009年，根据统一战线参与毕节试验区建设专题调研的分工，民盟中央圆满完成了"毕节试验区农村公路建设研究"调研任务。在民盟陕西省委的大力支持下，依托长安大学的盟员专家撰写了高质量的调研报告，为促进毕节地区农村公路建设的可持续发展建言献策。①

以上就是民主党派参政履职和社会服务有机结合、相互促进的好例子。民主党派各级组织始终把参政履职寓于社会服务的实践之中，

---

① 民盟中央社会服务部.关注民生　服务社会[M].北京：群言出版社，2013：44.

同时又把参政履职的成果转化为服务社会、推动经济社会发展的有效手段,以达到二者相辅相成、有机统一。这是民主党派履行职能的积极探索和实践,也是今后民主党派履行职能的努力方向。

搭建建言献策"直通车"是民主党派参政履职的一大优势。随着中国特色社会主义民主政治制度的不断完善和发展,民主党履行职能的渠道和形式也得到不断丰富和发展。民主党派及其成员通过参加政协全会、常委会、专题议政协商会、双周座谈会等形式积极参政议政、建言献策,民主党派中的人大代表通过提出议案等形式切实履行职责,在国家经济社会发展中起到了越来越重要的作用。这方面学界已经有大量研究,这里就不再作更多论述。之所以把建言献策"直通车"作为一个单独的问题提出来,就是因为它所产生的独特影响日趋重要。2015年底中共中央办公厅印发的《关于加强政党协商的实施意见》中指出:"民主党派中央以调研报告、建议等形式直接向中共中央提出意见和建议。民主党派中央负责同志可以个人名义向中共中央和国务院直接反映情况、提出建议。"其实,这一做法已经行之有年,早已成为民主党派建言献策的一大优势,大家在参政履职实践中把这种形式称为"民主党派直通车"的确是非常形象的(其实就是我们这里所说的建言献策"直通车"更为确切,更多的时候大家称其为"直通车")。这一"直通车",贵在"直通",最初主要是指民主党派的重要意见不需层层转达,而是直达中共中央和国务院领导。延伸至各省(市、区)及州(市)、县(市)层面,就是各地区的民主党派组织及其主要负责人通过"直通车"形式向对应级别的执政党组织及政府领导提出建言献策的意见建议。"直通车"机制的建立,使民主党派各级组织的意见建议能直接反映到决策层,提升了民主党派参政履职的实效性,对民主党派履行参政党职能起到了其他方式无可替代的作用。

以下这一段文字很简要地把中央层面"直通车"所取得的成效作

了精练概括：

> 据媒体报道，从1993年以来，各民主党派中央先后考察调研关系国计民生的重大问题，并将调研成果以书面形式，通过"直通车"经中共中央统战部上报中共中央、国务院。多数调研报告得到中共中央和国务院领导重要批示。许多意见建议被有关部门列入重要议程并予研究采纳，为执政党和政府科学民主决策提供了重要参考，为提升政治协商质量提供了重要保障，推进了社会主义协商民主建设。中共十八大以来至2016年初，各民主党派中央以"直通车"形式向中共中央、国务院上报意见建议265件，其中223件得到中央领导批示，无党派人士提交调研报告、意见建议200余件，许多建议被列入重要议程并予以研究吸纳。[①]

这里讲的是一个笔者直接参与调研、形成成果报云南省政府主要领导并获批示的例子。2020年，民盟云南省委组成调研组就"进一步加强我省边境地区疾控体系建设"的问题到云南省疾病预防控制中心及普洱、西双版纳两个地区进行专题调研，之后撰写了调研报告。调研报告中阐述我省边境地区疾控体系建设基本情况，分析我省边境地区疾控体系建设存在的一些问题，提出了进一步加强我省边境地区疾控体系建设的对策建议。在此基础上，民盟云南省委以《关于进一步加强我省边境地区疾控体系建设的建议》的函，通过"直通车"的形式专报省政府主要领导，得到省政府主要领导和分管领导的批示。

参政履职的理论和实践告诉我们，"直通车"建言献策形式的本质

---

① 范焕军.让民主党派建议坐上"直通车"[J].民主，2021，1: 19-21.

是我国政党关系和谐的一种表征，是中国共产党与各民主党派"长期共存、互相监督、肝胆相照、荣辱与共"十六字方针在民主党派参政履职领域的真实写照。对于执政党来说，体现的是一种虚怀若谷的心胸和对于民主党派及其所联系社会群体的尊重；对于参政党来说，是对执政党尊重的正向反馈，是促进国家和社会更加美好的强烈愿望与集体智慧结合所产生的主动作为和积极反映。

  在本节中，笔者用一定的篇幅回顾了"参政议政、民主监督和参加中国共产党领导的政治协商"这一简写为"参政履职"的民主党派基本职能的由来以及民主党派在履行基本职能中所作的努力和贡献。重点梳理了民主党派参政履职的一些特点，选择了一些非常典型的事例来说明和佐证，这些事例来源于书籍或者各级政协、各级统战部和民主党派组织的官网等，都有据可查，绝大多数是在忠于原文的基础上经过改写，在感谢原文作者的同时不是偷懒式的照抄照搬使用，其目的不是为了增加书稿的篇幅，而是为了说明笔者的观点。我们在序言中就说过，这部书不是一本理论研究的书籍，所以没有太多的理论阐述，而是着重于工作的感悟与思考。如果读者能从这些梳理中对民主党派履行基本职能的重点、特点有所启发、有所把握，对促进今后参政履职有所触动，这些分享也就有了价值。

第四章　民主党派参政履职存在的困难问题思考

关于民主党派基本职能的定位和表述有其历史发展的脉络，它是由中国共产党领导的多党合作和政治协商制度所决定的。在民主党派的基本职能中，参政议政是民主党派的第一职能，是第一要务。民主党派只有履行好参政议政职能，才能更好地开展民主监督，也才能更好地参加中国共产党领导的政治协商。同时，我们认为民主监督和参加中国共产党领导的政治协商从广义上说也是参政议政，这就是我们把民主党派的基本职能在本书中概括为"参政履职"的原因。民主党派各项基本职能之间的这种相互关系，既是中国共产党领导的多党合作和政治协商制度的重要特点，也是民主党派履职尽责的基本逻辑。

马克思曾经说过，"问题就是公开的、无畏的、左右一切个人的时代声音。问题就是时代的口号，是它表现自己精神状态的最实际的呼声。"[1] 正如我们在上节所阐述的，多年来民主党派的参政履职取得了显著的成绩，也积累了可资传承和借鉴的宝贵经验。我们还应该看到，民主党派在参政履职方面还存在一些理论上的困惑和实践上的问题。本章将就此进行一些探讨和分析，以期为提出针对性的对策建议打下良好的基础。

---

[1] 马克思.马克思恩格斯全集：第40卷[M].北京：人民出版社，1982：289-290.

第一节　民主党派参政履职理论研究存在的困难问题思考

从理论层面来说，民主党派参政履职理论研究主要有以下一些需要进一步探讨和完善的地方。

首先，民主党派参政履职的内容渠道和方式方法在理论上还需进一步丰富和拓展，以更好地指导实践。如何更好地体现民主党派参政履职的重要性，如何使参政履职平台形式和议政建言内容更加匹配；如何转化参政履职成果，如何确立参政履职转化的力度、效用和保障措施；如何建立民主党派参政履职成果吸纳和实现途径的有效机制等等问题，都需要从理论上进一步深入探索和阐释。

其次，民主党派参政履职理论研究有待进一步加强。无论是理论界还是民主党派实务工作者对参政履职的含义和规律性认识都还有潜力可挖，对民主党派参政履职的机制、途径和方法的研究还有较大努力空间。对如何处理好参政履职中参政与议政、宏观与微观、调查与研究、成果与转化关系等方面的研究还有待进一步深化。此外，也还存在如何进一步加强参政履职研究队伍建设等问题。总的来说，由于尚存在民主党派参政履职理论研究上的一些空白点，还需要进一步增强民主党派参政履职的理论探讨和学理研究。

第二节　民主党派参政履职实践存在的困难问题思考

从实践层面来说，无论是客观方面还是主观方面，民主党派参政履职都存在一些困难和问题。从客观方面来说，是"需要民主党派参政履职做什么，参政履职的成果如何转化"中的一些问题；从主观方面来说，是"民主党派参政履职的目的是什么，需要围绕什么来参政履职，参政履职的成果如何评判"中的一些问题。具体来说，民主党派履职实践还存在以下一些困难和问题需要我们进一步探索解决：

一是存在一些对民主党派参政履职的政党属性和职责使命理解不深，把握不够的问题。经过多年的理论探索和实践积淀，参政议政是民主党派履行职能的第一要务这一定位已经形成共识。同时，少数民主党派成员对民主党派参政履职重视不够。由于思想认识上出现偏差，落实到行动上必然出现参政履职和建言献策的怠惰和散漫现象。中共中央相关文件尤其是2021年颁布实施的《中国共产党统一战线工作条例》等重要文件和党内法规都对支持民主党派履行职能作出明文规定，为民主党派履行职能创造了有利条件。民主党派需不断深化思想认识，抓住机遇条件，进一步强化落实。

二是一些民主党派参政履职存在重视参政履职过程，但对结果追踪反馈重视不够的现象。有的民主党派组织比较注重热点问题的研究探讨，但对一些重要而"边缘"的问题关注不够。此外，极少部分民主党派组织的参政履职中还存在把批示当结果、把数量当业绩的现象。一直以来对民主党派参政履职工作的评价中，"得到领导批示"往往是一个非常重要的指标。诚然，各级领导包括中共各级组织、人大、政府、政协的领导甚至是相关部门的领导都是各自地区和部门重大事项的决策者，他们所关心关注的事项很多都是关系国家和地区经济社会发展的重大问题，民主党派及其成员的参政履职成果能得到领导批示，也确实从一个侧面说明民主党派参政参到了点子上、议政议到了关键处，所以"得到领导批示"成为评价民主党派参政履职工作成绩的一项重要指标也是情理之中。然而，把"得到领导批示"作为最重要评价指标很容易滑向"把批示当结果"的泥潭，这是各民主党派组织尤其需要注意的。因为在这样的认知体系下，民主党派容易过度重视参政履职成果是否能得到领导批示，却可能对参政履职成果本身对经济社会发展的助推作用及其产生的影响关注度不高；或者在参政履职工作中首先考虑的是能否得到批示，而对一些暂时没有得到各级领导重视和关注的经济社会发展问题或者人民群众关心的"边缘"但重要的问题，民主党派可能会因此而失去建言献策的动力。除此以外，在民主党派参政履职工作成绩评价体系中还可能出现片面以所提提案、大会发言材料和社情民意信息的数量为主要量化指标的现象等等。这些问题与新时代赋予参政党促进有序政治参与、拓宽利益表达渠道、扩大参与公共决策等参政履职功能定位的要求有一定差距。民主党派参政履职的目标定位是得到领导批示，还是真正转化为决策参考，促进经济社会发展？这是值得每个民主党派成员特别是各级领导班子成员深入思考的问题。

三是民主党派参政履职能力还需要更好适应时代发展的要求。民主党派成员往往是在教育、科技、医疗、文化等各自领域的优秀专业人才和代表性人士，但是作为参政履职的参与者往往需要较高的政治把握能力和参政议政能力，需要在国家宏观经济发展和社会治理等方面的完备知识，也需要对国情、省情、地情、社情、民情等有深刻的认识，这就需要民主党派成员不仅要成为某一领域的"专家"，还要成为经济社会发展议政建言的"杂家"。此外，民主党派虽然人才荟萃、智囊密集、联系广泛，但依然存在结构性人才不足的情况。平时说民主党派人才济济，但关键时刻往往又缺乏参政履职所需的一些特殊人才，特别是缺乏政治上比较成熟、社会影响力比较大的旗帜性代表人士和战略性、复合型参政履职人才。过去那种一定程度拥有的对执政党智力资源的比较优势已不复存在，整合民主党派内部力量开展参政履职工作的合力作用不够明显等，都会影响民主党派参政履职的质量和效能。可见，在一些时候和一些场合，参政履职人才资源"不足"和"不强"问题就往往成为影响民主党派参政履职的重要内部制约因素。

四是民主党派参政履职机制有待进一步完善。民主党派要履行好基本职能，必须建立健全一整套与之相适应的工作机制。从民主党派内部来说，只有参政履职工作的组织协调机制、领导负责机制、工作运行机制、考核激励机制，以及参政履职的课题选题、专题调研、课题评审、成果转化等工作机制进一步健全完善，才能使民主党派智力丰富、知识密集的优势有效转化为参政履职的整体优势。此外，民主党派资源有限，缺少足够的激励机制，一定程度上也影响着民主党派成员参政履职的积极性，这也是不容忽视的一个问题。

五是民主党派自身建设水平与参政履职实践的需要存在一定差距。民主党派要履行好职能，必须要具备与之相匹配的参政履职能力和水平。但是我们看到，当前一些民主党派组织的自身建设水平还存在与参政履职实践不相适应的地方。在思想政治建设方面，年轻的民主党派成员思想活跃、思维发散性强，为参政履职工作带来了新气象和新思路，但部分年轻民主党派成员还不同程度存在对中国共产党领导的多党合作和政治协商制度产生的历史背景和现实作用体会不深，对民主党派在中国特色社会主义民主政治中的地位作用认识不足，对参政议政作为民主党派第一要务的重要性理解不透等情况。在领导班子建设方面，还需进一步加强统筹整个组织参政履职所需的把握全局抓好重点的能力、协调各方凝聚共识的能力、深入调研发现问题的能力、汇聚智慧提出良策的能力、与执政党良好沟通争取支持的能力等。在组织建设方面，民主党派在参政履职人才特别是高层次人才的吸纳、选拔、培养、管理、使用、推荐以及调动积极性等方面还需进一步拓宽思路，改进方法。同时，民主党派成员长期存在不同程度的成员老化问题等，还无法满足参政履职人才的需要。此外，在履职能力建设、机关建设、作风建设、制度建设等方面，如何发挥民主党派机关参政履职的中枢和纽带作用，建立健全为参政履职服务的保障机制，更好地团结、动员和凝聚民主党派各级领导、参政履职骨干及民主党派内外专门人才共同推进参政履职工作等，都是新的时代条件下需要深入探索解决的重要问题。

　　本章从理论和实践两个方面分析了民主党派参政履职中存在的困难和问题。提出问题的目的是解决问题。后面的内容作者将从理论和实践两个方面，进一步深入分析民主党派参政履职过程中存在问题的原因，提出解决问题的理念、思路和对策建议。希望有更多从事参政党理论研究的专家学者和民主党派参政履职实务工作者加入其中，共同为民主党派参政履职理论研究和实践探索奉献心力，以期对我国多党合作事业发展起到积极的促进作用。

第五章　民主党派参政履职的理论思考

长期以来，民主党派与中国共产党团结合作、风雨同舟，理念同心、目标同向，步伐一致、同频共振，共同构成中国共产党领导的多党合作和政治协商制度的主体。履行好参政党职能是民主党派展现存在价值、发挥自身优势的重要体现。为了推进民主党派更好地参政履职，有必要针对上一章提出的诸多问题从理论上提出解决思路，从实践上提出对策措施和办法。作为民主党派理论研究者和实务工作者，这是责无旁贷的使命。为了研究的方便，我们本章重点探讨民主党派参政履职理论的有关问题，下一章再从实践角度探讨解决问题的对策建议。

第一节　民主党派参政履职的政党属性思考

在社会政治生活中，思想理论和意识形态具有最广泛的现实影响力，也是指导实践和行为方式的支配性力量。民主党派参政履职实践之所以遇到这样那样的问题和困难，是在理论指导上存在问题的表象反映。因此，很有必要从理论层面明确民主党派参政履职的性质、地位和作用，透析民主党派参政履职中问题的一些理论迷雾，从而着力消除模糊认识，更好地发挥理论对实践的指导作用，更好地推进民主党派参政履职工作思路的创新，进一步推动民主党派参政履职工作不断向前发展。

任何政治组织之所以能成为一个政党，从本质上来说有两个重要的前提和基础，一个是阶级基础，即它代表哪个阶级或集团的利益，换句话说就是这个政党的属性是什么，它的性质、目标、任务是什么。

另一个是指导思想，即贯穿它全部政治活动的宗旨、目标一以贯之的理论指导原则，换句话说就是支撑这个政党赖以生存和发展的灵魂是什么。西方资产阶级政党一直以代表全体社会成员的利益自居，根本否定和掩盖它的阶级属性，也根本否定有任何的指导思想，只承认有具体的政治主张和政治诉求。其实任何资产阶级政党其本质都是资产阶级属性的政党，其指导思想都是为了维护资本主义思想原则、制度理念和核心价值观。中国共产党则与资产阶级政党完全不同，它公开宣布自己的阶级基础是代表工人阶级和全体中国人民的根本利益，其本质是无产阶级性质的政党，而且明确宣布把马克思主义是作为指导思想。这是中国共产党的先进性地位永不丧失的根本保证，也是中国特色社会主义制度不断巩固、发展和自我完善的根本保证，当然也是中国共产党领导的多党合作和政治协商制度不断巩固、发展和自我完善的根本保证。

从阶级基础或政党属性来说，中国共产党领导的多党合作和政治协商制度作为我国的一项基本政治制度，是中国特色社会主义制度的重要组成部分。我国的八个民主党派作为多党合作和政治协商的重要实践者和推动者，大多数诞生于民主革命时期，当时的主要任务是促进和平民主与争取民族独立，是属于资产阶级和小资产阶级性质的政党。随着新中国成立和社会主义改造的完成，随着社会主义建设和改革开放事业的不断推进，民主党派继承和发扬优良传统，始终与中国共产党一道携手前进，一道经受考验，已经逐步发展成为与中国共产党团结合作的新时代中国特色社会主义参政党。因此，参政履职是民主党派作为参政党的基本职能，其性质必然是中国特色社会主义性质的，民主党派参政履职的政党属性是民主党派作为中国共产党领导的多党合作和政治协商制度框架内参政党所具有的阶级性、政治性、政党性、人民性、实践性、科学性在参政履职领域的客观反映。参政履职是民主党派在中国共产党领导的多党合作和政治协商制度中地位和作用的重要体现。也正因为如此，民主党派参政履职就必须坚持中国共产党的领导，坚持参政履职的社会主义方向。只有从中国特色社会主义参政党的角度去理解和认识民主党派参政履职的性质、地位和作用，才能确保民主党派的参政履职始终保持政治方向不偏、政治立场不移、目标任务不变，才能始终与中国共产党站在一起、想在一起、干在一起，充分调动广大民主党派成员积极性、主动性、创造性，做好中国共产党的好帮手、好同事、好参谋，共同为国家和地区经济社会发展建真言、献良策，充分发挥好参政党作用。

民主党派参政履职职能政党属性的定位，也是执政党各级组织、各级政府和社会各界认识参政党职能和作用的一个标示牌。中国共产党同民主党派"长期共存，互相监督，肝胆相照，荣辱与共"是中国共产党和各民主党派政党关系融洽的准确表达，是中国共产党领导的多党合作和政治协商制度的一个重要指导方针。民主党派作为接受中国共产党领导、拥护宪法、致力于中国特色社会主义的参政党，履行好参政党职能，正是坚持和发展中国共产党领导的多党合作和政治协商制度的重要内容，是民主党派体现参政党地位、发挥参政党作用的重要载体，是我国政党关系和谐的重要表征，也是中国特色社会主义民主政治建设的重要组成部分。民主党派各级组织的参政履职不是执政党各级组织或者各级政府内部智囊机构的决策性智囊咨询，也不是一个与经济社会发展相关的研究机构或咨询机构的参谋研究咨询，更与工会、共青团、中华职业教育社等群团组织和村民（居民）自治组织的参政议政有着本质区别。应当从这个意义上理解民主党派及其参政履职在推进国家治理体系和治理能力现代化中的重要地位和作用。

可见，进一步明确民主党派参政履职的政党属性，努力推进执政党各级组织、各级政府及其有关部门、民主党派自身和社会各界进一步增强对民主党派参政履职重要性的认识，既是一个民主党派在中国共产党领导的多党合作和政治协商制度体系中的目标定位问题，也是关系多党合作事业发展的实践问题，更是一个大家共同面临的重要政治任务。我国宪法从国家根本大法的层面对多党合作制度作出明确规定，中共一些重要文件和党内法规阐明了民主党派作为参政党的性质地位和作用，这些都是从制度层面对民主党派参政履职政党属性作出的准确界定。在此基础上，如何把坚持中国共产党的集中统一领导、依法治国和人民当家做主有机统一体现在民主党派参政履职的实践之中，是一个值得探讨的重要理论问题。这一点，无论是从推进中国特色社会主义理论创新和建设社会主义法治国家实践创新的角度，还是从更好地彰显中国特色社会主义政治发展道路的独特优势，坚决反对西方敌对势力对我国政治制度和政党制度的歪曲污蔑渗透的角度，都是非常重要的，而且越来越重要。

指导思想问题是关系一个政党性质的根本问题，是道路问题、是前进方向问题，当然也是民主党派参政履职的首要问题。中国共产党以马克思主义为指导思想，与时俱进地形成马克思主义中国化时代化最新成果的毛泽东思想、邓小平理论、"三个代表"重要思想、科学发展观和习近平新时代中国特色社会主义思想，指导中国共产党团结带领全国各族人民实现从站起来、富起来到强起来的巨大飞跃，取得了举世瞩目的巨大成就。民主党派是接受中国共产党领导，共同致力于中国特色社会主义建设的参政党，其参政履职当然也要坚持以马克思主义及其最新理论成果为指导。这方面的内容我们在前面的章节中已作分析和阐述，在此仅就与民主党派参政履职有关的内容发表一些看法和观点。

我们知道，马克思主义是一个完整的科学体系，它是包括以辩证唯物主义和历史唯物主义为主要内容的马克思主义哲学、马克思主义政治经济学和科学社会主义理论三大部分共同组成的一个有机统一体。马克思主义哲学为我们科学地理解世界的客观本性,理解人与人的关系、人与社会的关系及人与自然的关系提供了具有普遍规律性的科学世界观。辩证唯物主义认为物质世界是按照它本身所固有的规律运动、变化和发展的,揭示了物质是世界的本源,事物发展的根本原因在于事物内部的矛盾性。事物矛盾双方既统一又斗争,促使事物不断地由低级向高级发展。因此,事物的矛盾规律,即对立统一规律是物质世界运动、变化和发展的最根本规律。历史唯物主义作为辩证唯物主义的历史观,通过揭示人类历史发展规律和人民群众在历史发展中的地位和作用,指导我们从理论和实践相结合的层面深刻认识、理解和把握人类社会发展规律、社会主义发展规律和共产党的执政规律。马克思主义经济学为我们观察当代资本主义经济发展基本矛盾提供了理论依据,同时也为中国特色社会主义经济建设包括正确处理计划与市场的关系、抓好国际和国内两个市场、促进经济社会协调和可持续发展等提供了科学的理论依据。为此,民主党派参政履职就必须坚持以马克思主义为指导,用马克思主义的立场、观点、方法认识问题、分析问题、解决问题,才能确保民主党派参政履职始终把握正确方向、遵循客观规律、掌握科学方法,进而提出符合客观实际,解决实际问题,有利于促进经济社会发展的前瞻性、针对性和可操作性的意见建议,做到科学诊断、对症下药,取得实效。

民主党派参政履职要始终坚持以人民为中心的马克思主义根本立场。马克思主义对人类的重大理论贡献之一,就是将物的理论根本性地转化为人的理论,认为社会发展是社会基本矛盾运动的过程,这一过程的主体是人民群众。因此人民立场是马克思主义的根本政治立场,人民性是马克思主义最鲜明的品格,马克思主义及其中国化时代化的理论成果一贯强调马克思主义政党要始终站在人民大众的立场上,全心全意为人民谋利益。中国作为有五千多年文明史的国家,自古就有"民为邦本、本固邦宁"的思想,也倡导以民为本和安民富民乐民的人民观。民生是最大的国是,人心向背是最大的政治。习近平总书记也强调"民生连着民心,民心关系国运"。马克思主义关于人民性的根本立场与中国传统文化关于人民在政治理念和治国理政实践中地位的一种契合,给民主党派参政履职带来深刻的启示。中国共产党始终不渝的宗旨是"全心全意为人民服务",其各项路线、方针、政策从本质上都是为广大人民群众服务的。中国共产党把马克思主义关于人民群众创造历史的观点与中国革命、建设、改革开放和社会主义现代化建设的伟大实践紧密结合,形成了一切为了人民、一切依靠人民,对人民群众负责、向人民群众学习和坚持以人民为中心的群众观点和群众路线。对于参政党来说,人民群众的所思所想、人民群众的所期所盼,人民群众生产生活中遇到的各种困难和问题,以及与人民群众利益攸关的教育、医疗、住房、社会保障等民生问题等等,都应该是民主党派参政履职十分注重的领域。"人民群众满意不满意,人民群众答应不答应,人民群众受惠不受惠"应该成为衡量民主党派参政履职质量水平的首要标准。始终坚持把人民立场作为民主党派参政履职的根本立场,全心全意为人民利益参好政、献好策,是民主党派作为参政党的首要职责和重要任务。

民主党派参政履职要始终坚持实践这一马克思主义的核心观点。马克思指出:"全部社会生活在本质上是实践的。凡是把理论引向神秘主义的神秘东西,都能在人的实践中以及对这种实践的理解中得到合理的解决。"[1]因此,马克思主义认为,实践是人能动地改造世界的物质活动,它形成了社会生活的基本领域,构成了社会发展的动力之源;

---

[1] 马克思和恩格斯. 马克思恩格斯文集:第1卷[M]. 北京:人民出版社,2009:520.

实践是认识的基础，是检验真理的唯一标准，理论与实践的统一是马克思主义一个最基本的原则。民主党派参政履职要特别注重树立"实践第一"的观点，善于从人民群众的实践中发现问题、提出问题、分析问题，善于总结和发现事物发展变化的客观规律。要坚持实事求是的原则，坚持理论联系实际，坚持一切从实际出发，提出的意见建议要来源于客观实践，来源于深入的调查研究，符合客观实际，符合历史发展的客观逻辑，而不是来源于道听途说的虚幻"事实"。要摸清实际情况，找准存在问题，不人云亦云，不唯上、不唯书、只唯实，敢建言、善参政、勤议政，以更好地推进执政党和政府决策的科学化、民主化。

民主党派参政履职要始终坚持用唯物辩证法的马克思主义基本观点分析问题、解决问题和处理问题。辩证唯物主义是马克思主义哲学的重要组成部分，事物普遍联系和运动发展的观点是唯物辩证法的总观点、总特征，事物的矛盾运动规律即对立统一规律是唯物辩证法的实质和核心，质量互变规律和否定之否定规律是唯物辩证法的重要组成部分。以毛泽东为代表的中国共产党人把辩证唯物主义运用于中国革命建设发展实践，取得有目共睹的历史性成就，发挥了理论引导实践的巨大作用。民主党派及其成员参政履职要通过原原本本学习马克思恩格斯关于唯物辩证法的基本论述和基本观点，学习《实践论》《矛盾论》等马克思主义中国化时代化的经典著作，深刻领会辩证唯物主义的核心思想和丰富内涵，掌握具体问题具体分析这一马克思主义活的灵魂，学会熟练运用矛盾分析的方法，重点关注参政履职所涉及领域、问题和事物发展的主要矛盾和矛盾的主要方面，深入分析参政履职研究对象所遇问题的内因和外因，从而紧紧抓住"牛鼻子"，深挖导致主要问题发生的根本原因和主要原因。同时又要对遇到的问题进行全面分析，做到既坚持"两点论"又坚持"重点论"，既不面面俱到，又不以偏概全，既把握全局性、战略性，又重点突破，以点带面，抓住"牵一发而动全身"的重点领域和关键环节议政建言。这样提出的意见建议才能真正推进执政党和政府决策的科学化、民主化，真正体现和提升民主党派参政履职的效能。

由上可见，民主党派参政履职坚持以马克思主义及其中国化时代化最新成果为指导，既是一个世界观的问题，又是一个认识论的问题，还是一个方法论的问题，同时是一个与中国共产党勠力同心、共同促进多党合作事业可持续发展和推进国家繁荣昌盛、人民幸福安康的政治问题和实践问题。

第二节　民主党派参政履职的丰富内涵和理论范畴思考

明确了民主党派参政履职的性质定位和指导思想，民主党派参政履职就有了目标和方向，而执政党各级组织、各级政府及其有关部门和社会各界的重视、关心和支持也就有了理论依据和政策导向的支撑，这些都是民主党派提升参政履职效能的前提和基础。而民主党派要真正做好参政履职工作，还需要在理论层面对民主党派参政履职的内涵、规律、范围、运行机制、履职条件等有清晰的认识；还要在理论层面对如何处理好参政履职中参政与议政、宏观与微观、调查与研究、成果与转化的关系等问题有较实质的把握。下面，就让我们来对这些问题作进一步的探讨。

首先，说起民主党派参政履职的含义，一般大家首先想到的是对参政履职的定义。从事民主党派研究的专家学者、民主党派成员及实务工作者都比较熟悉在中共中央相关文件中多次提到的"一个参加、三个参与"。为了讨论的方便，我们再重复一下2021年《中共中央统一战线工作条例》（这与中共中央之前出台的数个多党合作和政治协商制度文件中的说法是一致的)中的说法:"支持民主党派和无党派人士参政的主要内容是:参加国家政权,参与重要方针政策、重要领导人选的协商,参与国家事务的管理,参与国家方针政策、法律法规的制定和执行。"根据我们的理解,这里指的"参政"实质上就是我们平常所说的"参政议政"进而扩大为"参政履职"的概括性总称,也是比较笼统的说法,并不容易理解。而《中共中央关于加强人民政协工作的意见》对"参政议政"的定义是参加人民政协的各民主党派、人民团体和各族各界人士"对政治、经济、文化和社会生活中的重要问题以及人民群众普遍关心的问题,开展调查研究,反映社情民意,进行协商讨论。通过调研报告、提案、建议案或其他形式,向中国共产党和国家机关提出意见和建议"。由于各民主党派是人民政协的重要组成部分,人民政协的参政议政定义更为具体地阐释了参政履职的本质内涵,也比较符合民主党派参政履职的含义。

当然,民主党派参政履职,并不只是在人民政协的平台上提出意见建议,还可以直接向执政党各级组织、各级政府及其有关部门提出意见建议。这样说来,民主党派的"参政履职"又不能完全等同于民主党派在人民政协的"参政议政",民主党派"参政履职"的渠道更多、范围更广,民主党派在人民政协这一平台上的"参政议政"只是民主党派参政履职的一个重要组成部分。从这样一个角度去理解民主党派参政履职的含义,就能较准确地说明民主党派参政履职的主体是"民主党派及其成员",主要内容是"对政治、经济、文化和社会生活中的重要问题以及人民群众普遍关心的问题,开展调查研究,反映社情民意,进行协商讨论",主要任务是通过多种途径和形式"提出意见和建议"。这样从比较微观的角度阐述了民主党派"参政"基本点的内涵,实现了微观阐释与"一个参加、三个参与"这一宏观任务的有机契合。这既是一种唯物辩证法的思考,也是对民主党派参政履职实践的客观概括和反映。关于民主党派参政履职的含义，从理论上可以进行更深入的研究，但本书更侧重于理论与实践相结合的探讨，所以在此就不再作深入的学理研究了。

准确把握民主党派参政履职的含义，还需要对民主党派参政履职的重要意义有正确的把握和认识。换句话说，为什么把参政履职作为民主党派的基本职能，把参政履职作为民主党派的基本职能有什么重要意义？这就需要从中国政治制度和政党制度的本质说起。中国共产党领导的多党合作和政治协商制度作为我国的一项基本政治制度，是中国特色社会主义制度体系的重要组成部分，它决定了中国共产党和各民主党派政治关系的性质，即中国共产党是中国特色社会主义的领导核心，是"领导党"和"执政党"，各民主党派是接受中国共产党领导的"合作党"和"参政党"。从这样的意义出发，首先，民主党派参政履职是坚持和完善中国共产党领导的多党合作和政治协商制度的必然要求。民主党派只有在多党合作制度体系中始终坚持在中国共产党领导下围绕中心、服务大局，深入调查研究，积极为国家和人民利益建好言、献好策，才能彰显民主党派在中国特色社会主义发展进程中的地位和作用。同时，只有支持各民主党派履行好职能，避免出现削弱和干扰民主党派参政履职的情况发生，才能真正维护和巩固中国共产党的执政地位，也才能完善和增强民主党派的参政地位，使之一体两面地有机统一于中国多党合作事业发展的大局之中，进而共同推进国家和社会的发展进步。

其次，民主党派参政履职是新时代中国特色社会主义民主政治建设的客观需要。民主党派履行好职能，对于增强"扩大有序政治参与"的动力，实现"拓宽利益表达渠道"目标任务，促进"政党和谐带动社会和谐发展"有效机制的建立健全都具有十分重要的意义。另一方面，支持民主党派更好地参政履职，也是我国健全民主制度，丰富民主形式，拓宽民主渠道，通过充分发挥民主党派参政履职作用等多种渠道和形式广泛集中民智，使执政党和政府决策真正建立在科学、民主基础之上，保证人民当家做主落实到国家政治社会生活方方面面的现实需要。

民主党派参政履职，就要积极探索和把握参政履职工作的客观规律。马克思主义认为，规律是事物在其运动发展过程中表现出来的内在的、本质的、必然的联系，具有稳定性、重复性、确定性、客观性和实在性的特点，它不以人的主观意志为转移，但人们能够通过实践认识它，把握它，利用它。同时，任何事物的发展都有其规律性，客观规律性和主观能动性是对立统一的，人们总是通过对规律的探索，自觉地使自己的实践活动遵循客观规律，更好地为实践目标服务。马克思主义关于规律的观点深刻揭示了事物发展变化的本质，是我们研究、考察问题的一个重要基础。民主党派的参政履职也有其发生、发展、变化和运行的必然规律，但是我们对民主党派参政履职规律的认识仍然十分不够。谈到参政履职规律，我们经常看到的是"要不断深化对民主党派参政履职规律的认识"这样一句话，但实际上学界和各民主党派内部对这一问题的研究都是如此的少。在此，我们结合民主党派参政履职的性质定位和实践要求，运用马克思主义的基本观点和方法对民主党派参政履职规律作一些探讨。

民主党派参政履职工作中有哪些规律性的东西，换句话说民主党派的参政履职工作中有哪些内在的、本质的和必然的，又不以人的主观意志为转移的东西呢？有哪些是具有时间的相对固定性和周期性不断重复出现的特点，在一定条件下经常起作用，并且决定着事物必然向着某种趋向发展的东西呢？这使作者陷入了沉思。在中国共产党领导的多党合作和政治协商制度框架内，民主党派在推进国家建设改革发展的丰富实践中形成了"参政议政、民主监督和参加中国共产党领导的政治协商"

（即我们这里简称的"参政履职"）作为民主党派基本职能的定位，而且明确参政议政在参政履职中"第一基本职能"的地位，同时在参政履职实践中也蕴含着丰富的工作规律。我们认为，民主党派在参政履职工作中主要蕴含着以下一些基本规律。

第一，中国共产党作为执政党团结带领全国人民顺利推进国家建设、改革与发展的时候，民主党派作为参政党参政履职就能不断取得新的成绩，反之就会遇到挫折和阻碍。新中国成立初期，执政党高度重视民主党派的作用，许多民主党派成员担任了各级政府及司法部门的领导职务，实现直接参政与建言献策的紧密结合，大大调动了民主党派参与国家建设和政权建设的积极性。中共十一届三中全会以后，执政党决定把党和国家的工作重心转移到以经济建设为中心、实现改革开放的重大决策上来。民主党派也逐渐把工作的重点转移到为社会主义现代化服务上来，逐步确立了民主党派作为"参政党"的重要地位，使民主党派迎来了为国家经济社会发展建言献策、大显身手的好时机，并取得了一个又一个丰硕的议政建言成果，成为推动国家和地区经济社会发展不可忽视的重要力量。可见，不仅在民主革命时期中国共产党与各民主党派风雨同舟、荣辱与共，而且在中国特色社会主义建设改革发展的各个阶段亦是如此。这是中国共产党领导的多党合作和政治协商制度不断创新发展的一条基本经验，也是民主党派参政履职的一个基本规律。

第二，民主党派参政履职的目的是为了国家和人民的利益，除了国家和人民的利益，民主党派没有任何自己的利益，这是民主党派参政履职的重要特点，也是民主党派参政履职工作的重要规律。"奔走国是、关注民生"是民主党派在多年实践中形成的优良传统，民主党派老一辈领导人在其中起到了十分重要的引领和带动作用。一代又一代的民主党派成员继承和弘扬这种优良传统，以多种形式为国家进步发展和人民生活得更加美好鼓与呼。这就是民主党派成立的初衷所在，也是民主党派始终与中国共产党站在一起、想在一起、干在一起，为百姓的安危冷暖奔走呼号的动力源泉。各民主党派以执政党"全心全意为人民服务"为榜样，除了全心全意为国家和人民群众的利益建言献策外，没有自身的任何私利，这是中国共产党领导的多党合作和政治协商制度框架内民主党派与西方政党制度框架内在野党的根本不同。正因为如此，民主党派本着无私奉献的政治自觉和地位超脱的优势特色，能够以独特的视角在深入调查研究中发现执政党各级组织容易忽视或者重视不够的一些问题，进而能够提出有利于全局，或者有利于维护部分容易被忽视群体利益的意见和建议，促进有关问题的解决，体现了民主党派在促进经济社会发展和推进社会和谐稳定方面的独特作用。"参政为民"这个民主党派参政履职工作的基本规律，彰显了民主党派参政履职的价值取向，是民主党派存续发展的根基之所在，也是中国共产党领导的多党合作和政治协商制度赋予民主党派的神圣职责和使命之所在。

第三，促进发展是民主党派参政履职的第一要务，立足发展，致力发展是民主党派参政履职工作取得成绩和突破的关键。发展是当代中国的主题。长期以来，中国共产党始终把发展作为执政兴国的第一要务，表明了执政党始终坚持以发展为己任，以兴国为目标，以不断满足人民追求美好生活的愿望为使命的坚定意志和决心。同样的，推进中国特色社会主义进入新时代，促进国家和地区经济社会实现科学发展、跨越发展和高质量发展，也是民主党派义不容辞的重要责任。民主党派要把促进发展的战略思维贯穿于参政履职的全过程，无论是课题立项、调查研究，还是撰写提案、反映社情民意，提出意见建议，都要立足当前，虑及长远，把是否能够促进国家和地区经济社会发展作为衡量参政履职成效的标准。当前，更要立足新发展阶段，树立新发展理念，构建新发展格局，积极为建设社会主义现代化国家履行好参政党职能。可见,把促进发展作为参政履职的第一要务,就是民主党派一项始终不渝的重要内容,是提升民主党派参政履职效能的关键,也是民主党派参政履职的一个重要规律。

第四,深入调查研究是民主党派参政履职的前提和基础,也是参政履职和建言献策取得高质量成果的重要保障。调查研究是民主党派参政履职的基本功,调查研究的深入与否直接关系到参政履职成果质量的好坏。一般来说,调查研究越深入,参政履职和建言献策成果的质量就越高;反之,参政履职和建言献策的质量就越低。如果是没有经过调查研究而是闭门造车臆想"创造"出来的所谓参政履职成果,往往就没有多少建言献策的价值,由此产生的意见建议不仅不会得到执政党各级组织和各级政府的重视和吸纳,反而会造成对民主党派参政履职的不良印象。这就是民主党派调查研究与参政履职成果之间的辩证关系,也是民主党派参政履职的一个重要规律。实际上,民主党派各级组织也越来越重视调查研究的作用。例如,民盟从中央到地方各级组织提出了在参政履职工作中要坚持"不调研,不发言"的原则,坚守"不惟数量""质量为王"的底线。一切参政履职成果都要来源于深入的调查研究,这就是马克思主义实践观点在民主党派参政履职工作中的具体应用,也是尊重民主党派参政履职规律的具体实践和生动体现。

第五,坚持拾遗补阙与前瞻可行的有机结合,是民主党派参政履职的一个重要规律。长期以来,民主党派的很多同志经常将民主党派参政履职说成是"拾遗补阙",意思主要是指民主党派的参政履职要关注执政党各级组织和各级政府眼光触及不到或者暂时关注不到的领域开展建言献策活动,这样的参政履职工作容易出彩,也更容易增强民主党派的影响力。也有的理论研究者和民主党派工作者认为,随着执政党执政能力的不断增强,执政党各级组织和各级政府决策的科学化、民主化水平不断提升，民主党派通过拾遗补阙开展参政履职的空间和机会越来越小，拾遗补阙已经不是民主党派参政履职的重点，有的甚至认为在当前条件下谈民主党派拾遗补阙就只是关注经济社会生活中的"边边角角"和一些琐碎、局部、冷门的话题，没有什么意义。他们认为应该把参政履职的着眼点放在全局性、战略性、前瞻性的议政建言上来，这样提出科学合理、操作性强的意见建议才能更加彰显民主党派参政履职的价值。以上两种说法都有一定的道理，但都失之偏颇。实际上，执政党各级组织和各级政府要从宏观、全面的角度去考虑国家经济社会发展的重大问题并作出安排部署，但总有目光未及的地方需要包括民主党派在内的社会各界从小处着手和以小见大的群策群力，从而保证社会的方方面面都能感知和感受执政党和政府决策实施的温度和力度。因此，不管什么时候，拾遗补阙都应该是民主党派参政履职的一项重要内容。同时，随着经济社会发展进程的不断推进和社会主义民主政治建设的不断完善和发展，更需要民主党派从大处着眼，聚焦国家和地区经济社会发展的重大问题和关键问题，更加注重从议政建言成果的前瞻性、可行性的角度去提出真知灼见，切实增强民主党派参政履职的话语权和生命力。由此可见，拾遗补阙与前瞻可行的有机结合是民主党派参政履职的一项重要规律，它是不以执政党各级组织和各级政府对民主党派参政履职工作的主观要求，或者民主党派自身对参政履职工作的主观愿望为转移的。只有尊重和遵从这样的客观规律，民主党派参政履职才能不人云亦云，做到行稳至远。

第六，充分发挥集体智慧和力量，是民主党派提升参政履职质量，履行好参政党职能的重要经验，也是增强民主党派参政履职效能的一条重要规律。民主党派越能发挥集体智慧和力量，甚至聚集民主党派内部和外部力量为参政履职服务，参政履职的质量就越有保证；反之，参政履职的质量就会受到不同程度的影响。民主党派老一辈成员很多都是学贯中西的大师学者，有的还是各个领域的开拓者和先驱，他们往往依靠个人丰富的知识和对社会深刻的洞察力就能提出促进社会变革的重大见解，这一点我们前面曾经谈到过。改革开放以来特别是新时代民主党派参政履职的实践充分证明，如今仅仅只依靠民主党派成员个人的力量已无法适应日益发展的建言献策需要，必须依靠民主党派的集体智慧和力量才能参好政，履好职。民主党派拥有智力密集的独特优势，但只有民主党派中央、地方各级组织和所有成员"拧成一股绳"才能发挥合力作用，真正为促进经济社会发展和维护人民群众利益出实招、建真言、献良策。而且很多时候不仅要发挥民主党派内部的集体智慧，还要善于借助外脑，充分利用外部人才和智库资源为民主党派参政履职服务。总之，"众人拾柴火焰高"，民主党派要取得高质量的参政履职成果，就必须聚集集体的智慧和力量，这是民主党派参政履职的一条宝贵经验，也是民主党派参政履职的一条重要规律。

第七，民主党派参政履职实务中必须遵循的几条规律。各民主党派在参政履职的长期丰富实践中形成了一些行之有效的工作经验，这些工作经验不断重复并与中国共产党领导的多党合作和政治协商制度的要求有机结合，形成了一些参政履职特有的工作性质和工作规律。这些规律包括参政履职工作时间的周期性和相对固定性、课题调研及其成果运用的层次性以及参政履职成果转化的多方向性等。各民主党派及其成员了解和掌握这些工作规律，有利于在参政履职工作中抓住机遇，把握重点，增强实效。

我们在这里说的参政履职工作时间周期性和相对固定性规律，是由人民代表大会制度这一根本政治制度、中国共产党领导的多党合作和政治协商制度这一基本政治制度的规律运行所衍生出来的、各民主党派与之相适应的参政履职工作的周期性规律。由于中共各级组织每五年一次的代表大会、每年一次或多次的全委会，国家、地方每五年一次的各级人民代表大会、政治协商会议历届会议及其每年一次的全体会议（简称"两会"），以及政协各级组织一般每季度一次的常委会议等召开的时间是相对固定的。因此，民主党派各级组织围绕这些重要政治参与平台特别是各级政协这一重要参政履职平台开展参政议政工作，就有周期性的工作规律。一般情况而言，每年中共各级组织召开代表大会或全会前都会征求各民主党派和无党派人士的意见建议，每年的各级"两会"召开特别是政协会议召开期间，是各民主党派及其成员参政履职的重要机会。民主党派及其成员通过参加政协全会、专题协商会、大会发言、界别联组会等提出意见建议，并以向会议提交大会书面发言材料、建议案、提案，向各级政协常委会专题协商会提交意见建议等形式参政履职。为了参加这些会议和活动，民主党派及其成员往往每年年初就要制定年度的参政履职工作计划、开展课题申报和确定重点课题、自选课题，再开展多层次的调查研究，进行中期评审和最终评审，进行调研成果转化等，整个过程就有一定的时间周期性。因此，民主党派及其成员就要遵循这样的客观规律适时做好参政履职各个阶段的工作，才能更好地适应执政党、政府和人民群众对民主党派的期望和要求，也才能更容易使自身的参政履职成果转化为决策参考。

我们这里说的课题调研及其成果运用的层次性规律，指的是民主党派在参政履职工作中从调研课题的征集、选题到课题调研内容的选择、花费的时间精力以及调研成果的运用都遵循一定的层次性规律。在课题征集和申报过程中，各民主党派及成员往往申报自己认为对经济社会发展有重要意义的课题，民主党派各级组织参政履职管理和服务部门结合执政党和政府年度关心关注的问题，把征集的课题筛选分类成重点课题、一般课题和自选课题等，提交主席（主委）会议或主席（主委）办公会议确定。调研课题的层次确定或适时调整确定后，根据课题层次的不同支持开展不同层次的专题调研。此外，执政党各级组织还会委托相应层级的民主党派组织开展重点课题调研。民主党派根据不同课题层次开展不同层次、深度和广度的课题调研，获得调研成果的质量层次也不尽相同，调研成果转化的途径和形式也不尽相同。另一方面，民主党派课题调研及其成果运用的层次性还体现在民主党派各级组织纵向之间的联系不够紧密，民主党派不同层级组织之间的课题调研和参政履职工作相对独立，不同层级组织的参政履职成果也表现出一定的地域性、层级性特征，具有相对的独立性和局限性。这主要是受我国现行行政体制运行模式的影响，各民主党派组织与同级执政党组织及其统战部门、政府及其有关部门的联系较为紧密，但民主党派上级组织对下级组织的领导和联动作用有限是不争的事实。实际上，各民主党派中央聚集了大批的高层次人才资源，民主党派上级组织更容易利用组织内部和外部各种资源开展课题调研和参政履职工作，而下级组织甚至基层组织接近经济社会发展的第一线，更容易获得第一手翔实的原始材料。只有同一民主党派不同层级组织之间上下联动、左右互动，甚至加强不同民主党派之间的合作，才能保证课题调研和参政履职工作的纵向和横向贯通，实现集体智慧力量的有效整合。我们理解、掌握和运用了民主党派课题调研及其成果运用的层次性规律，就能有的放矢地开展参政履职工作，增进参政履职效能的最大化。

我们在这里说的参政履职成果转化的多方向性规律，指的是民主党派在深入调查研究基础上所形成的调研报告、咨询报告等可以转化成不同层次的参政履职成果，推进执政党各级组织和各级政府决策的科学化、民主化。民主党派通过调查研究后形成的参政履职成果一般以调研报告、咨询报告等形式呈现，这些工作成果不仅可以转化成向各级政协会议提交的建议案、提案和大会发言等，还可以转化成通过

"直通车"形式提交中共同级组织或政府的政策建议信,以及提交中共各级统战部部门、民主党派上级组织或者同级政协的书面发言材料、提案建议素材和社情民意信息等,最大限度地发挥参政履职的效能。而有的调研成果可能相对薄弱,反映的问题较小、涉及的范围较窄等,就可能只转化为以上参政履职成果中的一项或数项。这样的情况就形成了事实上参政履职成果转化的多方向性。从参政履职形式上看,参政履职的成果可以实现多个方向的转化,如一个高质量的调查研究成果可以形成一篇或多篇调研报告、咨询报告和社情民意信息,调研报告、咨询报告和社情民意信息在经过进一步的加工提炼后可以形成政策建议信、大会发言材料或者集体提案等。形式的多方向性为参政履职成果的转化提供多样化的平台选择,最大限度地保证了参政履职的效能。民主党派参政履职成果的这种多方向性规律,为民主党派参政履职和发挥建言献策作用提供了更多的渠道和途径选择。同样,民主党派参政履职只要坚持和遵循这个规律,就能更好地把参政履职的成果惠及国家地区经济社会的发展进步,惠及人民群众美好生活愿望的不断提升,更好地彰显中国共产党领导的多党合作和政治协商制度的特色及其在发展社会主义民主政治方面的巨大优势。

以上我们用一定篇幅探讨了民主党派参政履职所应遵循的一些主要规律。可能还有一些规律没有总结提炼,挂一漏万在所难免。探索民主党派参政履职规律是一项长期的任务,也是需要学界同仁和实务工作者共同努力的长期课题,希望今后与大家共勉,推进这一问题研究的不断深入。我们相信,遵从规律,才能行稳至远。只有抓住参政履职工作中这种内在的本质的和必然的联系,才能不仅知其然,而且知其所以然,抓住民主党派参政履职的根本,从而推进参政履职工作往深里走,往实里走,再创新业绩,取得新实效。

第三节　民主党派参政履职工作需要
　　　　处理好的几个关系

在民主党派参政履职问题的探讨和研究中，我们始终注重运用马克思主义的基本立场、观点和方法提出问题、分析问题和解决问题。下面我们也据此深入辨析和探讨民主党派参政履职工作中需要处理好的几个关系。

一是要正确处理好参政和议政的关系。根据我们的定义，民主党派的参政履职包含参政议政、民主监督和参加中国共产党领导的政治协商三个方面，从唯物辩证法的角度来说是一个"参政"和"议政"、"监督"和"协商"的辩证统一体。我们前面说过，根据中共中央重要文件精神，所谓的民主党派"参政"，其主要内容就是参加国家政权，参与重要方针政策、重要领导人选的协商，参与国家事务的管理，参与国家方针政策、法律法规的制定和执行。而民主党派的"议政"就是在深入调查研究的基础上，通过一定的平台和渠道建言献策，提出前瞻性和可行性的意见建议，而两者就统一于民主党派参政履职的丰富实践之中。从这个角度上说，"参政"是民主党派参政履职的实质内容和参政党价值的深刻内涵，而"议政"是民主党派参政履职的表现形式和具体作为。没有"参政"，"议政"就只是没有灵魂的"摆拍"和"花瓶"，没有"议政"，"参政"就失去载体，就无所谓"参政"。"参政"的程度，影响"议政"的深度；"议政"的质量，反过来影响"参政"的实效，"参政"的价值体现在"议政"的各项工作之中，"议政"效果由"参政"的内容来检验。因此，只有正确处理好"参政"与"议政"的关系，把"参政"和"议政"紧密结合于参政党履行职能理论和实践这一统一体中，民主党派参政履职才能既彰显民主党派的地位作用，又能体现中国共产党领导的多党合作和政治协商制度的伟大独创性和巨大优越性，显示出强大的生命力。

二是要正确处理好监督和协商的关系。民主党派参政履职中的监督与协商的关系，就是搞好民主监督和参加中国共产党领导的政治协商的关系。民主党派在深入调查研究的基础上，撰写出扎实可靠的调研报告并提出指导性可操作性强的意见建议，这是参政履职的第一步。而调查研究成果如何转化则是更加重要的一步。在调研成果转化方面，民主党派首先是通过参政议政的多种形式实现转化，提出提案、议案和大会发言等，在建言献策中履行民主党派的参政议政职能。其次，就是发挥民主党派的优势和作用，着力开展民主监督。民主党派的民主监督是政治性监督、同时也是协商式监督、专业性监督。政治性监督说的是民主党派民主监督的定位，它既区别于各级人大及其常委会的法律监督，也与社会监督、舆论监督等不同。协商式监督说的是民主党派民主监督的出发点是善意的，是为了帮助执政党和政府解决问题，而不是为监督而监督，不是为批评而批评；从方式来说是柔性监督，是以协商式、说理式、提出参考意见形式的监督，不是强迫，更不是钻牛角尖。专业性监督是指民主党派的民主监督是发挥民主党派及其成员的界别优势和专业特长发现存在问题，分析存在问题原因，提出解决问题的对策建议。在政治协商活动中，执政党各级组织按照形式与内容相匹配的要求，合理运用协商形式，领导协商活动有序开展。各民主党派要积极通过参与会议协商、约谈协商、书面协商等多种协商形式，讲真话、建净言，加强互动交流，真诚沟通协商，共同营造宽松民主和谐的协商氛围。民主党派这种民主监督和政治协商的参政履职形式，由于调研扎实、专业性强，观点明确、论据充分，言而有据、逻辑严密，虽然看似柔软，大道无形，却往往让人有一种心服口服的感觉，在不知不觉中体现了民主党派实行民主监督和参与政治协商的力道。总的来说，民主党派参政履职要始终与中国共产党保持政治同心、思想同频、目标同向、行动同步，切实把参政议政、民主监督和参加中国共产党领导的政治协商结合起来，把民主监督寓于参政议政和政治协商的各项工作之中，秉承民主党派优良传统，依靠民主党派独特的政治影响力和智力密集优势发挥好参政党作用，全力以赴为助力地区发展、国家富强、民族复兴作出积极的努力。

  三是要正确处理好宏观与微观的关系。民主党派参政履职经常遇到的一个问题就是"上天"和"入地"的问题。这里说的"上天"其实就是"对上"负责，"入地"就是"对下"负责。这里说的"对上"负责，不止说的是对上级负责，更重要的是一个宏观思维，是对"宏观"负责；而这里说的"对下"负责，也不止说的是对人民群众负责，更重要的是一个微观思维，是对"微观"负责。因此，民主党派要正确处理好"上天"和"入地"的关系，其实质就是要正确处理好宏观和微观的关系。民主党派参政履职的宏观把握，就是要对国家和地方经济社会发展重大方针政策、重大战略规划，重大工作部署和重大工作举措等建言献策。民主党派参政履职的微观深入，就是要围绕国家或某一地区和部门某一时期的工作重点难点问题和人民群众关心关注的热点具体问题等提出意见建议，推进局部问题的有效解决。民主党派参政履职的宏观把握，一方面要围绕国家和地方经济社会发展的重大问题想全局、建大计，当参谋、献良策，而不能只关注细枝末节的小事件、小矛盾和小问题，或者只关注少数地区和部门的局部利益，以免捡了芝麻，丢了西瓜。另一方面，也不能忽视一些局部但又有代表性，或者是人民群众最为关心关注、与人民群众利益息息相关但又无法提升到宏观层面的问题。对于这一类问题，民主党派不仅不能忽视，而且要通过社情民意甚至直通车等渠道及时向执政党各级组织和各级政府反映，促进这些微观问题及时有效解决。甚至要见微知著，举一反三，把一些微观层面的问题加以概括和提炼，形成对宏观决策的意见建议。这种宏观与微观的相互联系和相互转化，以及宏观指导微观，微观服务宏观的相互关系，是民主党派宏观献策和微观议政的有机统一，也是辩证唯物主义思维在民主党派参政履职领域的一个重要体现。

四是要正确处理好调查与研究的关系。我们前面说过，调查研究是民主党派参政履职的一条重要经验，也是一个重要规律。从实质上来说，"调查"和"研究"是一个事物发展的连续贯通、有机统一的两个阶段。调查是研究的基础，研究是调查的延伸和升华。调查研究，核心在于研究，最根本的乃是提出解决问题的思路和办法。我们认为，民主党派参政履职的"调查"，就是要围绕执政党和政府的中心工作、组织民主党派各级组织和骨干成员全面了解被调查对象的真实状况，获取被调查对象的第一手资料，增强感性认识；民主党派参政履职的"研究"，就是要用科学的方法综合整理和分析论证全面调查得来的第一手资料，形成理性认识，根据课题研究目的找出普遍性、规律性的价值建议，为建言献策服务。概而言之，民主党派参政履职的调查要尽可能全面，研究要尽可能深入，方法要尽可能务实。调查和研究是一个密不可分的整体，因此我们通常把它简称为"调研"是很有道理的。光调查不研究，就会"只见树木，不见森林"；光研究不调查，则只能是"纸上谈兵，空中楼阁"。没有调查，研究就成了无根之水；没有研究，调查就成了无果之花。调查是获取素材的重要手段，研究是调查的发展和深化，二者统一于调查研究这一整体并为参政履职目的服务。因此，民主党派参政履职必须把拓展调查的广度，加大研究的力度统一于调查研究的深度之中，贯穿于参政履职的全过程，才能不断提高参政履职的质量和水平，增强建言献策的实效。

五是要正确处理好成果与转化的关系。民主党派通过深入调查研究形成的参政履职成果，只有转化为执政党各级组织和各级政府决策的重要参考，才能产生实实在在的效果。具体来说，民主党派的参政履职成果通过转化为政协大会发言、提案、建议案，或者政策建议信、社情民意信息等成果提交执政党各级组织和各级政府作决策参考，从而形成对国家和地区经济社会发展的正面推动力量，这是民主党派参政履职的目的和价值之所在。民主党派参政履职的目的在于成果的转化，有意义和卓有成效的转化不仅对经济社会发展有着正向影响，而且对民主党派参政履职起到引领、示范和激励作用；反之，就会影响民主党派参政履职的效能。但是，民主党派参政履职成果的转化程度与实效，是与调查研究的扎实程度及据此提出意见建议的价值密切相关的。调查研究越深入，与经济社会发展的结合越紧密，嵌入度越强，则转化的效果越显著，契合度越高，反之就会对转化的质量产生负面影响。同时，民主党派参政履职成果的意义并不完全在于转化，或者并不完全在于及时有效的转化。有时民主党派提出的一些意见和建议虽然暂时不可行或者暂时不具可操作性，但随着外部条件的变化，这些意见建议又会成为解决一些重要问题或者疑难问题的钥匙。因此，一方面，民主党派要积极开展深入的调查研究，努力形成高质量的参政履职成果，积极促进参政履职成果的转化；另一方面，又要保持战略耐心，不能因参政履职成果暂时得不到及时转化而丧失信心。各民主党派及其成员要始终保持昂扬的斗志和工作的积极性、主动性和创造性，切实做好参政履职的各项工作，努力形成更多的参政履职成果。这是民主党派参政履职成果与转化的辩证法，也是民主党派参政履职保持良好工作状态和不断取得更好业绩的重要保证。

以上我们结合民主党派参政履职的性质定位、指导思想、基本内涵、基本规律和需要正确处理好的几个关系等方面进行了深入的理论探讨。虽然我们力求着眼原创，力求尽量深入，花了一些功夫，但也只能说是民主党派参政履职问题研究中的一朵小浪花。众人拾柴才能火焰高，对民主党派参政履职的理论研究是一个需要集体参与的工作，但对这一问题在内的多党合作和参政党建设理论研究力量的薄弱是一个不争的事实（由于民主党派参政履职理论研究从属于多党合作和参政党理论研究，在此我们就从多党合作和参政党理论研究的角度来讨论这个问题）。切实加强多党合作和参政党建设理论研究机构和研究队伍的建设就成为一个十分重要的任务。

我们先来谈谈关于多党合作和参政党理论研究队伍建设的问题。就如我们在前面提到过的，目前我国从事多党合作和参政党理论研究队伍还处于非常零散的状态，目前的研究力量主要集中在部分大学和科研机构、中共各级党校、各级社会主义学院主要从多党合作和参政党建设理论层面开展研究；此外，还有中共各级党委统战部的研究室、民主党派各级组织的参政议政部、研究室等部门进行少量参政履职实务层面的研究。只有把多党合作和参政党理论研究的队伍有效地整合起来，把研究的触角深入到多党合作和参政党建设的实质层面，而不仅仅满足于理论阐释和条文解读，才能争取通过长期努力形成一批多党合作和参政党理论研究成果，不断丰富和发展中国共产党领导的多党合作和政治协商制度。我们建议，可以以中共中央党校和中央社会主义学院为龙头，建立相应的多党合作和参政党理论研究中心，并由有关大学和科研机构，各级党校、社会主义学院（校）和中共各级党委统战部以及民主党派各级组织的理论研究骨干参与到这个中心来，共同组成一支中央与地方结合、理论与实践结合、专职与兼职结合的多党合作和参政党理论研究队伍。通过整合后的这支队伍根据统一安排部署和每年度工作计划，开展理论攻关，定期研讨交流，共同研究解决一些深层次的理论问题，努力形成一批高质量的理论研究成果。这些理论研究成果不完全是纯粹的学术探讨和理论研究，而是要定期不定期向执政党各级组织提出咨询建议，进而对完善与发展中国共产党领导的多党合作和政治协商制度起到重要的助推作用。同时，对多党合作和参政党理论研究是要进行全面系统的深层次研究，而不是仅仅满足于面上的肤浅探讨，而是应着眼于对多党合作和参政党性质地位、工作规律和运行机理等方面的创新性研究，并与多党合作和参政履职的实践紧密结合，从而真正起到理论指导实践，实践检验和发展理论的目的。

实际上，我们上面谈到的只是问题的一个方面。我国真正从事理论研究最强大的阵容是各种智库和部分大学的研究机构。在社会科学领域，中共各级组织和各级政府政策研究机构、各级社会科学院和部分大学的研究机构等是执政党和国家的核心智库或者智囊机构，在中国共产党领导的多党合作和政治协商制度研究方面有着不可替代的优势。多党合作和参政党理论应成为这些核心智库或者智囊机构研究的一个重点领域。建议这些核心智库或者智囊机构切实承担起责任，成立专门的研究中心或者类似的内设研究机构，组织专门的研究队伍，使多党合作和参政党理论研究成为一项长期的、常态化的工作。同时，要选择在底子深厚、研究力量强大的部分大学成立相应的多党合作和参政党理论研究机构，集中力量，深入追踪，力争多出精品，出好成果。部分条件成熟的大学可设立学习中国共产党领导的多党合作和政治协商制度方向的本科专业，特别培养一批多党合作和参政党建设理论研究方向的硕士、博士研究生等，以适应中国共产党领导的多党合作和政治协商制度可持续发展的需要。

相比起多党合作和参政党理论研究的冷清与寂寞，民主党派参政履职的实务探讨则非常活跃，在坚持正确政治方向的基础上呈现出百家争鸣、百花齐放的良好局面。各民主党派组织的理论研究部门积极投入大量的精力从事这方面课题的研究和探讨。各民主党派每年都召开各个层级的研讨会、座谈会等研讨交流参政履职实务工作经验做法并取得一定的成果。在下一章中，我们将深入探讨民主党派参政履职的实践问题,以期对今后各民主党派参政履职实务工作有一定的启示和促进作用,则我们所做的一切就有了意义和价值。

民主党派参政履职理论研究是一个庞大的系统工程,而且很多理论问题是与参政履职实践紧密结合在一起的。比如对民主党派参政履职机制、途径和方法等问题的研究探讨,就不仅是一个理论课题,同时也是一个实践课题。因此,我们把这些问题放在参政履职实践探索的这个环节,使理论与实践结合更加紧密,也更有利于我们对这些问题的深入研讨。

第六章 民主党派参政履职的实践探索

马克思主义认为，理论是实践的先导，理论也需要在实践中不断完善并接受检验；实践是认识发展的动力，是认识的根本目的。在上一章中，我们探讨了民主党派参政履职的一些重要理论问题。理论上明晰之后，政策措施和工作举措就必然与之配套。接下来我们将在中国共产党领导的多党合作和政治协商制度理论的指导下从四个大的方面进一步探讨民主党派参政履职实践的一些具体问题，提出民主党派参政履职的实践建议，与学界同仁和从事参政履职工作的民主党派成员朋友们共勉。

第一节 深刻领会民主党派参政履职实践的目标定位

民主党派参政履职实践中首先要解决的还是认识问题。因为只有思想认识提高了，民主党派及其成员才能不断增强参政履职的自觉性、主动性、积极性和创造性，执政党各级组织、各级政府及其有关部门也才能从根本上重视、支持和帮助民主党派履行好参政党职能，实现执政党和参政党对这一问题的统一、实现参政党及其成员在这一问题上的一致，不断增强工作的原则性、系统性、预见性和创造性。因此，无论从执政党各级组织和各级政府的角度还是从各民主党派的角度，都要增强对新的时代条件下民主党派参政履职重要性、必要性和重要意义的认识。

正因为有中国共产党对国家一切事务的集中统一领导，国家发展和社会进步才如此的日新月异，作为民主党派不是应该为中华民族和中国人民感到庆幸吗？有什么理由不始终坚持中国共产党的领导呢？此外，中国共产党始终坚持"全心全意为人民服务"的根本宗旨，除了人民群众根本利益没有自己的私利；而民主党派除了为经济社会发展和人民群众根本利益议政建言外也没有自己的任何私利，这不正是表明执政党和参政党价值取向上的一致性吗？从这样的角度去认识民主党派参政履职的实践意义，就能从思想认识上深刻理解民主党派在中国共产党领导的多党合作和政治协商制度中的性质地位和作用，就能深刻理解这一制度之所以成为我国基本政治制度的根本原因。所以我们说，民主党派参政履职是中国共产党领导的多党合作和政治协商制度的必然要求和具体实践，是民主党派参与国家政权管理的重要形式，不是可有可无的装饰和摆设，其根据正来源于此。

因此，从执政党各级组织和各级政府来说，应该在工作实践中进一步加强对我国多党合作制度和统一战线知识的学习贯彻，充分认识统一战线在新时代条件下的法宝作用不仅不能削弱，而且要进一步加强。执政党各级组织和各级政府有必要深刻认识到，民主党派的参政履职是帮忙而不是添乱，是尽职而不是越位，是切实履行职责而不是做表面文章，从而真诚和满怀欣喜地欢迎民主党派参政履职，发挥建言献策和民主监督的作用。在此基础上，执政党各级组织和各级政府还应满怀热忱地支持民主党派深入调查研究，积极建言献策。从民主党派的角度来说，要站在中国特色社会主义参政党的高度，正确认识当前经济社会发展所处的历史方位、发展阶段和时代特点，准确把握自身在多党合作事业中的性质地位，清醒认识参政履职面临的艰巨任务。始终坚持中国共产党的领导，把广大成员的思想和力量凝聚到为促进国家和地区经济社会发展建言献策上来，积极投身建设社会主义现代化国家的伟大实践，主动担当作为，积极履职尽责，切实扮演好中国共产党"好参谋、好帮手、好同事"的角色，始终与执政党各级组织和各级政府"心往一处想、劲往一处使",用参政履职的厚实成果和推动国家发展的实际行动佐证中国共产党领导的多党合作和政治协商制度的巨大优越性和强大的生命力。

首先,民主党派是参政党,参政党就是要切实而高质量地履行好参政党职能,参政履职是民主党派的生命线和价值之所在。各民主党派及其成员特别是成员中的各级政协委员,各级特邀特约员等参政履职骨干要进一步树立强烈的政治使命感、社会责任感和参政履职意识,勿忘人民重托和组织信任,积极履行好职能。民主党派成员中的各级人大代表也要以个人的名义切实履行好宪法和法律赋予的职责,展现民主党派成员的风采。随着新形势、新时代不断发展进步,国际国内形势新变化带来的新挑战不断增多,民主党派参政履职的任务更加繁重,影响民主党派参政履职的因素也日益增多。但各民主党派及其成员一定不能因知情渠道不畅,信息来源不足,或者过去提过的一些意见建议暂时没有得到吸纳,就认为参政履职"参了也白参",从此以后就不想再操心伤神了;也不能因为自身知识、能力优势无法与过去相比就产生畏难情绪,消极无为,认为参政履职"参了也没用"了;更不能因为怕被误认"越位",患得患失,怕承担责任,认为参政履职"参了是捣乱"等等。总之,民主党派只有积极主动投入参政履职丰富实践之中,把民主党派特殊的视觉、超脱的地位转化为建言献策的特殊动力和独特优势,才能真正有利于坚持、完善和发展中国共产党领导的多党合作和政治协商制度,不断推进多党合作事业向前推进。

其次,要强化民主党派参政履职的过程管理和后续跟踪,切实增强参政履职的实效。无疑的,随着中国特色社会主义民主政治的不断推进,民主党派参政履职的渠道、途径和领域日趋丰富,参政履职的舞台越来越广阔,在社会主义协商民主中的作用越来越凸显。与此同时,执政党也为民主党派参政履职提供了越来越便利的条件,搭建了越来越多的平台。比如，民主党派在各级"两会"上建言献策的机会越来越多，各级"两会"期间政协的大会发言、界别联组会、《政府工作报告》及两院报告协商会的内容越来越实，各民主党派及其成员中的政协委员提案建议数量越来越多，质量也越来越高，新闻媒体聚焦各民主党派及其成员参政履职的情况越来越普遍等等，这些都是非常可喜的现象。各级政协还通过鼓励和支持民主党派在各级政协常委会、专题协商会上议政建言、重视民主党派社情民意信息的报送和反馈等，进一步扩大了民主党派有序政治参与的形式和渠道。在今后的工作中，各民主党派组织不仅要重视这些重大会议和重要活动上的参政履职活动，而且更要注重所提意见建议的深度转化。执政党各级组织和各级政府要把民主党派所提意见建议分门别类整理并列为决策参考，得到吸纳的意见建议要给予及时反馈。同样的，对于政协各级组织和各民主党派组织举办的各种论坛、研讨会、座谈会、征求意见会等绝不能仅满足于召开会议和举办活动的场面是否足够大、参加的领导级别是否足够高、新闻媒体的报道是否足够响亮，而是要以这些研讨和论坛是否能拿出实实在在的建言献策成果作为根本的评价标准。也就是说，对于民主党派参政履职的成效，不能仅仅看场面上的表现，更是要看所提意见建议是否为真知灼见，是否进入执政党和政府的决策参考，是否对经济社会发展起到实质推动作用。要做到这一点，不仅需要民主党派及其成员有《明史·骆问礼传》所说的："凡议国事，惟论是非，不徇好恶"的担当和作为，也需要执政党各级组织和各级政府虚怀若谷，做到《宋史·王涣之传》所说的："虚心公听，言无逆逊，唯是之从"，听得进民主党派的真诚建言，从而切实改变民主党派参政履职重过程、轻结果，重造势、轻转化，重会议活动、轻后续反馈的现象，彰显民主党派参政履职的作用和价值。

第三，树立正确的参政履职成果评价导向，推进民主党派参政履职工作往深里走、往实处走、往解决问题的方向走。民主党派参政履职能否取得实效，最根本的评判标准就是是否有利于促进经济社会发展，是否有利于维护人民群众的根本利益，是否有利于维护我国多党合作事业大局。本着这样的价值取向，民主党派参政履职不能只看所提意见建议是否得到执政党和政府领导的批示，更不能把是否得到领导批示作为唯一或者最重要的评判标准。当然，这样的思维导向说起来容易做起来难。据了解，现在民主党派各级机关的工作已纳入同级党政部门机关的年度考核。对民主党派各级机关的考核其本质上是对民主党派各级组织（如中央、省委、市委等）整体工作的考核，其中最重要的指标就往往是对各民主党派组织参政履职情况的考核。而对各民主党派组织参政履职情况考核的重要指标之一就是"是否能得到执政党同级或上级组织和政府领导的批示"。而这样的考核指标导向，有可能导致各民主党派组织在参政履职实践中目标指向和思维导向的单一性。诚然，由于执政党各级组织和各级政府掌握国家和地区经济社会发展的全面情况，也是推进国家和地区经济社会发展重大决策的制定者或执行者，因此民主党派参政履职成果得到领导批示本身就说明其参政履职的重点与执政党和政府中心工作的一种契合。但是，中国社会庞大而复杂，执政党和政府不可能面面俱到地及时掌握和响应每个领域存在的每个问题。与参政履职成果是否获得领导批示相比，民主党派更应关注这些成果对经济社会发展的助推作用及其产生的影响。特别是一些对经济社会发展具有战略性、持续性影响的重要问题和对人民群众生产生活有直接利益关系的紧迫和"边缘"问题，即使没有得到领导的关注或批示，民主党派也要紧抓不放，花大气力深入调研，并通过"直通车"或社情民意信息等多种渠道向执政党各级组织和各级政府提出对策建议，推进这些问题的及时有效解决。对民主党派各级组织及其成员政协委员的提案、议案、大会发言材料以及建议信、社情民意信息等参政履职成果,不仅要重视和关注提交的数量,更要做好后续追踪,重视和关注这些成果所产生的社会影响和效能。因为只有不仅关注参政履职和建言献策的过程和表现形式,而且本着"功成不必在我"的思想境界和"功成必定有我"的信念担当,更重视参政履职和建言献策的结果和效能,才能实现参政履职的宗旨和目的。这是对中国共产党领导的多党合作和政治协商制度的最好诠释,也是对民主党派及其成员树立正确宗旨意识和政绩观的必然要求。

第四,进一步加强对民主党派参政履职的宣传,提升社会认可度和知晓率。提升民主党派参政履职认可度和知晓率是一个系统工程,它涉及执政党各级组织和各级政府、民主党派自身及社会各界三个层面。从执政党各级组织和各级政府及其有关部门来说,就是要对民主党派在中国共产党领导的多党合作和政治协商制度框架内性质、地位和作用的认识问题,这方面我们已经作了大量阐述。这里关键要谈一谈提高认识的问题。提高认识的前提是加强学习培训,建议在中共各级党校、各级社会主义学院和各类培训中提高中国共产党领导的多党合作和政治协商制度内容的比重,在对执政党各级组织各级政府工作考核中把支持民主党派参政履职情况作为重要内容。从民主党派的角度来说,就是要在参政履职实践中树立"质量第一"的思想,努力以建言献策的高质量高水平证明民主党派参政履职所具有的不可替代性,这方面我们将在下面的内容中详细阐述。从社会各界的角度来说,就是要加大对中国共产党领导的多党合作和政治协商制度的宣传,加大对我国多党合作历史和民主党派在我国政治生活中重要作用的宣传。应在电视、报刊、网站、微信公众号等主流媒体开辟专版、专栏广泛宣传、专题宣传民主党派的参政履职情况,跟踪宣传民主党派的建言献策成果及其产生的社会影响。在报道民主党派领导参加参政履职会议或者活动时要说明其民主党派成员身份，在宣传民主党派参与推动某个重大项目实施时要明确介绍民主党派的贡献等，使社会各界和人民群众进一步认识和理解民主党派"参政履职工作为了人民，参政履职课题来自人民，参政履职调研依靠人民，参政履职成果属于人民"的性质定位和政治理念，努力形成支持民主党派参政履职的良好氛围。总之，提升民主党派参政履职的认可度和知晓率不仅需要参政党自身的努力，也需要执政党各级组织、各级政府及其有关部门和社会各界的共同努力。概括来说，就是执政党各级组织和各级政府要高度关心支持，社会各界要知晓认可，民主党派各级组织的参政履职能力要接地气和有成效，民主党派参政履职才具有持久的动力和坚实的基础。

第二节 从执政党角度进一步为民主党派参政履职提供条件保障思考

从执政党各级组织和各级政府的角度来说，要进一步拓宽民主党派知情明政渠道，把握好民主党派知情明政的时、度、效，为民主党派参政履职提供条件保障。

民主党派参政履职要取得实效，最基础的工作就是知情明政。只有对执政党和国家大政方针政策的熟练把握，只有对国情、地情的深入了解，只有对人民群众所思所想所盼的感同身受，才能把自己摆进飞速前进的社会洪流之中，感知社会脉搏，感知百姓冷暖，增强为执政党分忧和为人民群众解难的坚定自觉，提出高质量和可操作性的意见建议。民主党派知情明政的渠道和途径是多方面的，其中最重要、最权威的信息还是来自执政党各级组织和各级政府及其有关部门。从为民主党派提供参政履职条件的角度来说，应着重关注以下几个问题。

一是建立健全民主党派从执政党各级组织和各级政府及其有关部门获得信息的制度机制，甚至以"逆直通"的形式建立相互间信息互联互通的沟通协调机制。民主党派从执政党各级组织、各级政府及其有关部门获得的信息从传统上看主要有情况通报会、党外人士座谈会、各级"两会"等渠道和形式。随着多党合作的不断深入，一些地方还邀请民主党派领导列席政府常务会，参加重大督查、重要考察调研、重要外事活动，执政党和政府的普发性文件也尽可能抄送民主党派同级组织等，这些都是促进民主党派知情明政的重要举措。通过这些渠道和形式获取的信息具有真实、权威、可靠、规律的优点，为民主党派参政履职工作提供了直接的参考依据。但是，为什么有些民主党派组织仍然感到获得的信息不充分、不及时、不全面呢？关键就在于没有建立健全一整套执政党各级组织、各级政府及其有关部门与民主党派之间信息及时互联互通的机制，特别是重大事项通报、重大决策协商和征求意见的工作机制。我们认为，执政党各级组织和各级政府不仅要下发有关的意见或文件，还要制定与之相配套的行之有效的制度机制和具有可操作性、可衡量性、可评判性和可追溯性的具体办法和措施。一是健全完善配套机制。如建立健全定期情况通报机制、日常工作联络机制、联席会议交流机制、重要文件和工作简报互通机制、参政履职成果转化信息反馈机制、执政党各级组织领导与同级各民主党派负责人定期会晤和沟通交流机制等，有效提升民主党派知情明政的水平。二是建立工作机构。多党合作制度长期存在发展的性质决定了民主党派参政履职不是权宜之计。建议在中共各级组织的办公厅或办公室成立专门对接民主党派参政履职的相应机构（可与联系对接人大代表政协委员相关工作机构等合并组成），具体负责与民主党派各级组织参政履职部门对接日常工作。三是确定职责职能。成立相应处室，编列专门人员编制，提供工作经费等，为民主党派知情明政提供物质条件和人员保障。四是建立健全政情通报制度，确保信息畅通。执政党各级组织和各级政府应通过简报、网络平台等形式和途径，适时向民主党派通报重大工作进展和重大工作计划。对于特别重大的工作，执政党各级组织和各级政府主要领导可以利用我们前面说的"逆直通"渠道，直接约请民主党派同级负责人通报情况、沟通交流，听取意见。在执政党和政府征求民主党派意见时，要提前一定时间（至少一个星期）把相关决策信息或文件（征求意见稿）的文本发到民主党派负责人手中，以便民主党派以调研或座谈等形式听取成员意见，更好地集中集体智慧，群策群力提出意见建议。民主党派也要及时向执政党和政府通报年度参政履职课题的方向和议题，以便更好地取得支持和帮助。总之，知情明政不能只靠或只等着各种通报会、座谈会等，而是要建立直接的日常沟通和情况通报制度，民主党派才能及时了解执政党和政府的重大决策思路和工作谋划，才能更好地献计出力。

二是政务信息公开应做到应通尽通，为民主党派参政履职提供信息支持。民主党派获取完整准确的参政履职信息，必须有相应的信息供给保障机制作为支撑。民主党派只有及时、全面了解国家和地区经济社会发展重大问题的重点内容、决策过程、决策结果，重大项目的实施进展和实施效益，才能更好地建言献策。政府信息公开不仅是阳光行政的应有之举和政治文明的具体体现，也是民主党派获取参政履职信息的重要渠道。《政府信息公开条例》虽然制定了"以公开为原则，以不公开为例外"的原则，但在具体实施过程中仍给政府机关留有较大自由裁量的空间，"公开越多，做事会越难"的思维模式一定程度影响了政府部门信息公开的主动性和积极性。对于涉及国家安全、社会稳定的不宜公开信息的界定还比较模糊。因此，一方面，政府有关部门及其工作人员要树立"阳光政府"的意识，切实转变思想观念，充分认识信息公开对推进民主政治建设的重大意义，使公开的精神逐步成为政府部门及相关人员的工作理念，进而支持和保障包括各民主党派在内的社会各界通过信息公开平台获取信息；另一方面，要严格界定和区分可公开信息、依申请可公开信息和应当保密信息的界限，明晰"公开"与"保密"的尺度，杜绝因保护部门利益而把该公开信息列为保密信息等情况的发生。必须认识到，信息公开的目的是促进社会主义民主政治建设和经济社会发展，保密的目的是维护国家整体安全和根本利益，二者不可偏废。民主党派要用好信息公开这个渠道。同时，各级政府要健全完善行政决策和行政行为过程的公开制度。我国目前政府信息公开主要是强调结果公开、程序公开，对形成结果的过程公开重视不够。而各民主党派参政履职对决策过程及决策背景的适时情况则更为关注，自然灾害、重特大事故、公共卫生和社会治安等突发事件的发生情况、处置过程等及时信息，是民主党派议政建言更为迫切需要的。因此，建议执政党各级组织、各级政府及有关部门通过及时举办新闻发布会、及时发布网上权威信息、鼓励民主党派及社会各界人士参与重大决策会议旁听，以及鼓励社会公众申请公开事项等形式，进一步加大重大公共决策背景和处置过程的公开，及时公布"正在调查、讨论、审议、处理过程中的信息"，以便利各民主党派参政履职对及时信息的需求。建议尽快将《政府信息公开条例》从行政法规升格为法律，更好地全面保障公民知情权，也更好地全面保障民主党派参政履职的信息需求。

三是健全完善对口联系制度，推进民主党派更加便捷、及时、全面地获取参政履职所需的权威信息。2005年颁布的《中共中央关于进一步加强中国共产党领导的多党合作和政治协商制度建设的意见》指出："政府有关部门根据工作业务范围同相关民主党派建立和加强联系，重要专业性会议和重要政策、规划的制定，根据需要邀请相关的民主党派负责人参加。"此后，中央和地方层面都加强了与民主党派对应级别的对口联系，制定了相应的对口联系制度，为民主党派知情明政提供了重要制度支撑。但是我们也看到，这一制度在实施过程中仍存在重视程度不够、贯彻落实不到位、运行机制不顺畅以及实施效果不彰显等问题。各民主党派曾经对这一制度满怀期待，但由于存在这样那样的问题，部分地方出现了"民主党派一头热，政府职能部门一头冷"的现象。

为什么会出现这种情况呢？最根本的首先还是思想认识问题。参加对口联系的政府有关部门和各民主党派组织都要认识到，加强政府有关部门和民主党派组织的对口联系是坚持和发展中国共产党领导的多党合作和政治协商制度的需要，是各民主党派知情明政的需要，同时也是提升政府工作能力水平、推进政府决策科学化民主化的重要举措。对口联系制度是政府有关部门和各民主党派组织的"双赢"，而不仅仅是为了满足民主党派参政履职的需要。只有从这样的高度去认识政府有关部门与各民主党派组织的对口联系制度，才能做到思想上重视，行动上积极，措施上有力，真正推进对口联系制度取得实实在在的效果。

其次，是健全完善制度机制的问题。思想认识的因素解决了"为什么做"的难题后，"如何做"就成为需要深入思考的问题。我们认为，对口联系制度要良好运行，制度建设是保障。无论是政府相关部门还是民主党派各级组织，健全完善和落实对口联系制度就要制定具有约束力和可操作性的定期走访会商机制、常态化工作情况动态通报机制、邀请参加重要会议和重大活动机制、知情建言议政活动机制、重要文件信息交换送阅机制、领导联谊交友机制、机关处室业务对口联系机制等，把对口联系制度抓牢抓实。

再次，要深入贯彻落实。一项好的制度机制，如果只是"纸上谈兵"，落不到实处，那就没有任何意义。如何做到贯彻落实？在组织保障方面，建议可探索由民主党派领导兼任不在职不在编、不领薪酬的同级对口联系政府部门的副职领导，参与部门重大决策；政府有关部门可聘请对口联系的民主党派成员担任顾问或参加咨询机构，也可请对口联系民主党派组织就某些专题进行调查研究，提出意见建议；政府对口联系部门设立或指定专门处室、配备专职人员负责对口联系日常工作，各民主党派机关也应落实相应的部门和人员对接相关工作等。在工作措施方面，要把每一项制度落实到位，做到机构、人员、经费、工作程序、工作内容的细化。政府有关部门要把对口联系工作作为一项重要工作，与单位年度重点工作同考虑、同部署、同落实；政府有关部门在出台相关规范性文件或重大决策决定前，可主动征求和吸纳对口联系民主党派组织的意见建议。对民主党派及其成员关心、关注的一些热点难点问题和涉及人民群众根本利益的重大问题，政府有关部门和对口联系的民主党派组织可以联合开展调查研究，共同探索和商讨解决问题的办法。政府有关部门和对口联系的民主党派组织坚持实事求是、讲求与时俱进，注重优势互补、强化合作沟通，坚持互动参与、实现互利共赢，不断丰富和深化对口联系活动的内容和形式，进一步凸显对口联系制度的实效性。

最后，要做好检查督导。对口联系制度之所以重要，就因为它是各民主党派了解各级政府及其有关部门重要事项决策、重要工作举措和重要工作进展的一个重要窗口，同时也是政府有关部门了解社情民意、吸纳意见建议和改进提升工作的一个重要平台。因此，我们才深感有必要从思想认识、制度规范、工作措施等方面给予切实强化。但是，思想的生命力在于创新特别是制度创新，制度的生命力在于执行，执行的成效又要由实践来检验，还要靠切实有效的监督检查来实现。建议执政党各级组织、各级政府及其有关部门把与各民主党派对口联系制度执行情况纳入各级政府工作督查、目标考核和绩效考核的重要内容，并对不足之处提出督查整改意见。执政党各级组织和各级政府的各有关部门督查整改中主要领导要亲自过问、亲自协调、亲自督查，确保对口联系工作落到实处。各民主党派建言献策不能受政府有关部门利益的影响，不能为部门狭隘的局部利益说话，政府有关部门也不能借助民主党派渠道为自己局部利益服务。相反，各民主党派应发挥自身地位超脱的优势，本着对国家和人民负责的态度和实事求是的精神，知无不言，言无不尽，把参政履职和民主监督有机结合起来，发挥好执政党"好参谋、好助手、好同事"的重要作用。要贯彻落实和健全完善"党委出题，党派调研，政府采纳，部门落实"等业已成熟的参政履职工作机制，切实提升民主党派参政履职的效能。

总之，加强政府有关部门与民主党派组织的对口联系，既是推进政府决策科学化民主化的一项重要举措，也是民主党派知情出力的重要渠道和途径。政府有关部门与各民主党派组织对口联系具体怎么做不是本书研究的重点，各地区各部门及各民主党派组织都有很多成功的经验，在此也仅就其中的有关问题提出探讨。相信通过执政党各级组织、各级政府及其有关部门与各民主党派组织的共同努力，这一制度会得到进一步健全完善，成为推进我国多党合作和协商民主建设的一个重要抓手，日益彰显其特色和优势。

四是推进民主党派通过调查研究获取全面、深入、准确的国情、社情、民情第一手信息，为民主党派参政履职提供软件和硬件支持。我们看到，民主党派从执政党各级组织和各级政府"直通车"、信息公开、对口联系等渠道获取的信息有直接、权威等特点，但也有一些不足之处，比如信息时效性不强、全面性和深入性不够、接地气不足等。民主党派的参政履职所需信息是多种渠道的有机结合，渠道来源的单一必然会影响到信息的真实性、全面性和权威性，进而影响到分析问题的科学性。我们在前面说过，深入的调查研究是民主党派参政履职的前提、基础和取得高质量成果的关键，是民主党派与社会各界保持密切联系的一个重要渠道。民主党派调查研究的成效如何，不仅与民主党派自身的基础素质和能力水平有关，还与是否得到执政党各级组织和各级政府的关心帮助和社会各界的支持关注直接相关。随着中国共产党领导的多党合作和政治协商制度不断完善发展，我们深切地感受到执政党各级组织、各级政府对民主党派调查研究的重视程度和支持力度都在不断加大。今后工作中，建议首先要把这种支持更好地体现在制度建设上和政策措施上。民主党派成员所在单位中共组织应支持和鼓励民主党派成员参加本民主党派的调研视察活动，给予必要的时间支持和物质保障。凡实行工作量计算的部门和单位，民主党派成员特别是各级兼职负责人从事民主党派工作及参加调查研究的时间，所在部门和单位应酌情算入正常出勤，计算一定的工作量。在总结经验的基础上积极推进中共各级组织及其统战部门组织和安排民主党派成员参加考察视察及调研活动。其次要更好地体现在经费投入上。各级政府财政部门可在把各民主党派专项调研经费纳入预算的基础上，继续加大力度，逐步予以增长。需要强调的是，首先，这些措施要从顶层设计上加以考虑，并要求中央和各地区各部门统一执行，形成长效机制。其次，关键还是在落实。从全国的情况看，支持各民主党派履行职能的相关制度很多，但各地具体落实的情况参差不齐。个别民主党派基层组织负责人参加民主党派工作时遇到单位不给时间、不报销差旅费，或者不计算工作量等老大难问题。这个问题各民主党派组织呼吁多年也得不到根本解决，影响了民主党派参政履职的效能。这些都十分需要执政党各级组织和各级政府高度重视，从顶层设计角度加以彻底解决。

第三节 从民主党派角度进一步提升参政履职效能思考

从民主党派的角度来说，要丰富和拓展参政履职的内涵，积极探索参政履职的途径、渠道、形式和方法，进一步提升参政履职的质量和效能，不断扩大参政履职的影响力和认可度。

"说得千里路，不如走一步。"说到底，参政履职是民主党派的基本职能，是民主党派的主责主业。思想认识问题解决之后，民主党派参政履职最实质的问题就是"怎么做""如何参政履职"的问题。民主党派及其成员不仅要认识到参政履职的重要性，而且要敢于参政履职，善于参政履职，遵循客观规律，抓住重点要点和关键环节，不断推进参政履职方式方法创新，努力为推进经济社会发展建有用之言，献务实良策，谋创新之举，尽精诚之力。

一是要始终坚持围绕中心、服务大局这个根本。坚持中国共产党领导，坚定中国特色社会主义理想信念是中国共产党领导的多党合作和政治协商制度对民主党派的必然要求。参政履职是民主党派的生命线和立足之本。民主党派参政履职最首要的就是要坚持围绕执政党各级组织和各级政府的中心工作，围绕改革发展稳定大局，在坚守中国政治制度和政党制度框架大前提下，本着实事求是原则深入调查研究，积极建言献策。因此，民主党派参政履职要以坚决维护中国共产党的领导、走中国特色社会主义道路为前提，而不能跑偏，不能发表与执政党路线方针政策背离的邪论，不能发表不利于大局的歪论，不能发表不经过调查研究，只是为了博人眼球的怪论，而是要本着认真负责的态度，深入领会和贯彻执行执政党和国家大政方针，主动与中共各级组织、各级政府及有关部门对接，充分发挥自身优势，实实在在出主意想办法，诚心诚意出真招谋良策，真实反映社情民意，积极维护社会和谐稳定，做到"尽职不越位，帮忙不添乱，切实不表面"。要深入领会新时代新形势新任务带来的机遇与挑战，深度融入把握新发展阶段、贯彻新发展理念、构建新发展格局的宏观战略之中，与执政党同频共振，携手同行，共同致力于建设社会主义现代化国家和中华民族复兴的伟大事业，这样才能赢得执政党各级组织、各级政府及有关部门的高度重视和鼎力支持，才能赢得人民群众的信任和认可。这是民主党派参政履职的政治准则，也是民主党派参政履职的思想政治基础。

二是要坚持把握好信息来源这个先导。信息的最重要属性是资源共享性，同时信息又具有先导性和传播的滞后性。信息属于无形资源，但是信息资源也可以转化为物质和能量等有形资源。民主党派参政履职从本质上来讲是一个社会经济多方面信息的收集、筛选、取舍、加工和转化的过程，这也正是我们在前面用一定篇幅来研究拓宽民主党派知情明政渠道的原因，因为获取高质量的信息就是民主党派知情明政的前提和基础。上面我们提到，民主党派主要是通过与执政党各级组织和各级政府加强联系、政务信息公开、政府有关部门的对口联系和深入调查研究等渠道获取信息。但执政党各级组织、各级政府及其有关部门为民主党派提供大量信息，并不必然等于民主党派就可以自动获得这些信息，更不等于民主党派能够自动通过这些信息来为参政履职服务。因为参政履职的主体是民主党派各级组织及其成员自身，只有通过民主党派各级组织及其成员积极接收和吸纳执政党各级组织、各级政府及其有关部门的各种有效信息，经过去粗取精，去伪存真，加工整理，消化吸收，并结合自身参政履职需要进行创造性的转化和提升，产生解决问题的方案建议，才是把各种海量信息转化为参政履职宝贵信息来源的正确路径选择。因此，民主党派各级组织及广大成员要积极主动加强与执政党各级组织、各级政府及其有关部门的沟通联系，争取支持帮助，获取准确信息。一是凡是执政党各级组织和各级政府邀请民主党派领导参加或列席的情况通报会、征求意见会和政府常务会等重要会议，以及重要督查、重要考察调研、重要外事等活动，民主党派都要高度重视，精心准备，积极参与，甚至应成为民主党派主要领导的一项主要工作。二是对执政党各级组织、各级政府及其有关部门（特别是对口联系部门）印发的重要文件和提供的重要资料，要认真学习研究，尽可能从中获取参政履职所需的重要政策依据和重要参考信息。三是配套制定相关的制度机制，成立相应的对接机构，确定相关的联系和工作人员。四是要主动加强与政府对口联系部门的联系沟通。民主党派不仅要积极主动地从对口联系部门获取信息，建立常态化的对口联系制度，而且也要积极出主意、想办法，提出有利于改进对口联系部门工作的真知灼见，使民主党派各级组织不仅是信息获得者，而且成为政府信息制订发布的内容参与者、实践推动者、民主监督者和社情民意信息提供者、实施效果反馈者。各民主党派组织与政府对口联系部门联系情况要纳入民主党派目标考核和绩效考核，真正使民主党派与政府部门的对口联系成为贯彻落实中国共产党领导的多党合作和政治协商制度的具体作为和实际行动。

三是要始终用好调查研究这个法宝。正如我们在前面内容中所述的，民主党派调查研究的深度广度与建言献策质量高低的正比例关系是民主党派参政履职的一个重要规律。开展调查研究根本目的是把事物发展变化的真实情况搞清楚，把问题的本质和规律弄明白，把解决问题的思路和对策悟透彻，进而通过某种形式展示出来。实际上，我国自古以来有重视调查研究的传统。春秋末期曾子就在《大学》中说过，"致知在格物，物格而后知至。"所谓"格物"，就是事理得到穷究，就是我们所说的调查；所谓"致知"，就是了解它的内在规律，就是我们所说的研究。《现代汉语词典》2016年发行的第7版将"格物致知"解释为："推究事物的原理法则而总结为理性知识"，就是提倡把事物从头到尾、从里到外彻底弄明白，这是最接近于"调查研究"的说法了，从中可见古人对调查研究的重视。而重视调查研究早已成为中国共产党的优良传统和政治本色，更是中国革命、建设、改革和中国特色社会主义事业取得胜利的重要法宝。民主党派履行参政党职能也要运用好这个法宝，努力推进参政履职工作扎实深入。调查研究这个问题对民主党派参政履职具有决定性的重要意义，下一节我们将专门研讨这一问题。

四是要把握好成果转化这个关键。民主党派的意见建议得到执政党各级组织和各级政府的吸纳进而推进经济发展和社会进步，为满足人民群众对美好生活的向往尽力奉献，是民主党派参政履职的根本目的和归宿，民主党派调查研究成果的转化就是达到这一目的的重要桥梁和基本路径。民主党派的调研成果是在深入实际、深入基层，掌握实情和运用科学方法进行推理演绎、潜心研究基础上形成的智慧结晶，调研成果转化是整个调研活动的"秋收时节"，事关参政履职的成败和效能。民主党派调研成果转化有多种形式，与执政党各级组织、各级政府及其有关部门调研成果的转化和使用有着本质区别。民主党派调研成果可以转化成执政党各级组织、各级政府及其有关部门召开的征求意见会、座谈会等会议上的发言素材，可以转化成民主党派人大代表在各级人大会议上的议案建议，可以转化成各级政协会上的大会发言、交流材料、集体提案和个人提案，可以转化成向各级政协、执政党各级组织统战部、民主党派上级组织直到民主党派中央报送的提案素材或社情民意信息等等。对于一些十分重大或紧急的重要调研成果及意见建议，可以通过"直通车"的渠道直接报送执政党各级组织、各级政府，或者通过"对口联系"机制提交政府对口联系部门作决策参考等，切实体现参谋助手的职能作用。论坛研讨是民主党派参政履职的重要平台和民主党派组织和成员之间思想交锋碰撞、成果交流沟通的重要形式，不仅要重视论坛研讨的规模层级、场面形式及社会影响，更要注重论坛研讨的实质内容和对参政履职的实质效能，更好地把论坛研究成果转化为提交执政党和政府的决策参考之一。

五是要把握好参政履职与社会服务的紧密连接。我们知道，参政履职是民主党派的基本职能，做好参政履职工作是民主党派参政党地位、作用和价值的重要体现。社会服务是民主党派服务国家经济社会发展的重要社会职责，是参政党夯实社会基础，扩大社会影响，增强组织凝聚力和向心力的重要举措。参政履职和社会服务均寓于民主党派履职尽责和奉献社会的丰富实践之中。一方面，参政履职的课题选题和素材可以来源于社会服务，民主党派往往可以在社会服务实践中找到参政履职的切入点，将社会服务活动中遇到的局部问题上升为公共政策的对策思考。另一方面，民主党派通过深入调查研究形成的参政履职成果，又可以指导和服务于经济社会发展，推进社会服务工作做稳做实做好。民主党派的参政履职成果惠及社会服务，还可以通过社会服务的丰富实践加以检验和提升；随后在更高层面上寻找参政履职的切入点和突破口，开展更为深入的调查研究，形成更高价值的参政履职成果，惠及更高层次、更大范围的社会服务。这样螺旋式上升的反复验证、循环升华和辩证思考，正是参政履职和社会服务统一于民主党派履职尽责的哲学逻辑。

参政履职作为民主党派的基本职能，社会服务作为民主党派的一种社会职能，两者之间既有内化于参政党性质作用任务的共同政治和社会基础，又有各自工作内容和分工范围的相对独立性。首先，参政履职和社会服务有着共同的理论来源和价值取向。两者都是中国共产党领导的多党合作和政治协商制度赋予参政党的职责使命之所在，传递的是统一战线和多党合作团结合作的主题，根本任务是凝聚思想共识，激发奋进力量，为建设社会主义现代化国家，实现中华民族伟大复兴的中国梦而团结奋斗。其次，民主党派作为集进步性和广泛性为一体的具有政治联盟特点的参政党，参政履职和社会服务职责都充分体现了中国共产党领导的多党合作和政治协商制度政治参与、利益表达、社会整合、民主监督、维护稳定等五大价值功能，两者从不同侧面表现了民主党派工作的政治性、集合性、公益性、局部性，展示了民主党派坚持接受中国共产党领导，与中国共产党风雨同舟、荣辱与共，走中国特色社会主义道路的理想信念。再次，参政履职与社会服务都是参政党的一种政治行为和组织行为，通过多年的努力已逐渐实现工作内容由坐而论道向实践探索转变，工作方式由"单兵作战"向"集团作战"的合力并进转变，参与人员由民主党派内部向民主党派外部延伸转型等，都是向社会各界和人民群众展示民主党派形象、扩大民主党派影响的重要载体。民主党派只有切实做好参政履职和社会服务工作，积极为经济社会发展和人民群众的根本利益建诤言、献良策，做好事、做实事，使民主党派真正成为中国共产党领导的多党合作和政治协商制度的积极参与者、协商民主的积极实践者和国家富强、社会进步和人民幸福的亲身经历者、见证者和推动者，才能彰显中国共产党领导的多党合作和政治协商制度的勃勃生机。这些就是参政履职和社会服务统一于民主党派履职尽责的实践逻辑。

参政履职的理论和实践问题是一个重大课题，学界对这一问题的系统研究尚处于探索阶段，各民主党派参政履职实务者的工作经验还没有上升到理论高度，我们就这一问题的探讨也仅是一种感悟与体会方面的摸索。总的来说，民主党派参政履职要坚持以科学理论为指导，以问题意识为导向，以提供决策参考为目的，以调查研究为基础，以整合力量为支撑，按照因势、因时、因地、因效的要求形成务实管用的建言献策成果并体现于促进经济社会发展的丰富实践之中。只有这样，民主党派的参政履职才算是真正诠释了基本职能的性质定位和主体特征。民主党派各级组织要坚持有所为有所不为，发挥特色优势，结合工作实际、人才特点和重点领域参政履职，为中国共产党领导的多党合作和政治协商制度的完善和发展作出新的更大贡献。

第四节　调查研究是民主党派参政履职的核心环节

重视调查研究这个问题看似早已成为共识，但在民主党派某些工作中还是没有得到很好的落实，这其中有思想认识方面的主观原因，也有很多方面的客观因素。总的说来，要解决好这一问题，要尤其注重以下几个方面。

首先，还是要解决好思想认识问题，真正高度重视调查研究对参政履职的先导性意义。从本质上来说，高度重视和认真搞好调查研究，是马克思主义认识论的基本要求，是坚持实事求是思想路线的具体体现，也是民主党派发挥好参谋助手作用的前提和基础。很多事情，往往讲起来重要，做起来忘掉，调查研究也是其中的一种。有些民主党派的建言献策成果，不是来自深入实际的调查研究，而是来自"闭门造车"式的学术推理或道听途说的只言片语，所以提出的意见建议往往浮于表面，不得要领，与实际脱节，自然得不到执政党和政府的重视与采纳，其根子就是在对调查研究的重要性认识不足上。我国自古就有重视调查研究的传统，韩非子说："智术之士，必远见而明察，不明察，不能烛私"。重温马列主义经典作家的著作，往往会感受着真理的灿烂光辉，比如毛泽东《反对本本主义》一文对调查研究的论述便是如此。一直以来我们对毛泽东"没有调查就没有发言权"的著名论断耳熟能详，其实毛泽东对这一论断的阐释则更为精彩，他说："你对于某个问题没有调查，就停止你对于某个问题的发言权。这不太野蛮了吗？一点也不野蛮，你对那个问题的现实情况和历史情况既然没有调查，不知底里，对于那个问题的发言便一定是瞎说一顿。瞎说一顿之不能解决问题是大家明了的，那末，停止你的发言权有什么不公道呢？"① 可见，按照毛泽东的说法，没有对一个问题现实情况和历史情况的了解，是不能解决问题的。要想不"瞎说一顿"，就必须开展深入的调查研究。当今世界正经历百年未有之大变局，外部环境不稳定性不确定性因素日益增多，民主党派参政履职的任务越来越繁重。要完成时代赋予的职责使命，民主党派只有花大气力去认识社会，了解社会，才能有的放矢地履行好参政党职能。这正是调查研究对民主党派参政履职支撑和先导作用的重要性之所在。

其次，要端正态度。调查研究的重要性强调了几十年，但是不是大家都对此都有清晰的认识呢，特别是各民主党派组织是不是都对调查研究有一个正确端正的态度呢，不尽然。一些现象表面是方法问题，其实是认识问题，是立场问题，是愿不愿意开展调查研究，愿不愿意深入调查研究，愿不愿意为调查研究事先作精心准备、精心谋划，事后作认真分析、深入研究的问题。无论是在新闻媒体上还是在实际工作中，我们不时听到一些变味的"调查研究"被披露或谈及，不容忽视。例如，调查研究走过场的现象比较普遍，有的只满足于召开座谈会、讨论会，却不愿意深入基层去了解具体的实际情况，听取人民群众的所思所想和呼声期盼；有的满足于走马观花，开展摆拍作秀和蜻蜓点水式的踩点调研；有的调研不是为了发现问题，而是为了唱赞歌，只看成绩，不看问题；有的满足于到有关部门收集现成材料，不愿意深入第一线作探究性的调查了解。当然，也有的不讲求调查研究的方式方法，只作粗放式、低水平的材料搜集，不作去粗取精、去伪存真式的鉴别研究，由此及彼、由表及里式的逻辑推理和删繁就简、分门别类式的深入分析。调查结束后只满足于简单格式化地写一份没有多少价值的所谓的"调研报告"，如此等等，都会对民主党派的参政履职

---

① 毛泽东.毛泽东选集：第1卷[M].北京：人民出版社，1972：109.

带来很大的危害。而一种更为错误的做法是，有些民主党派组织和成员的调查研究是有选择性的"需求式"调研，先臆想出结论，后寻找有利于这个"结论"的所谓"例证"；更有甚者是先写好调研报告，再寻找"论据素材"，使民主党派的参政履职沦为"写手参政履职"，这就不是是否重视调查研究的问题，而是涉及工作理念、工作作风和工作品质的问题了。令人遗憾的是这种现象在民主党派参政履职中还是时有发生。"破"的目的是为了"立"。民主党派各级组织及其成员要真正从内心深处认识到调查研究的重要性，真心实意地扑下身子深入基层了解实际情况、掌握社情民意；要做到"脚下粘泥土、心中有百姓"，到最接触实际的地方和领域调研，到最接近人民群众的地方和领域调研，到问题和矛盾最集中的地方和领域调研，到执政党和政府最需要民主党派献计出力的地方和领域调研。只有这样，民主党派才能真正掌握实际、了解基层，获取议政建言需要的第一手材料，才能针对性地提出高质量的意见建议，真正体现民主党派参政履职的意义和价值。

第三，要坚持原则。按照《辞海》第七版的说法："原则是观察问题、处理问题的准则。"由于社会各阶层和每个人立场、观点和方法不同，对问题看法和处理办法也会不同。马克思主义认为，实践是认识的基础。发挥好调查研究在民主党派参政履职中的基础性作用，就必须遵循一定的原则。民主党派搞好调查研究，除了必须坚持调查研究的客观性、系统性、科学性等一般原则外，还应该遵循以下一些原则：

一是问题导向原则。问题导向说白了就是有必要和有需求。民主党派参政履职的覆盖面广、内容丰富、层次清晰，其前提和基础是找准问题、有的放矢，而这一切都来源于深入的调查研究。因此，民主党派及其成员参政履职要坚持问题导向，立足发现和解决实际问题选准调研课题，聚焦执政党和政府关心的突出问题，选择人民群众关注的矛盾问题，着眼关键问题的关键环节开展调查研究，并注意发现发掘新问题、隐性问题和深层次问题。根据建言献策的需要来决定是否需要调研、到什么地方调研、组织哪些成员调研，调研的内容形式是什么，调研的目的和所要解决的问题是什么等等，力求把存在的问题找准、把导致问题产生的原因摸透、把解决问题的办法抓实，从而把调查研究与推进参政履职实践相结合，用民主党派调查研究的扎实成果去促进执政党和政府决策的科学化民主化。

二是准备充分原则。民主党派参政履职实践中，如果说坚持问题导向是调查研究的目的，那么准备充分则是为了达到目的所必须做好的第一件工作。前面说过，我们最反对和忌讳先有结论再去寻找"论据"的"主题先行"式的调查研究，但认为民主党派调查研究没必要做好充分准备的说法也是一种严重的误解。恰恰相反，各民主党派及其成员在调查研究之前要"打有准备之战"：即明确调研意图，把握调研方向；学习背景材料，起草调研提纲；制定调研计划，做好沟通协调；准备相关表格，便于收集信息等。同时，每个参与调研的人员都要事先清楚掌握调研的目的意义、学习相关背景材料和所调研地方及部门的简要情况。只有做好精心准备，才能做到心中有数，从而为正确、有效地开展调查研究打下良好的基础。

三是实事求是原则。调查研究是致力于实践和求真的一项重要工作，坚持实事求是是调查研究的生命线。要坚持马克思主义关于实践问题的根本观点，一切从调查了解到的实际情况出发而不是从个人的主观臆断出发，树立"调查了解到的情况是什么就是什么，调查得到的结果是什么就是什么"的思想，不能因为与自己预想的情况和结果不一致就不尊重调查结果，甚至为了主观需要去改变调查结果，这些都是错误的。这种思维看起来不可能存在，可往往在一些民主党派组织及其成员的调查研究中会时不时冒出来。只有注重普遍性和特殊性的结合，注重因地制宜和因时制宜的结合，注重分析研究典型事例和典型做法的普遍意义，才能更好地达到调查研究的目的。同时，坚持实事求是原则，最根本的就是要真正深入实际，深入群众，坚持从群众中来、到群众中去，广泛听取群众意见，尤其对群众所思所盼、所急所忧甚至所怨的问题，更是要紧抓不放，主动调研，寻求对策。总的来说，就是民主党派调查研究的过程要尽量深入，调查研究的范围要尽量广泛，调查研究必须有一定的理论高度，措施建议还要有一定的前瞻性和可操作性，这样才是真正贯彻和落实了实事求是的原则。

四是成果可转化原则。一般来说，调查研究的最终目的是拿出解决方案，解决实际问题。将调查研究的成果转化为参政履职的具体成效，进而转化为推动执政党各级组织、各级政府及其有关部门科学民主决策的重要参考，这是民主党派调查研究生命力之所在。因此，民主党派的调查结果要及时整理，深入研究，形成调研报告，提出意见建议，使之转化为执政党各级组织、各级政府及有关部门解决具体问题的理念、思路、对策、措施、办法。为此，民主党派的调研成果转化要做到以下几点：第一，意见建议要切合实际，要有很强的针对性、可操作性和前瞻性，而不要无的放矢，或与现实脱节而无法落地。第二，要开阔视野，注重将调研成果分门别类地转化为政策建议信、提案、议案、社情民意信息甚至内参报告等，切实增强转化效能。第三，要坚持以科学为先导。制定调研方案要讲科学，调查过程特别是资料和数据收集要讲科学，调查结果的甄别研究更要讲科学。对调查对象不仅要做好定性分析，而且要做好定量分析，增强调研成果的科学性和说服力。第四，要注重调研成果转化的后续追踪。调研成果转化后，民主党派组织及其成员还要高度关注所提意见建议是否被吸纳到相关决策中，以利获得反馈，进而进一步总结经验，查找不足。同时，还要注重调研成果转化为决策后运用于实践的跟踪问效。只有民主党派调研成果转化为决策并付诸实践，又从实践中进一步发现新情况，找出新问题，提出新建议，民主党派参政履职才算是形成了一个完整的闭环，才算完成了某项参政履职工作任务。

我们花一定的篇幅强调和阐述调查研究的原则问题，正是对"调查研究是民主党派参政履职的生命线"这一论断的最好诠释。我们认为，民主党派参政履职调查研究实践中要坚持好以上这些原则，就必须努力做好以下几个统一。

一是要坚持全面与深入相统一。民主党派调查研究的效能要与参政履职性质地位相一致，既要全面了解和掌握调查研究对象的历史和现状，又要了解和掌握与调查研究课题相关的宏观规划和政策措施，也要深入查找调查研究对象存在的困难和问题，还要深入剖析导致这些问题和困难产生的原因，进而提出务实管用的意见建议，才能更好地体现全面性与深入性的统一。由于经济社会发展日新月异，不同地区、不同群体之间的利益诉求千差万别，民主党派在调查研究对象的选择方面应十分注重广泛性，避免"盲人摸象"，以偏概全。同时，又要深入再深入，蹲点基层，长期跟踪，以小见大，以点带面，潜心研究，发现规律，更好地履行参政党职能。

二是坚持理论与实践相统一。调查研究的根本目的在于解决实际问题。民主党派调查研究实践要坚持以马克思主义中国化时代化的最新成果为指导，借助国内外优秀的调查研究理论和方法指导开展调查研究工作，透过现象发现存在的本质和深层次问题，进而提出解决问题的措施和方法。同时，也要始终坚持一切从实际出发，理论联系实际，实事求是，在实践中检验真理和发展真理，才能实现理论指导和实践探索的辩证统一，有效防止沉迷于现象和数字表格泥潭中的"经验主义"和过于注重空洞理论的"教条主义"两种偏向。要不断深化认识、总结经验，准确预见调研对象发展的趋势，确定调研对象前进的方向，推动调查研究成果更有效地转化为建言献策的实效。

三是要坚持尽力而为与量力而行相统一。调查研究作为民主党派参政履职的一项基础性工作，地位特殊而重要。各民主党派都是所联系知识分子和专家学者的集合体，拥有各自的领域优势和专业特长。民主党派一方面要围绕执政党和政府中心工作，发挥集体智慧和力量，尽力而为和及时深入地调查研究；另一方面，又不能好高骛远，要量力而行，立足自身特色优势，尽量选择自己熟悉的领域开展调查研究，并提出意见建议。因为长期以来我们发现一个共性问题，那就是各个民主党派都会不约而同地围绕当前热点难点问题"一窝蜂"地就某个课题同时开展调查研究，存在几个民主党派组织调研领域和课题选择的"撞车"现象。这样就会造成人才资源和物质资源的重复浪费。是不是每个领域都是所有民主党派组织熟悉的领域呢？或者是不是只要是执政党和政府关心关注的问题都需要民主党派议政建言呢？是不是每个建言献策的成果都有很高的价值呢？显然不是的。因此，各民主党派一定要根据自己的实际情况选择调研对象和参政履职的领域，既扬长避短又展示特色，既发挥优势又突出重点，实现尽力而为与量力而行的有机统一，才能更好地体现民主党派参政履职的整体效能。当然，有时各民主党派组织发现自己不熟悉但又十分重要的问题，各民主党派组织也要主动、大胆地提醒执政党和政府关注，共同推进有关问题的解决。

四是要坚持前瞻性与可行性相统一。民主党派提出的意见建议有没有前瞻性、预见性和可操作性，端看民主党派能不能从战略和全局的高度对经济社会发展趋势和存在问题走向作出科学的预判。民主党派在调查研究中一方面要立足当前，着眼长远，对经济社会发展历史和现状有充分了解，对面临形势任务有深刻清醒的洞察和把握，进而深入分析研究经济社会发展的总体趋势。另一方面要把握客观现实，认清机遇挑战，准确分析有利条件和不利条件，全面统筹，系统谋划，注重意见建议的科学性和可行性。调查研究成果要做到既有现象展示又有现状分析，既有理论深度与又有实践价值，既有事实依据又有独创思路，才能真正体现建言献策的质量和水平。总之，民主党派调查研究既要站在时代前列，又要立足客观实际，既要从宏观角度考虑解决问题的紧迫性和必要性，又要兼顾现实许可条件，做到前瞻性与可行性有机统一，为提出具有真知灼见、有理有据的意见建议奠定坚实基础。

第四，要把握特点。民主党派调查研究与其他领域的调查研究有许多共通之处，但也存在一些不同的特点。重点体现在以下几个方面：

一是调研选题方面。"良好的开端，是成功的一半"。民主党派调查研究与其他领域调查研究的区别首先体现在调研课题选择上。民主党派调查研究不是普通的学术调查和学术研究，不是智囊机构参谋性质的调查研究，也不同于执政党和政府及其有关部门直接为了解决某个问题或者满足决策需要而开展的调查研究，因此具有其独具特色的性质特征。在调研课题选择方面，首先注重的是课题选择的政治性。民主党派要从政治和大局的高度判断所面临的形势，坚持把是否体现执政党和国家的指导思想、方针政策作为课题选择的出发点，把是否有利于促进国家和地区经济社会高质量发展作为课题选择的落脚点，把是否有利于体现"全国一盘棋"的大局作为课题选择和思考问题的根本点。只有这样，才能站得高，看得远，做到全局在胸，增强参政履职的系统性和预见性。其次要注重课题选择的针对性。要着眼于执政党和政府关注的重点难点问题和人民群众关心的热点问题（有时是人民群众急需解决，但执政党和政府暂时目光不及的"冷点问题"），着眼于执政党和政府的重点工作，着眼于工作中出现的先进典型、成功经验和特殊难题的破解办法，选择和确定调研课题的重点，使调查研究的成果能够及时有效地参谋在点子上，服务在需要处。再次，要注重调研课题选择的准确性、综合性和前瞻性。"不谋长远者，不足谋一时。"面对国际国内经济发展形势的复杂多变，民主党派调研课题的选择不仅要准确反映经济社会发展的变化趋势和社情民意的准确变化，而且更要关注具有长远影响的重要问题，要有一定的预见性和战略眼光。当然，最重要的还是要有"民为邦本、本固邦宁"的视觉高度、民本思维、为民情怀和责任担当，坚持以马克思主义群众观去感悟和体会人民群众的生产生活状态和心理感受，才能始终站在人民的立场去提炼和选择好调研课题。

二是调研对象方面。一般而言，我们平时所说的调查研究对象主要是向下调研，强调要深入基层、深入实际开展调查研究，而且强调越往基层越能了解真实情况。然而，民主党派调查研究在调研对象选择方面却有与其他领域的调查研究不同的特点。知情才能明政，明政才能更好地参政履职。由于民主党派参政党地位的特殊性，民主党派调查研究不仅要深入基层、深入群众了解实际情况，而且还要多层次多方位多渠道调查了解情况，不仅要坚持"向下"，下沉基层，再下一层；也要注重"向上"，到执政党各级组织和各级政府及其有关部门调研，再上一层，勤走同层。不仅要深入基层获取第一手资料，也要调研了解执政党和政府相关政策、决策及重要工作进展情况。不仅要善于深入剖析局部典型，探索典型做法，又要了解全局，把握事物发展规律。既要去工作成绩突出的地方总结经验做法，又要去困难较多、情况复杂、矛盾尖锐的地方发现存在问题，探索解决问题之道。

三是在调研性质和表现形式方面。民主党派是中国共产党领导的多党合作和政治协商制度的重要组成部分，其参政党性质决定了调查研究性质也有自己的特点。那就是民主党派的调查研究不仅要注重结果，也要注重过程。民主党派及其成员要把调查研究的过程作为了解国情地情的重要平台，作为了解社情民意的重要渠道，这本身就是参政履职的一项重要内容，也是民主党派政治参与功能的重要体现。因此民主党派的调查研究不仅要深入了解事，也要主动接触人，不仅要知晓事物的发展脉络和实质内容，也要关注人民群众的思想动态和心理活动。这是由民主党派参政党性质地位所决定的，也是民主党派调查研究与其他主体调查研究的另一个区别。同时，民主党派调查研究既要注重内容，也要注重形式；既要注重实际效果，也要注重社会影响。民主党派要把调查研究的过程作为了解社情民意的过程，作为宣传中国共产党领导的多党合作和政治协商制度的过程，作为发挥好执政党、政府与人民群众沟通桥梁纽带作用的过程。

四是在争取支持方面。由于民主党派掌握资源的局限性，决定了民主党派调查研究从实质上来说是一种"软性"调查研究。如果没有执政党各级组织、各级政府及社会各界的支持帮助，民主党派的调查研究就不可能取得预期效果。因此，无论是在调研准备、调研过程，还是调研后的成果运用和信息反馈等所有环节都要积极争取各方面的支持。首先，是执政党各级组织、各级政府及其有关部门对民主党派参政履职的高度重视和关心支持，包括为民主党派调查研究提供政策指导、联络安排、经费支持、路线选择和地点建议等。其次，是人民群众对民主党派工作的理解和支持。只有人民群众愿意将他们的所思所想所盼所忧及基层的真实情况如实告知调研人员，民主党派才能了解真实的社情民意。民主党派要通过多种渠道和途径加强与人民群众的联系，主动与各行各业、各个阶层的人民群众交朋友，主动倾听他们的意愿和呼声。最后，是民主党派下级组织及其成员的支持。民主党派从中央到地方组织结构的不断健全完善为民主党派下级组织支持、配合上级组织调查研究提供了便利和可能。民主党派上级组织要加强对下级组织的领导，下级组织要积极主动支持、配合、参与上级组织的调查研究，以上下联动，形成合力。

　　这里笔者还要就追踪调研和蹲点调研的重要性作一个讨论。我们知道，追踪调研和蹲点调研在社会工作领域都是获取事物发展现状及变化规律更实质内容的一个重要方法。其中追踪调研着眼于长期而不间断地对某一对象进行跟踪调查和深入研究，其目的是获得这一对象的运动轨迹和动态发展信息，采用科学的方法深入分析和研究这些信息，找出事物发展变化的内在规律性。蹲点调研则着眼于选择较长时期停留某个地区，建立相对固定和有计划、有规律的联系，开展经常性的走访调研，以求对某个典型意义的地区、单位或者某个典型问题、典型人物的深入、全面了解，通过"解剖麻雀"的方法获取更接近事物本质的信息，从更深层次调查了解事物发展变化规律，进而得出更有深度的、具有普遍意义的调查研究成果。为了更好地参政履职，民主党派除要高度重视平时的走访调研外，有时为了更好掌握事物发展脉络和变化规律，还需要持续跟踪某一个调查研究对象，开展对比类比式的长期跟踪调查研究，从而提出规律性重要参考价值的对策建议。比如民盟数十年就教育问题持续关注，长期建言，久久为功，树立了自己的参政履职品牌。再比如费孝通多年研究乡村建设问题，早在20世纪30年代就到江苏省开弦弓村调研，并在此基础上完成英国留学时的博士论文《江村经济》，成为其导师马林诺斯基教授所说的人类学实地调查和理论发展上的一个里程碑；1957年他再次来到离别21年后的开弦弓村调研；1981年又第三次到开弦弓村调研，为解决社会问题、医治社会疾病出谋划策。费孝通对开弦弓村的持续关注和调研时间持续近50年，在此基础上由表及里，提出了许多关于促进农村经济社会发展的意见建议，得到中共中央领导的重视和采纳。费孝通是民主党派追踪调研模式的典型代表，也是新一代知识分子和民主党派成员追踪调研的样板。民主党派追踪调研通过问卷和访谈等多种方式了解调研对象的经济社会发展历史轨迹及其影响因素，整理分析相关文字、图表和图片及访谈资料，得出扎实调研基础上的结论，为更好地参政履职提供理论和实践支持。由此可见，追踪调研对民主党派参政履职具有十分重要的价值。

同样的，开展好蹲点调研，把局部问题放到全局中把握，能够起到以点带面、事半功倍的效果。对于蹲点调研，民主党派组织也有很多典型的案例。例如民盟山西省委把岢岚县宋家沟村作为脱贫攻坚民主监督的主要实验载体，开展了为期一年的"蹲点调研"。通过与村民拉家常、摸家底，有针对性地与村里的种田人、经营户、贫困户、光棍户、村干部、外出打工者等不同类别的群体深度交流访谈，开展问卷调查，全面、深入、细致地了解村民真实生产生活情况，掌握了大量反映宋家沟新时代脱贫攻坚和乡村振兴取得成绩及存在困难的第一手田野资料，出版了《乡村调研：宋家沟》一书。[①] 这一蹲点调研已成为民盟的一个示范典型，是其他民主党派组织的一个重要参照，得到民盟中央领导的肯定。由于蹲点调研要求调研人员能够真正"蹲下身来，静下心来"，花费足够的时间和精力耐心与调查对象交心谈心、对接交流，细心把握弄清基本情况，潜心研究存在问题、精心寻找对策措施，所以往往掌握的情况更加全面系统，把握事物的性质更加精准深入，提出的意见建议也更有针对性和可操作性，对解决存在问题往往具有更高的参考价值。此外，蹲点调研如果得到长期坚持也就成为我们前面所说的追踪调研了。这种蹲点调研和追踪调研相结合的做法，对民主党派参政履职具有更加特殊的意义。

在研究民主党派参政履职这一问题时为什么花那么大气力去讨论"调查研究"这一课题呢？这是由调查研究在参政履职中的重要性和必

---

① 王维平. 向民盟先贤学习　光大调查研究之风[J]. 中央盟讯, 2021, 2: 43-44.

要性决定的。毛泽东说:"一切结论产生于调查情况的末尾,而不是在它的先头"①。如果没有调查研究,所有参政履职都如"镜中月""水中花""沙中塔",都是虚幻的。只有建立在坚实调查研究基础上的调研报告才是有生命力的调研报告,只有这样的调研报告转化的调研成果才会日趋接近客观事实,所提出的意见建议才是"真知灼见"而得到执政党的重视和采纳。当然,调查研究本身就是社会科学领域的一门重要学科。怎么开展调查研究,调查研究有哪些具体的方法、步骤等是这门学科考察的对象和内容,不是本书研究的重点,在此不再赘述。

我们前面说过,为了论述方便,"参政履职"在本书中我们是作为民主党派参政议政、民主监督和参加中国共产党领导的政治协商这些基本职能的一个"简称"或"统称",不一定具有通用性。实际上,我们着重是探讨民主党派如何为履行这些基本职能提供理论基础、政治基础、思想基础、政策基础、实践基础的问题,是关于民主党派参政履职的世界观、认识论和方法论的问题。对如何从实务层面履行好参政议政、民主监督和参加中国共产党领导的政治协商职能,则不是我们讨论的重点。因为我们始终认为,民主党派履行基本职能就如建设高楼大厦,如果不把握宏观、做好设计,打好基础,就无法行稳至远。

实际上,民主党派参政履职各个方面都有许多值得在实务层面探讨的问题。在参政议政方面,民主党派及其成员如何更好地在人民政协等平台建言献策;如何撰写符合参政履职要求的大会发言材料、提案及政策建议信;如何在深入调查研究的基础上梳理发现有价值的意见建议并促进转化为执政党和政府的决策参考等,都需要在工作实践中积极探索,不断深化解决。在民主监督方面,如何深刻理解民主党派民主监督的性质、地位和作用;如何理解民主党派的民主监督是中

---

① 毛泽东. 毛泽东选集:第 1 卷 [M]. 北京:人民出版社,1972:110.

国特色社会主义监督体系的重要组成部分，是政治监督而不是法律监督，是协商监督而不是约束监督，是柔性监督而不是刚性监督；是为了实现共同目标，民主党派发挥自身专业特色和界别优势，通过深入调查研究发现问题、提出意见建议式的以促进问题解决为目的的共识性监督。在参加中国共产党领导的政治协商方面，如何把民主党派的调查研究成果转化为政治协商层面的意见建议，如何在参加政治协商时把握政治方向、积极议政建言等等，都需要各民主党派及其成员在实践中不断探索完善。相信各民主党派只要在中国共产党领导的多党合作和政治协商制度框架内坚持政治引领、遵循客观规律、掌握政策方向、紧密结合实际，讲究方式方法、不断探索创新，一定能够团结带领成员履行好参政议政、民主监督和参加中国共产党领导的政治协商的基本职能，为推进新时代中国特色社会主义"五位一体"总体布局，为促进全面建设社会主义现代化国家、实现中华民族伟大复兴的宏伟目标贡献智慧和力量。

第三编

关于民主党派社会服务的感悟与思考

　　社会服务作为民主党派为社会和公众提供服务的重要社会职能之一，是民主党派参政履职的延伸和拓展，也是民主党派在国家政治和社会生活中发挥作用的一种重要形式和途径。社会服务也是民主党派同中国共产党通力合作的生动体现，是维护社会稳定、增进民族团结、构建和谐社会的基础性工作。

　　民盟中央原领导人费孝通提出的"出主意、想办法，做实事、做好事"早为民盟的各级组织和广大盟员所熟知，可以说也对各民主党派社会服务工作产生了指导性影响。他进一步说："作为民盟成员，我们要用知识推动社会前进。出主意、想办法，做实事、做好事。这四句话是有实际内容的，是做人的道理。对国家对人民有好处的事，每个人都做，就能够起大作用，大作用要从小事做起！"[①]"出主意、想办法"指的是参政履职，而"做实事、做好事"则是对社会服务的形象比喻。参政履职是民主党派向上在政治层面发挥作用以帮助推进执政党和政府决策科学化民主化，社会服务是民主党派向下在社会层面发挥作用为百姓造福。参政履职可以引导社会服务，使参政党的思想、认识和主张通过社会服务延伸为社会实践，社会服务又可以成为参政履职的基础和源

---

① 费孝通. 费孝通与多党合作[M]. 北京：中国社会科学出版社，2010：246.

泉，从而有效地拓展参政党的活动范围，为参政党建言献策提供实践参考。参政党的参政履职和社会服务工作紧密联系，相辅相成，统一于中国共产党领导的多党合作和政治协商制度框架内民主党派参加中国特色社会主义的政治社会实践之中，对于参政党切实履行职能，不断推进与社会各界和人民群众的融合，更好地为国家发展和社会进步服务，具有十分重要的意义。

第七章　民主党派社会服务的
理论与实践回顾

对于民主党派的社会服务活动或者社会服务工作，在不同时期从不同角度存在一些不同的看法。但经过多年的实践，各民主党派也逐渐形成了一些共识。我们认为，无论从学术研究的角度，还是社会服务实践的角度，民进上海市委课题组在《民主党派社会服务工作的作用、定位与性质》中的阐释具有一定的代表性，也比较符合实际，该文指出："民主党派的社会服务是民主党派在长期发展过程中，所从事的为社会和公众提供的各项实践活动。"[①] 当然，这也是一项由民主党派从事的为社会服务的活动。心系国家民族前途命运和人民大众的安危冷暖，始终是民主党派不变的情怀。从这样的角度出发去探究回顾民主党派老一辈为国为民不懈探索、躬身实践的社会服务历史，是很有指向性和启示性的心路历程。

第一节　民主党派"眼睛向下"思想形成的逻辑脉络

中国是一个传统的农业大国，农业、农村、农民错综交织而成的"三农问题"是中国历代政府治理国家重点关注的对象，同时也成为中国知识分子关注关心的一个重要课题。如果不深入探究和了解"三农"问题就很难真正理解中国社会存在的各种重要问题，知识分子也就无法真正发挥作用去改变整个社会的面貌。对以农民为主体的"民"的重视是我国历代统治阶级治国理政的重要理念，也是历代知识分子置

[①] 中国民主促进会上海市委员会课题组.民主党派社会服务工作的作用、定位与性质[Z].中国民主促进会中央委员会官网，2015-03-30.

于内心深处的理想追求。《群书治要·尚书·五子之歌》说,"民惟邦本,本固邦宁";《孟子·尽心下》说,"民为贵,社稷次之,君为轻";贾谊政论书《贾子》中也说,"于政也,民无不为本也。国以为本,君以为本,吏以为本"。这些观点作为中国古代民贵思想的代表,明确指出人民在国家社会各项事务中的重要地位和作用。因此,无论是作为统治阶级代表的君主或各级官吏还是作为良心代表的古代知识分子都遵从"以民为贵"的思想,就成为必然。

历史的积淀就这样以一种奇妙而又螺旋回转的方式予以传承。时间的年轮转到20世纪初,又出现了一个"知识分子、青年学生到农村去,到民间去"的运动。作为探讨民主党派社会服务工作实践和理论的开端,我们首先回顾20世纪初以来知识分子与农村、农民情感和实践联系的"历经五代人"连续不断的"下乡运动",对于我们理解民主党派"眼睛向下"思想形成和从事社会服务工作的实践探索,是很有价值的。

近代以来,时代使命和社会责任决定了中国知识分子与乡村建设之间始终有着割不断的情结和联系。妇女、儿童和农民独立价值的发现与充分肯定,是20世纪二三十年代知识分子十分关注的一个重要话题。而这三个群体都是处于社会结构的最底层,属于在中国传统社会与文化中被忽略的存在。参加五四运动的一些先驱者认识到,这三个群体不是供人观赏和践踏的"花草",而是有自己的价值和要求的独立的"人",他们应该有权发出自己的声音,维护自己的利益。而李大钊等另一些五四运动先驱则把农民解放与整个民族的解放和发展联系起来,开展了所谓的"新村运动"。之后,随着形势的发展,我国知识分子关注社会最底层的重点和形式发生了两种分化。一种以毛泽东为代表的中国共产党人到农村去建立根据地,开展"打土豪、分田地"的农民启蒙和解放运动。另一种以中华职业教育社、中华平民教育会、南京金陵大学，山东齐鲁大学等为代表的教育学术团体和大中专院校以平民教育家、乡村建设家晏阳初和民盟前辈梁漱溟等倡导实践的一场乡村建设运动。①

晏阳初致力于平民教育70余年，被誉为"世界平民教育运动之父"，与陶行知并称"南陶北晏"。1922年在湖南长沙实验的"全国识字运动"是晏阳初平民教育理论的第一次大规模实验。之后，晏阳初逐渐认识到中国平民教育的重点在于农民教育，并选择河北定县作为平民教育的实验地点。晏阳初认为中国农民问题的核心是"愚贫弱私"四大病，因此针对性地提出以"学校式、社会式、家庭式"三大方式并举，"以文艺教育攻愚，以生计教育治穷，以卫生教育扶弱，以公民教育克私"四大教育连环并进的农村改造方案。在国外定居后数十年，晏阳初仍然关心我国农村的建设发展。1987年他回祖国访问时还在北京欧美同学会上说："科学不应是少数人享受的，而应是全世界劳苦大众都享受的，应该成为他们的知识，成为他们的技能，使专家的所有科学知识能够打入到民间去。"②

陶行知是我国著名的人民教育家、思想家，中国人民救国会和中国民主同盟的早期领导人之一。他在深入学习和借鉴西方教育思想并与中国国情紧密结合的基础上提出"生活即教育""社会即学校""教学做合一"等教育理论，并30年如一日矢志不移，以"捧着一颗心来，不带半根草去"的赤子之忱，把平民教育直接与农村发展实践相结合，以"甘当骆驼"的精神兴办"晓庄师范"等，努力践行平民教育使命，为中国教育探寻新路。

梁漱溟作为乡村建设运动的大力推动者，以其精深的理论研究和

---

① 钱理群.二十世纪的中国知识分子与乡村建设来源[Z].《二十六篇：和青年朋友谈心》转自"经济观察报书评"微信公众号.
② 晏阳初.晏阳初文集[M].成都：四川教育出版社，1990：309.

长期的身体力行成为乡村建设运动的主要代表人物之一。自1927年后的10多年间，梁漱溟把关心中国农民和农村发展作为重要课题，不仅开展理论研究，先后撰写10多篇文章并结集成书，而且带领一批知识分子和青年建立了山东乡村建设研究院，从事乡村建设的试验和探索，提出了许多新思想新观点。

费孝通在开展社会学研究过程中也对乡村建设发展问题倾注了大量心血。他于1936年6月在故乡江苏省吴江县"开弦弓村"开展了一个多月的调查，并据此写成《江村经济》一书。在该书中，他提出中国农村的基本问题是农民的贫困或饥饿问题，必须想方设法增加农民收入，而根本的措施是大力发展乡村工业。1938年，费孝通先后两次深入云南省禄丰县一个叫大古城村（"禄村"）的村庄实地调查，后来据此写成《禄村农田》（1943）。费孝通先后撰写和出版的《内地的农村》《乡土重建》《乡土中国》等著作，都渗透着他关于乡村工业的主要思想。我们发现，费孝通在20世纪30年代提出要发展"乡村工业"，是中国当时经济社会发展极为落后条件下如何走向繁荣发展的积极探索和思考，与40年后他提出促进乡镇企业发展、走小城镇化之路的建议是一脉相承的，充分体现了一个社会学者对中国社会状况长期持久的关心关注、深刻理解和深邃眼光。后来费孝通就温州经济发展提出"小城镇、大问题"的意见建议之所以得到执政党的吸纳并产生巨大影响，是和他早期的这些思考密不可分的。

当代一部分学者沿袭晏阳初等前辈的做法，深入农村进行多种形式的乡土教育，提升农村居民的思想意识和生产技能。中国人民大学乡村建设中心创办的"翟城村晏阳初乡村建设学院"、北京梁漱溟乡村建设中心创办的"新青年绿色公社"和南京郊区的"行知学校"等都属于这方面的范例。

我们知道，我国各民主党派从诞生的缘起、成立的过程、发展的经历都始终贯穿和渗透着"奔走国是、关注民生、奉献社会"这个一脉相承的为国家、民族和人民利益服务,不计个人利益得失的奉献精神,是几代民主党派成员用自己的政治理想、政治信念、政治抱负和政治社会实践内化于心、外化于行的优良传统。民主党派前辈孜孜以求、探索实践我国乡村建设发展之路,就是这种优良传统和精神操守的一个缩影。

20世纪探索乡村建设课题的许多知识分子后来都成为各民主党派的老一辈领导人。他们的乡村建设思想是基于具体深入的实地调查,有感而发;具有明确的社会目的,不尚空谈;真实反映农民生存境况,深切关注农村困难和农民疾苦;强调合作性乡村工业对改善农村状况和提高农民生活的重要性;主张中国农村走适合国情的小城镇化之路;具有一脉相承的连续性和稳定性等等。也正是因为如此,民主党派前辈的乡村建设思想和实践深深根植于中华大地,传承于每个时期民主党派成员的心中。虽然时过境迁仍超越时代,彰显出真理的光芒,几十年来极大地影响和激励着各民主党派组织及其成员为国家社会进步服务的坚定信念和实际作为,这些就是民主党派"眼睛向下、服务大众"思想逻辑的形成、发展和影响。

第二节 从历史回顾看民主党派社会服务的发展逻辑

回顾近现代知识分子乡村建设理论与实践所走过的道路,对于我们理解和研究民主党派在新中国成立后团结、动员和支持各自成员为社会主义建设、发展服务实践的思想根源有很大帮助,也能使我们更加清晰地理解和把握改革开放以来民主党派开展社会服务活动的思想脉络和实践轨迹。

新中国成立以来,我国各民主党派以中国人民政治协商会议通过的《共同纲领》作为政治纲领,在中国共产党领导下积极参加人民政权工作和国家事务管理,团结各自成员及所联系知识分子结合自身特长为社会主义建设服务。这一时期的社会服务工作,是围绕中共中央向全国人民提出的"逐步实现国家的社会主义工业化。并逐步地实现对农业、对手工业和对资本主义工商业的社会主义改造"的过渡时期总路线,寓社会服务于民主党派强化政治理论学习和通过自身优势为社会主义建设服务、参加社会主义教育运动等具体实践之中,为全面实现过渡时期总路线发挥积极作用。

中共十一届三中全会以后,各民主党派先后召开全国代表大会决定实现工作重点转移,学习贯彻中国共产党新时期的路线、方针、政策,广开门路,勇于探索,结合各自专业专长,创造性地开展了许多面向社会的讲学、办学、咨询、培训、支边等智力服务活动,帮助解决一些经济社会发展中的实际问题,为改革开放和"四化"建设作出了积极贡献。

1989年,《中共中央关于坚持和完善中国共产党领导的多党合作和政治协商制度的意见》首次提出"社会服务"概念,明确了社会服务的宗旨和工作范围。文件规定:"民主党派开展经济、科技、教育、法律、医卫、文化等咨询及社会服务工作要以服务为宗旨,注重社会效益。"从此,各民主党派把"社会服务"作为重要社会职能之一,积极投身兴教办学、支边扶贫、咨询服务等社会服务活动。进入新世纪新阶段,《中共中央关于进一步加强中国共产党领导的多党合作和政治协商制度建设的意见》等重要文件进一步肯定了民主党派社会服务的重要意义和作用,界定了新形势下民主党派社会服务工作内涵。从此,各民主党派及其成员以更加饱满的热情投入社会服务活动之中并取得卓有成效的业绩,得到执政党各级组织、各级政府的肯定和人民群众的欢迎,树立了民主党派的良好社会形象。

各民主党派中央历届领导人对社会服务活动提出过很多重要论述。民盟中央原主席费孝通延续20世纪三四十年代的乡村建设思想，对民盟社会服务提出了许多理论、思路和方法，对各民主党派开展社会服务活动产生了深远影响。费孝通在《知识分子要做"二传手"》中说："知识必须下乡，知识要变成生产力，必须有知识分子做这个事。民盟是知识分子组成的，应当做这个事。"① "民盟是知识分子组成的党派，愿意为四化服务，为社会主义做贡献，有政治上的积极性。过去民盟主要力量放在盟内。学习提高思想、面向社会，真正为社会主义建设做出具体的贡献，咨询服务现在已经开始，项目越来越多。帮助工厂企业解决问题，提高生产，总的是增加了社会生产力。"②

费孝通本人就是民主党派社会服务的典范。他一生"志在富民、皓首不移"，不仅数十年如一日深入调查研究中国经济社会发展问题，提出真知灼见，而且身体力行从事社会服务工作。他92岁高龄还第11次去西部地区省份甘肃，第7次去苦甲天下的定西，关心支持当地扶贫开发事业。费孝通还是一个对民主党派社会服务理论作出重大贡献的人，在担任民盟中央主要领导人之始就深入研究新的历史时期民主党派应该做些什么和怎么开展工作的问题，表示应从发挥民盟智力优势与服务贫困地区发展相结合的角度入手，把"做好事、做实事"与"出主意、想办法"紧密结合起来，更深入扎实和卓有成效地为国家经济社会发展服务。自此，"出主意、想办法，做好事、做实事"就成为民盟参政履职和社会服务一以贯之的指导思想。

钱伟长、丁石孙等民盟中央领导人亲自带头探索民盟参与社会服务的有效形式，深入基层、深入实际，积极带动全盟为地区经济社会发展服务。钱伟长在《多学科学术讲座丛书》(第三辑)序言中指出：

---

① 费孝通. 费孝通与多党合作[M]. 北京：中国社会科学出版社，2010：205.
② 费孝通. 费孝通与多党合作[M]. 北京：中国社会科学出版社，2010：205.

"中共中央的领导同志曾多次在各种场合，肯定民盟除了是接受中国共产党领导的民主党派外，也是一个拥有大量学有专长的专家学者的多学科智力集团。我们应该利用这个条件，以多学科学术讲座的形式，为党中央的开放和改革政策，为祖国的两个文明建设服务，献计献策，对许多综合性的多学科的各种社会、经济、文化、科技、管理问题，进行深入探讨，活跃思想，来体现百家争鸣、百花齐放的社会主义学术领导体制的优越性。"[①] 为此，钱伟长还亲自赴云南等省市开展调研，作前沿科学讲座等，实际推进社会服务工作，在民盟内外产生了很大影响。

进入新时期，各民主党派组织积极响应、贯彻中国共产党路线、方针、政策，在推动成员搞好岗位工作的基础上，发挥业务专长，创造性地开展包括讲学、办学、咨询、培训、支边等许多面向社会的智力活动，帮助社会各方面解决一些实际问题，把知识变成生产力，发挥了智力扩散、科技普及的作用，为改革开放和"四化"建设做出了积极努力。我们下面以民盟为例简要回顾民主党派在新时期开展的社会服务工作。

关于开展讲学活动：在新时期，民盟发挥智力密集的优势开展讲学既是一种特殊年代后的思想再启蒙，也是一种为人民群众提供精神食粮的重要社会活动。从1979年开始，民盟中央领导带头，盟内专家学者分别赴各地开展讲学活动，到1986年就有14位著名学者赴全国28个省（市、区）作了70多场讲学，听讲人数逾20万人次。讲学内容包括自然科学、社会科学和形势报告等多方面。社会效益最佳者，当推民盟中央举办的历年"多学科学术讲座"，到1988年已举办4期，在社会上产生了广泛、深远的影响。其中1986年民盟中央选择《我国

---

① 钱伟长.钱伟长文选：第3卷[M].上海：上海大学出版社，2004.

社会经济科技发展战略问题》作为总题目，由费孝通、钱伟长等10位主讲人分别就教育、科技、人口、经济等方面的战略发展问题作专题报告，收到了很好的效果。

关于开展办学活动：新时期以来，社会各界对新知识的渴求十分迫切。民盟各级组织根据"四化"建设需要和广大青年学习的迫切要求，以多种方式开设各种培训班、补习班。截至1987年7月的不完全统计，各地组织办学616所，结业人员19万人。这些学校或补习班帮助劳动工人和年轻人提高文化水平和专业技能，为他们创造参加高等教育和提升就业条件的机会。如民盟四川省委创办，专门为少数民族地区培养人才的四川凉山大学被誉为具有"尊师、守纪、好学、助人"好校风的"三民"大学，成为民盟办学活动的一个先进典型。

关于开展智力支边活动：智力支边是各民主党派、工商联适应工作重点转移和国家对贫困地区进行扶贫开发的需要，充分发挥优势，通过科学技术传播和智力投入，为"老、少、边、穷"地区经济社会发展服务的一项开创性工作。早在20世纪80年代初，各民主党派就积极响应中共中央统战部的号召，从方便人民生活着手，通过项目咨询等形式，派专家学者帮助边疆民族地区解决一些生产生活中的实际问题，迈出了"智力支边"的第一步。民盟与内蒙古、甘肃、新疆、云南等9个边疆地区达成39项"智力支边"协议，包括开展专家讲学、举办幼儿教育讲座、培训中学师资、传授种植茶叶与茶叶加工技术等内容。许多民盟省（市、区）组织也积极组织盟员深入本省或兄弟省份的贫困山区和少数民族地区，为推进当地工农业生产和文化教育卫生事业发展提供智力支持。

关于开展咨询服务：民盟中央和各级组织从各地实际需要出发，就经济建设、社会发展以及与人民生活密切相关的领域开展多种项目的咨询服务。1987年3月，民盟中央社会服务部成立了"北宜群言科技咨询服务中心",到1988年9月民盟各级组织已建立咨询服务机构159个,参加咨询服务的盟员多达1万余人次,完成咨询服务项目近2000项,并逐步向区域规划发展战略的咨询服务转变。

随着形势的发展变化,费孝通等民盟领导同志指出要选择固定的帮扶地区,长期坚持,以点带面,示范带动。民盟的社会服务活动也逐渐由分散、单向、随意、短期向集中、互动、固定、长期转变。30多年间,民盟中央先后与贵州省毕节市、黔西南州,甘肃省定西市,四川省遂宁市,河北省广宗县,广西百色地区,重庆市彭水县等建立了对口帮扶关系。其中在毕节、广宗、定西、遂宁的工作都已经坚持了20年以上。①

第三节 从典型事例看民主党派社会服务的特点规律

以上我们以民盟为例,从面上简要回顾了新时期民主党派社会服务的情况。实际上,其他民主党派也结合国家社会需要和自身特色优势积极开展形式多样的社会服务活动,产生了良好的反响。由于我们的重点不是回顾过去各民主党派所做的工作,因此就不再赘述各民主党派开展社会服务的具体情况。在此,我们仅选择近30年来各民主党派社会服务的一些典型案例,通过边叙边议的手法,解剖麻雀,以点带面,点面结合进行研究探讨。

首先我们来看第一个案例,从民盟中央帮扶甘肃定西看民主党派的社会服务工作。

民盟中央持续数十年帮扶甘肃省定西市是民盟开展社会服务工作,促进地方经济社会发展的典型案例。1983年中共中央领导人号召西北

---

① 孙晓华主编. 中国民主党派史[M]. 沈阳:辽宁人民出版社,1999:223-225.

干旱地区种草种树，从改善自然环境入手改变西北地区经济社会发展的落后面貌。这一号召立即得到民盟的响应。时任民盟中央领导人费孝通从1983年至2003年20年间先后7次到定西出谋划策、献计出力。这是费孝通倡导、力行"出主意、想办法，做好事、做实事"优良传统的最好诠释。

我们来分析这个案例。

首先，民主党派社会服务一开始就不是简单的"做好事、做实事"，而是"反弹琵琶"，首先从"出主意、想办法"着手把参政履职寓于社会服务的实践之中，这一点民盟中央帮扶定西的案例最为明显。1984年，费孝通第一次到定西，面对定西当时78%农户生活在贫困线以下的现实，他在《边区开发——定西篇》深刻指出："在思想观念里也要反弹琵琶，来一次意识领域的革新"。[1] 第一次提出帮扶贫困地区最首要的任务是帮助当地党委政府和人民群众做好经济社会发展的顶层设计，进而提出要调整产业结构和加快小城镇建设的主张，从整体上为定西经济社会发展指明方向，为改变定西农村经济格局提供重要参考。

其次，深入调查研究，紧抓"牛鼻子"。民盟对定西的帮扶，不是"见子打子"的社会帮扶，而是始终以分析、解决根本问题为出发点。针对定西市干旱缺水这一"苦甲天下"的根源，1995年9月费孝通第5次到定西考察时一针见血地指出："大西北主要是生态问题。"据此，民盟中央历届领导人多次赴定西调研渭河源头生态保护与治理问题，之后民盟中央协调有关部委支持，推进了定西生态环境的改善。在大家共同努力下，定西人民成功走出一条"以小流域治理为单元，山、水、田、林、路综合治理持续推进"的路子，为全国其他水土流失严

---

[1] 费孝通.费孝通与多党合作[M].北京：中国社会科学出版社，2010：205.

重地区的生态治理和经济发展提供了借鉴。

第三，上下联动，横向互补，是民主党派开展社会帮扶的重要经验。1987年、1989年费孝通两次到定西考察调研时发现，沿海和内地特别是西部地区发展不平衡的现象非常明显，这使他陷入长久的思考。之后他多次呼吁中央政府要加大对西部地区支持力度，东部地区也要积极支持西部地区发展，以逐步缩小西部地区与东部地区的差距。同时民主党派中央和民主党派东部地区组织也要积极加强对西部地区的帮扶，发挥纵向横向联合的作用。

第四，发挥界别优势，开展教育扶贫。在支持定西经济发展的同时，民盟又把目光投射到当地教育发展和人才培养上，从学校硬件和师资软件两方面全面帮扶定西提高教育水平。教育帮扶也成为多年来各民主党派发挥智力优势，开展智力帮扶的重要方式，对全国各民主党派组织开展社会服务活动起到积极的示范引领作用，产生了深远的影响。

下面我们来看第二个案例，从我国八个民主党派帮扶贵州省毕节试验区看民主党派及其成员的爱民情怀和社会服务实践。

说起民主党派开展社会服务工作，就不能不提到30多年来各民主党派对贵州省毕节市的帮扶经历，因为这可以说是各民主党派联合开展社会服务的典型代表。1988年，经中共中央统战部协调，包括中共中央统战部、国家民委、各民主党派中央和全国工商联在内的统一战线系统共同在毕节地区建立了支边扶贫联系点，全市（当时是地区）8个县市，一方或两方联系一个县市开展智力扶贫和开发工作，探索岩溶地区全面协调可持续发展和脱贫致富道路的有效形式和途径，共同助推毕节试验区的经济社会发展。费孝通、孙起孟、雷洁琼、钱伟长等20多位各民主党派中央领导人先后赴毕节指导工作。各民主党派中央联合成立了专家组为毕节发展建言献策。如今，30多年过去了，毕节实现了综合经济实力从全省排名末位到稳居第三的飞跃。这也凝聚着各民主党派的智慧和心血，八个民主党派联合形成的强大合力为毕节试验区经济社会发展作出了不可磨灭的贡献。这种各民主党派联合在一个地区发挥各自优势，突出重点，持之以恒，在参与制定地区发展规划，以及开展科技帮扶、教育扶贫、新农村建设、项目协调、捐资捐物等方面尽其所能，持续开展社会服务活动的模式或始于此。

1990年5月起，各民主党派中央、全国工商联在中共中央统战部、原国家科委和国家民委等部门牵头组织下，选定贵州省黔西南布依族苗族自治州作为"星火计划、科技扶贫"工作试验区，同时组建各民主党派中央、全国工商联黔西南州联合推动组，20多年持之以恒促进黔西南州经济社会发展。

我们可以看看下面一篇小短文，从中能够体会到民主党派社会服务的优势、特点并从中领悟到知识分子群体的一种情怀和精神。

> 联合推动组成员单位发挥各自党派的资源优势，积极参与，相互配合，将当地一些传统的、较为单一的、低附加值的种养殖项目，通过引用科技和市场手段，加大推介和宣传力度，打造成为有一定规模、有产品市场、科技含量较高、经济生态效益显著、深受农民欢迎的支柱产业。联系国家林业局投入资金启动了30万亩金银花种植示范基地，积极促成了国家药监局同意批准将黔西南州金银花品种纳入药典。与此同时，联合推动组还组织中国农业大学和中国中医药研究院等科研单位，加紧对金银花深加工系列产品研发工作。金银花种植现已成为黔西南中海拔地区农民生产致富的一个重要途径，被称为"坪上模式"。
>
> 民盟中央重点参与了"者楼模式"的探索与实践。册亨县

岩架镇地处黔西南州者楼河流域，常年日照充足，气温偏高，非常适合无公害甜瓜种植。2004年，经联合推动组考察论证和协调部署，民盟中央出资3万元在板弄村进行优质甜瓜种植项目试验，选择50户积极性较高的农户进行示范，种植面积为60亩，资金主要用于购买种子、肥料、农药、地膜等物资，统一发放给种植农户，民盟中央组织贵州大学的盟员蔬菜专家实地指导。优质甜瓜种植项目试验取得巨大成功。经测算，在项目实施区，当年亩产甜瓜2617公斤，总产值25.12万元，50户瓜农户均收入达5024元。根据黔西南州植保站对示范点甜瓜样品的检测结果，板弄村生产的60亩甜瓜品质达到无公害农产品质量标准。……在无公害甜瓜种植项目的示范带动下，当地政府随后在者楼河流域低热河谷地带大力推广绿色蔬菜种植，并采取了调整品种结构，完善基础设施，进一步规范化、科学化种植等系列措施，经过多年努力，逐步发展成为带动农民增收致富的"者楼模式"。[①]

除了在贵州开展的社会服务活动外，各民主党派在全国其他地区开展的智力扶贫、科技兴农、医疗服务等活动同样富有成效，并且渐渐形成各自的专有品牌。自2003年起，民革中央积极关注并参与实施"秸秆生物反应堆技术"的专题调研和技术服务活动，相继在山东、河南、辽宁、甘肃推广。民建中央2005年底启动的"思源工程"成为继"光彩事业"和"温暖工程"之后又一个统战系统知名的社会服务品牌，并于2007年成立中华思源工程扶贫基金会，积极支持和开展扶贫工作。农工党中央以"送医、培训、资助"模式持之以恒定点帮扶200

---

① 民盟中央社会服务部. 关注民生 服务社会 [M]. 北京：群言出版社，2013：71-72.

多家乡镇卫生院。以服务地方经济建设为主要内容的"九地合作"是九三学社开展社会服务的著名名牌,已持续30多年。如此等等,各民主党派这种发挥各自界别优势,以智力帮扶为主,寓科技帮扶、教育帮扶于具体扶贫工作之中的方法,不断在民主党派各级组织中复制和推广,产生了深远的影响。

第三个案例,长期关心、关注和支持教育事业发展,是各民主党派一项始终不渝的社会服务实践选择。

长期以来,各民主党派十分关心、关注我国教育事业改革发展,开展了多种形式的教育帮扶活动。在改革开放初中期,民革全国30个省级组织中有29个兴办各级各类学校200余所,在校生20余万人。民进中央响应"教育西进"号召开展西部教师培训工作。民盟中央倡导发起农村教育"烛光行动",推进城市中小学帮扶农村中小学等,都产生了良好的社会反响。下面,我们具体了解一下民盟长期关注教育,开展农村教育"烛光行动"的情况。

关注教育是民盟的优良传统。改革开放以后,民盟在为推动教育事业发展积极参政履职、建言献策的同时,还持续在农村贫困地区开展多种形式的支教助学活动。早在20世纪80年代初民盟中央和一些地方组织就组织盟内优秀教师赴新疆开展支教讲学活动。从那时起,民盟"智力支边、教育扶贫"的活动就一直延续到今天。

2006年,民盟中央根据对农村教育发展情况的调研,经过与有关部门、机构和专家沟通咨询,决定在全盟开展农村教育"烛光行动"。2007年7月"烛光行动"正式启动,主要是通过帮助加强农村教师队伍建设,推动中国城乡义务教育均衡发展。"烛光行动"主要有三方面的内容:一是关注农村教师的专业发展,以多种形式帮助农村教师提升教育理念、业务素质和教育教学水平;二是关注农村教师的自由全面发展,力所能及帮助改善贫困地区农村教师的工作生活条件;三是关注有关制度建设，开展调查研究，积极建言献策，推动完善农村教师队伍建设和农村教育发展的政策、法律和社会环境。①

民盟各地组织结合实际，因地制宜开展多种形式的"烛光行动"：支持和帮助优质学校与民族贫困地区的学校之间、教师与教师之间开展一对一、手拉手结对帮扶，开展"送出去、请进来"等多种形式的教师培训活动；增加软件硬件投入，东部地区通过援建"烛光学校"教学楼，捐赠图书和学习用品，设立奖学奖教基金等方式，帮助改善西部贫困地区农村学校的办学条件和教师工作条件；在"烛光行动"中注重议政调研，及时向执政党和政府及有关部门反映发现问题，提出政策建议，为西部地区中小学切实解决一些实际问题。在这方面，我们可以来看一个民盟上海市委"全市民盟捐款，支持西部地区教育"的例子。

2002年，民盟上海市委向全市各级盟组织和盟员发出了"全盟捐款，支持西部地区教育"的号召，促成民盟上海组织集资的第一个"民盟烛光小学"在宁夏回族自治区固原市原州区开城镇深沟村建立。我们从下面的一篇经过适当综合处理后的报道中可以感受到这种东部地区民主党派地方组织及其成员为促进西部地区教育事业发展而奔走鼓呼的拳拳之心：

据媒体报道，民盟上海市委发现，中西部贫困地区受经济社会发展条件限制，很多学校缺乏相应配套设施，给当地教育教学带来一定困难。"学校建在哪里，配套就要跟到哪里"。民盟上海市委及时调整思路，不断完善援建项目。上海盟内教育界人士及企业家累计捐赠电脑340台，出版界盟员捐出教学图书1万余册。自2004年以来，民盟上海市委投入援建资金680万元，带动当地配套资金1250余万元，在

---

① 民盟中央社会服务部.关注民生　服务社会[M].北京：群言出版社，2013：100-101.

甘肃、青海、宁夏等17个中西部省份援建了28所烛光学校（楼）。

"民盟是以文化教育界为主的民主党派，上海1.7万余名盟员有一半是教师。农村教育'烛光行动'要突出民盟界别特色，注重发挥民盟的特长和优势，以现代教育理念促进农村教师专业成长，提升教师的教学水平。"时任民盟中央副主席、民盟上海市委主委郑惠强强调。由此，民盟上海市委坚持贯彻"发挥优势、突出重点、量力而行、注重实效、持之以恒"的方针，找准自身优势与中西部地区实际需要的结合点，以智力支持为主线，以教育支助为重点，通过整合优势师资力量，选择贫困地区的薄弱学校进行有系统有规划的扶持和培训，进一步提高了"烛光行动"的实效性。

民盟上海市委在支持中西部地区教育方面作出的积极探索，一方面通过"走出去"——选派优秀校长、教师赴中西部地区学校开课讲座；一方面"请进来"——邀请中西部校长、教师到上海学习挂职，以"东西互助、共同联手"的方式提升这些地区教师素质和教学水平。据不完全统计，民盟上海各级组织近年来共为中西部贫困地区培训教师8000多人次，有效提升了当地教师素质和教学水平。

此外，民盟上海市委积极组织和发动各基层组织参与到"烛光行动"中，尝试开启"一个盟组织领航一所烛光学校"：民盟黄浦区委出资15万元援建贵州毕节小坝中学"同心·烛光民盟黄浦图书实验楼"；民盟杨浦区委出资20万元分别援建云南普洱市墨江民族学校的电教室和红河州蒙自市多法勒壮族乡中学图书室……[①]

"烛光，比起太阳的耀眼光芒，是那样微不足道，但聚沙成塔，汇流成海。一束烛光，自然微弱，但若是我们每一个盟员都能像蜡烛那样，勇于奉献，甘愿付出，那么西部教师的心中就会有一盏闪亮而美

---

① 刘友梅，顾意亮.东西互助　联手发展——民盟上海市委践行农村教育"烛光行动"纪实[N].人民政协网－人民政协报，2014-10-10.

好的明灯。"① 民盟上海市委一位参加"烛光行动"智力支教的盟员教师在博客上这样描述自己的体会，使我们感同身受。

我们看到，民盟上海市委帮扶中西部地区教育发展的一个特点是力度大，更重要是的持之以恒。近20年来，民盟上海市委始终紧扣帮助中西部教育事业发展的社会服务主题，持续不断地开展教育帮扶。

我们再来看一个民盟盟员民办教育家"扶智情怀"的生动实践。这是千千万万民主党派成员作为知识分子群体继承先辈"教育救国"理念，践行教育理想，服务国家发展的社会担当和实际作为。

慈溪育才中学是慈溪市规模最大的初级中学，位于慈溪市担山北路1100号，于1998年5月由民盟盟员、慈溪市劳动模范、宁波企业家沈宏邦先生独资创办。2003年学校成为当时慈溪市规模最大、设施一流的完全中学，之后，育才初中与育才小学、高中部形成"三校一体"的集团化教育格局……

沈宏邦先生是慈溪市民办教育的开拓者和公益事业的倡导者、实践者。他出身于农民家庭，早年家境贫寒，曾为了减轻家庭负担而辍学务农，年少辍学的伤痛使他誓言将来要让每一个孩子都有书读。1976年乘改革开放的东风开始办厂经商，创建慈溪市定时器厂，赢利后即拿出一部分利润，帮助贫困学生完成学业。之后，捐赠越来越多，2007年至2010年在浙江省龙泉一中举办三届民盟育才班，累计捐助达153万元。2008年尝试以"免学费发补助"到慈溪就读的方式举办"民盟育才班"，2009年至2014年，以同样的方式又举办了四届"民盟慈溪育才班"，让西部贫寒学子享受公平教育，接受发达沿海地

---

① 烛光点亮未来——民盟上海市委"农村教育烛光行动"小记[Z].中国民主同盟中央委员会官网，2014-04-09.

区的先进理念。这项资助前后持续6年时间，有100多名学生得到免费教育，累计捐助450万元。同时，他还联络社会爱心人士、育才老师、学生家长等多次深入西部地区，与贫困学生结对帮扶。2008年春，他出资100万元成立西部教师培训和交流学习的专项基金，扶助甘肃定西地区和贵州黔东南州两地农村教师提升教育教学水平。……2010年捐款60万元用于玉树地震灾区40名高中学生的三年学费和生活费，帮助甘肃玉树县第二民族中学转移到黄南州开展正常的教育教学工作，捐款100万元用于甘肃陇南地区建设"庆城县桐川乡民盟烛光小学"……

"让天下的孩子都能上学读书"。结对资助贫困学生、兴办各种形式的民盟育才班、建造爱心学校、做塑胶跑道、建立西部发展教育基金……多年来，沈宏邦先生在兴办育才教育集团的同时一直把推动教育事业发展作为一种责任，关心教育、重视教育、服务教育，改善农村办学条件。2018年拿出1995万元捐给慈溪慈善总会。他的这些事情，值得大家的尊重！[1]

一个个鲜活的事例，虽然只是民主党派教育帮扶中的几朵浪花，但见证了民主党派为推进我国教育事业发展付出的点点心血。我们看到，经过10多年的探索，民盟农村教育"烛光行动"取得显著成绩，得到了各方面肯定和好评。主要有以下一些特点：首先，该活动是民盟发挥特色和优势，积极发挥参政党作用的具体体现。其次，活动注重提高西部地区农村中小学教师自我发展能力，注重对农村中小学教师现代教育理念和基本功的培养。再次，注重拾遗补阙，量力而行，

---

[1] 王娅妹.一位企业家的教育情怀——记慈溪育才中学董事长沈宏邦[J].群言，2003，11：30-34.

尽力而为，集中资源于少数西部学校和部分教师，从而对社会起到一定的示范、引领、带动和影响作用，促进更多社会力量关心、支持农村教育事业发展。民盟农村教育"烛光行动"为民主党派发挥优势、整合资源，有序参与中国农村基础教育发展提供了行之有效的重要模式参考。

第四个案例，民主党派根据各自特色和优势开展多种形式的社会服务活动，赢得社会广泛肯定。

教育帮扶只是民主党派社会服务的一个方面。随着多党合作事业不断发展，民主党派社会服务工作也在不断深化发展。民盟推广重庆等地对失足人员帮教工作的经验，扩展形成"黄丝带帮教"品牌；致公党积极动员和组织海内外热心人士参与扶贫等，都各具特色，卓有成效。各民主党派积极探索社会服务工作新领域、新渠道、新形式，展现了民主党派服务社会的热情担当和力尽所能为人民群众做好事、办实事的积极作为。我们在这里也举几个典型例子加以说明。

从民盟的监狱帮教活动来看，监狱帮教是国民教育的特殊组成部分，通过关爱和教育唤起失足者良知，重新点亮他们人生希望之梦，造福社会，是民盟作为参政党承担社会责任的一个缩影。1985年，民盟重庆市委和市曲艺家协会联合到重庆市监狱举办迎春晚会，慰问干警，感化服刑人员，并举办"育人学校"等，受到监狱干警和服刑人员的肯定。这一活动也成为民盟监狱帮教活动的发端。2006年以来，民盟中央号召推广重庆等地监狱帮教活动经验，倡导开展"黄丝带帮教活动"，得到全国民盟各级组织的积极响应。目前全盟30个省（区、市）组织充分发挥民盟智力密集优势开展了独具特色的监狱帮教活动，一方面关心关爱监狱干警的身心健康，帮助改善监狱干警文化生活条件；另一方面，对服刑人员开展法律教育、心理咨询、文化艺术教育、结对帮扶、专家讲座以及各种技能培训等，对监狱帮教工作起到支持、补充和延伸作用。同时，民盟部分地区组织还探索参与社区矫正工作，参与做好社区矫正人员的教育改造，化解社会矛盾，维护社会稳定。

此外，随着我国城市化进程的不断推进，作为城市一个重要组成单元的"社区"出现了很多新情况、新问题，亟待执政党和政府重视解决，同时也需要各民主党派、社会各界和有识之士伸开双臂，开展社区帮扶。社区服务正是在这样的背景下成为各民主党派社会服务活动的一个新领域。

费孝通2000年发表的《当前城市社区建设的一些思考》一文，以极具前瞻性的视野深入阐述了民主党派参与社区服务工作的问题。2006年，《国务院关于加强和改进社区服务工作的意见》（国发〔2006〕14号）明确鼓励和支持包括民主党派在内的社会力量参与社区建设和社区服务。多年来，各民主党派结合自身实际积极参与社区建设。如，民革青岛市北区基层委联合宁夏路街道办事处在仲家洼社区打造"中山义工综合服务站"，组织志愿者帮助社区开展基础信息入户采集录入、法律援助和矛盾纠纷调解等工作，提高社区网络化工作水平。民革青岛市北二支部与敦化路街道办事处结为共建单位，利用优势资源，在社区建立妇女健康之家，开展心理咨询、宠物健康、社情民意等社会服务，受到了社区群众的好评。[①] 民盟上海市委以教育、科技、文化及医疗卫生等为重点，十余年坚持开展形式多样的社区服务活动等。以上事例虽然看似不起眼，但往往以小见大，于细微处见爱心、显担当，充分体现了民主党派心系百姓、关注民生的知识分子情怀。

民主党派社会服务善于从大处着眼，从小处着手，切切实实为群众排忧解难，既体现了民主党派及其成员对社会关心的温度，也密

---

① 市北二支部开展知识讲座进社区活动[Z].中国国民党革命委员会青岛市委员会官网，2021-04-21.

切了民主党派与社会基层群众的感情和联系。我们再从下面一个叫《二十五载的接力守护——民进浙江大学医学院附属儿童医院支部助医服务纪实》的例子中感受和体味：

> 在儿（童医）院支部老主委、儿童消化内科专家童美琴的记忆里，支部与杭州市福利院结下不解之缘，仿佛就在昨日。1998年的一天，民进浙江省委会青工委联络员找到童美琴，说青工委想联合民进医卫力量，共同为杭州市儿童福利院做些帮扶工作。
>
> 双方一拍即合。"那是1998年6月6日，一个星期六。时任省委会青工委主任、浙大一院副院长陈亚岗带着青工委与我们支部一行13人共赴杭州市儿童福利院，为那里的孩子进行全面体检，为他们建立起第一批健康档案。当时谁也没有想到，这个活动一办就是25年。"童美琴感叹道。
>
> 福利院里的孩子大都患有不同种类、不同程度的先天性疾病，于是支部在每年"六一"节前后到福利院开展体检、义诊、捐助及献爱心等活动，对体检中发现的患儿及时带回医院做进一步检查确诊及治疗；同时安排支部专家给保育员们普及医学知识，方便照料孩子。
>
> ……
>
> 儿院支部的大部分会员都是医院各科室的专家或骨干，本职工作繁忙；而福利院的医疗服务是一项繁重而又琐碎的工作，经常需要占用大量的私人时间，会员们却对这份"苦差"甘之如饴，对福利院每个孩子的病情都了然于胸，孩子们每一点微小的进步都会令他们激动不已。
>
> ……

25 年来,支部每年派遣 10 余名骨干专家,共为 2400 余名孤残儿童及困境儿童提供涉及耳鼻喉科、眼科、皮肤科、神经内科等儿科专业领域的精准医疗服务,为 30 余名先天性心脏病儿童施行先心病根治或姑息手术,为 30 余名其他先天缺陷儿童施行骨科和整形外科手术。

……

今年 6 月 23 日,在支部举行的"健康护未廿五载,携手喜迎二十大"社会服务活动上,杭州市儿童福利院院长刘国峰充满感慨地说:"做一件好事不难,25 年一直做好事很难,很了不起!"[①]

这是民主党派为社会服务的一个小故事,但具有很强的代表性和典型意义。情系于民,关注社会一直是包括民盟在内的各民主党派立足社会的支点之所在。民主党派虽然人力、财力和资源有限,但善于发挥自身人才智力优势,以小见大,见微知著,是民主党派参政党性质地位特征的具体体现。正是因为各民主党派组织中有一大批个人素质好、专业水平高、热心社会公益事业的成员,正是有了他们强烈的社会责任感和担当奉献精神,才使民主党派社会服务得以持续、顺利地开展。

在中国共产党领导的多党合作和政治协商制度框架内,各民主党派之间有一些共同优势,但也存在界别或地区等方面的差异,这一方面显示出单个民主党派组织资源有限、力量薄弱的问题,却也为各民主党派或者同一民主党派的不同层级、地区组织合作开展社会服务活动提供了机遇和可能。长期以来,各民主党派在执政党各级组织统战

---

① 阮琦,王芷璇.二十五载的接力守护——民进浙江大学医学院附属儿童医院支部助医服务纪实[Z].团结网,2022-08-09,有删节.

部门指导帮助下联合开展社会服务，或者同一民主党派的各级组织之间上下联动、横向合作开展社会服务活动就成为各民主党派的习惯范式。同时，各民主党派也积极探索与一些企业团体、社会组织联合开展社会服务活动的有效形式和途径，也取得了很好的效果。

首先我们来看看"一个民盟盟员医院院长倡导的'明眸工程'"的例子。这个项目由民主党派成员根据自身特长和工作领域倡导、民主党派从中央到地方各级组织积极参与、社会各界积极配合共同开展社会服务活动，给人民群众带来实实在在的好处：

> 2007年，民盟中央委员、温州医学院附属眼视光医院执行院长王勤美倡议开展"明眸工程"社会服务活动，得到民盟中央领导的支持以及中西部贵州、云南、青海、四川、重庆、新疆等省级民盟组织的积极参与。2009年12月起已先后在毕节、昭通、玉树、广元、巫山、乌鲁木齐等地开展活动。温州医学院附属眼视光医院用三年时间以白内障手术技术力量提升为突破口，开展医生进修培训、手术示范、科普讲座，建立眼科及普及型小切口白内障手术教育培训基地……该院与贵州毕节市中医院、云南昭通市中医院、青海大学附属医学院、四川广元市元坝区人民医院等十几家医院建立合作关系……据统计，多年来，已培养了100余名眼科医务人员和业务骨干，使1200多名白内障、角膜白斑等眼病患者通过"明眸工程"得到了复明。
>
> 青海玉树13岁藏族少年昂达娃，患有严重先天性白内障，眼睛几乎失明。"明眸工程"走进青海，温州医生徐栩为他做了眼睛复明手术，手术后视力达到0.6。重见光明那一刻，他含着热泪给徐栩医生献上了一条洁白的哈达。

云南昭通市16岁中学生邓国娇和新疆阿克苏地区38岁的玉素甫江·萨乌,都是角膜盲患者。为使他们能够重见多彩世界,温州人为他们捐献了眼角膜,温州医生陈蔚为他们做了角膜移植手术,让他们重见光明。

"明眸工程"发展到现在,已不单纯是民盟组织的一项社会服务工作。它已经是民主党派、医疗科技单位、商界、慈善组织、政府和媒体紧密组合的爱心工程,受到了社会的广泛关注。①

以上一些案例仅仅是各民主党派开展社会服务活动,积极为人民群众做好事、做实事的缩影。如今,各民主党派社会服务形式日益多样,领域日益繁杂,社会影响日益扩大,已成为民主党派为人民服务的一个重要渠道。社会服务作为一项立足民主党派自身特色优势,服务国家经济社会发展和推进满足人民群众对美好生活向往的实践活动,充分体现了民主党派在中国共产党领导的多党合作和政治协商制度框架内的社会职能属性,对扩大民主党派社会影响起到了不可替代的作用。综合数十年来民主党派社会服务活动的经验做法,我们有以下几个方面启示:

民主党派开展社会服务活动,始终在中国共产党领导的多党合作和政治协商制度框架内进行,不是替代而是补充,不是越俎代庖而是及时补位。中国共产党领导是中国特色社会主义最本质的特征,民主党派无论参政履职还是社会服务都属于中国共产党领导的多党合作和政治协商制度的重要组成部分。民主党派社会服务与其他社会团体和慈善机构社会服务的根本不同就在于民主党派社会服务是中国共产党

---

① 包松娅.用光明驱散贫困[N].人民政协报,2011-12-21(A03).

领导的多党合作和政治协商制度的具体体现，无论是组织形式、参与成员、工作流程、实施环境、服务对象等都与民主党派的参政党属性紧密相关，具有显著的政治性。

民主党派开展社会服务活动，始终着眼于人民群众需要，立足于民主党派自身特色和优势来发挥作用。中国共产党始终坚持"以人民为中心"的理念，民主党派作为致力于中国特色社会主义的参政党，除了人民利益也没有自身的任何私利。因此，多年来民主党派社会服务始终坚持以国家和人民利益为依归，充分发挥各民主党派的界别优势、人才优势和智力优势，坚持以智力帮扶为主，资金和项目帮扶为辅，努力在服务人民群众的点滴工作之中彰显民主党派的爱民情怀和风采。

民主党派开展社会服务活动，始终是从大处着眼、小处着手，为人民群众实实在在解决问题，排忧解难。多年来，民主党派始终站在全局的高度和关系国家长远发展的角度去履行职能，善于在调查研究、接触社会和服务社会的丰富实践中发现问题，透过现象看本质，从感性认识上升到理性认识，进而提出对国家经济社会发展宏观性、前瞻性的意见建议。同样地，由于民主党派从不间断地深入社会、深入基层、深入实践，把执政党的重大决策部署贯穿到服务社会和人民群众的每一个细节之中，使基层群众更加直接地感受到执政党和政府的温暖，更加有利于增进人民群众对执政党和国家大政方针政策的理解和支持，更好地促进社会和谐稳定。

民主党派开展社会服务活动，始终坚持与社会各界密切配合，共同推进社会进步和人民生活水平提高。民主党派的社会服务是一项涉及经济基础、物质保障、智力支持、后勤服务、沟通协调等多方面综合网络体系的重要活动。多年来，各民主党派紧紧依靠执政党各级组织和各级政府的大力支持，争取社会各界、人民团体、慈善组织和广大成员的积极参与，群策群力，聚沙成塔，为广大农村和城市社区群众办成了许多仅凭民主党派组织自身无法办成的好事、实事、大事，充分彰显了中国特色社会主义团结奋进核心价值观的精神风貌。

民主党派开展社会服务活动，始终坚持尽力而为，量力而行，持之以恒，久久为功，以是否取得实实在在的效果为评判标准。由于民主党派在我国政治生活中所处的参政党性质、地位和作用，决定了民主党派掌握的资源主要是政治资源、智力资源、人才资源和人脉资源，而物质资源方面并非民主党派的特长。因此，民主党派社会服务必须扬长避短，既要发挥自身的特色优势，尽力而为，又要制定符合自身实际和承受能力的工作目标，在实际工作中量力而行，才能卓有成效，产生良好影响。同时，从各民主党派开展社会服务的实践来看，必须坚持持之以恒，选定一个地方或者一个项目就"咬定青山不放松"，坚持十数年或者数十年推进一批社会服务项目落实落地，扶持一个地区经济社会发展，从而起到滴水穿石、日积月累，最终积少成多，功到自然成的效果。

民主党派开展社会服务活动，始终坚持组织加强领导和成员广泛参与的紧密结合，坚持成员无私奉献热忱付出与人民群众现实紧迫需要紧密结合。多年来，社会服务作为民主党派履行社会职能的一项重要工作不仅成为常态，而且重要性也越来越凸显。做好社会服务工作，民主党派不仅要切实加强领导，而且要从中央到地方各级组织上下联动，横向联合，还要依靠广大民主党派成员"关注民生、奉献爱心"的赤诚情怀和躬身实践。同时，社会服务不能仅凭民主党派组织或者个人的好恶，而要通过深入调研后把握好人民群众的需求，真正配合执政党各级组织和各级政府把人民群众所思所想、所盼所忧作为着力点和出发点，统筹谋划、整合力量，力所能及地为人民群众解决一些实实在在的问题，把工作做在群众急需处，做到群众心坎上，不断增强工作实效,树立民主党派良好的社会形象。

　　以上这些就是多年来民主党派社会服务丰富经验给我们的启示。在后面的内容中,我们将结合深入分析民主党派社会服务遇到的困难和问题,研究探讨民主党派社会服务的性质任务、基本规律、根本原则、运行机制和方法途径等问题,以期从理论上梳理民主党派社会服务的相关课题,提出一些思考和见解。

第八章　民主党派社会服务存在的困难问题思考

社会服务既是民主党派的一项重要社会活动，也是一项参政党服务社会的重要工作，因此我们在不同场合中将之分别表述为"社会服务活动"或者"社会服务工作"不仅是合理的，也是必要的。社会服务作为民主党派深入实际深入基层，密切与人民群众联系的桥梁和纽带，是民主党派及其成员服务基层和人民群众，提高社会责任感、增强组织凝聚力和向心力的重要载体和平台，在民主党派发展进程中的地位不断提升，作用不断凸显，取得的成绩也有目共睹，成为树立民主党派良好社会形象的关键。

但是，民主党派社会服务工作还存在一些困难和问题。这些问题有的属于理论支撑层面，有的属于政策措施层面，有的则属于实践操作层面。由于民主党派社会服务本身就是一个实践性非常强的工作，该问题也要从理论与实践结合的角度来研究。下面，我们从理论、政策和实践三个层面来探讨民主党派社会服务活动中存在的一些主要问题。

第一，从多党合作理论的角度来看，存在理论研究不深入，联系实际不到位的问题。一般来说，公共政策层面存在的问题往往可以从理论上寻找原因。中国共产党领导的多党合作和政治协商制度是一个不断完善发展中的制度，理论上对民主党派社会服务定位存在不同的看法。有的认为社会服务是民主党派服务国家经济建设和社会发展的一项社会活动，有的认为社会服务是参政议政的延伸和拓展，有的认为社会服务是参政党履行职能的重要载体和加强自身建设的重要途径等等，可谓仁者见仁、智者见智，众说纷纭。这些看法都有一定道理，但都没有上升到参政党政党属性的高度，或者失之偏颇，或者浮之表面。学界对民主党派社会服务性质、规律、原则的研究也还远远不够。让人遗憾的是，对民主党派社会服务的理论研究是比对参政履职的理论研究更为薄弱的领域。仅有的一些理论研究成果也多偏向内部交流，主要是从传统的统战理论研究角度和实践经验做法角度出发的实证研究，较少有从公共管理、社会治理等理论高度和视角出发的理论研究。这些问题亟待有关专家学者及民主党派同志共同努力，从深从透开展这一领域的理论研究，以进一步明确民主党派社会服务活动的性质定位和努力方向，更好地指导民主党派社会服务工作不断取得新的进展。

　　第二，从政策措施层面看，角色定位不明确，属性不突出。我们知道，《中共中央关于坚持和完善中国共产党领导的多党合作和政治协商制度的意见》等文件的出台，确立了民主党派作为参政党在国家政治生活中的地位，明确了参政议政、民主监督和参加中国共产党领导的政治协商作为民主党派的基本职能定位，为民主党派履行职能指明了方向。同时我们看到，尽管民主党派及其成员参与社会服务的积极性不断增强，开展社会服务的深度和广度不断扩展，社会服务的功能也日渐显现。但是，民主党派社会服务的职能定位在多党合作体系中并不明确，最多只是作为民主党派做好事、做实事的一种活动，或者只是作为民主党派增强影响力的一种渠道和途径，并不是作为民主党派的一种职能存在，从而一定程度上限制了民主党派社会服务作用的发挥。执政党各级组织及各级政府对统一战线重要性和民主党派性质地位的理解和重视程度各有不同，对民主党派社会服务重要性的理解与支持程度有深有浅，一定程度上影响了不同地区、不同层级民主党派组织社会服务工作存在一定的不平衡性。另一方面，由于社会服务职能的定位不明，社会服务对参政履职的促进作用没有得到真正体现。

第三，从社会动员能力看，社会联动不充足，上下联动不紧密。一直以来，民主党派社会服务总体上得到了执政党各级组织和各级政府的关心支持，但是也存在参差不齐的现象。另一方面，民主党派社会服务活动与企业、社会团体、慈善组织的社会服务活动有联系、有交叉、有区别。但是，由于民主党派在国家政治生活中与这些组织和团体处于不同位阶，民主党派社会服务工作与这些组织的联动协调不足，联动机制远未建立，群体效应没有得到应有发挥，使得民主党派社会服务往往成为一种内循环式的小打小闹。如果民主党派社会服务工作能够实现与各种企业、团体或社会组织的充分对接和联动，必然会是另一番景象。此外，虽然民主党派内部从中央到地方各级组织，或者不同地区组织之间的联动互动不断加强，但除了由民主党派中央统一牵头的社会服务活动外，各民主党派地方组织的社会服务活动大多数以自己设定主题、自己安排项目、自己选择地点、自筹工作经费、自己组织人员为主，条块之间联合互动较为薄弱，各民主党派之间难以形成协调配合的群体合力。

第四，从工作实践角度看，工作定位不够明晰，成员参与度不够。在实际工作中，民主党派社会服务往往依靠的是民主党派领导及其成员的一种自觉或者热情来推动，缺乏长远工作规划和具体工作目标、工作机制。虽然民主党派成员人数不少，但广大成员参与社会服务的热情和力量并没有得到有效引导和整合等，给民主党派社会服务带来一定的困难。此外，由于我国东、中、西部经济社会发展不平衡的影响，各民主党派在各个地区的社会服务工作也存在不平衡现象。民主党派各地组织及其成员还存在参与社会服务积极性、主动性和创造性参差不齐的现象。

第五，从保障能力角度看，智力资源保障不平衡，物质资源保障相对匮乏。各民主党派从成立之初就是由知识分子群体为主组成的政治团体，几十年来这一传统始终得以延续发展，这就为各民主党派开展以智力帮扶为主的社会服务活动提供了重要条件。但是，由于我国东中西部地区、大中小城市存在民主党派成员分布的不平衡性，再加上我们前面提到的上下联动、横向互动不紧密等原因，造成了民主党派各个地方组织开展智力帮扶也存在不平衡性。同时，民主党派开展社会服务活动具有智力密集的群体优势，参加者往往是一些年富力强、专业性强的精英、核心或骨干，他们关心民主党派工作，热心社会服务事业，但很多成员都是各自单位的业务骨干或部门负责人，本职工作任务繁重，在参加社会服务工作时往往无法两头兼顾，常常感觉力不从心。一些社会服务活动既保证不了成员数量，也保证不了成员专业特长的发挥，智力资源的内生动力未能激发出来，人才资源优势难以转化为智力帮扶的社会服务优势。在社会服务专职工作方面，各民主党派中央和省级机关基本上都设有社会服务工作部门、配有专职工作人员，但到了市级组织机关就很少设有专职的社会服务工作部门，基层组织更是谈不上专职的工作人员。这样的情况常常造成民主党派组织开展社会服务只能是本职工作繁忙的基层组织负责人和盟员骨干"业余闹革命"，缺少必要的组织保障，影响社会服务工作的落实。而这些问题，又与没有建立起一整套民主党派成员参与社会服务工作或活动的保障机制息息相关。

除此以外，由于经济发展水平的差异，各地为各民主党派社会服务提供物质保障方面也存在很大的差异。经济发展水平较低地区民主党派组织开展社会服务活动时所能利用的硬件软件和物质资源相对较少。特别是长期以来民主党派社会服务缺乏固定的经费渠道，各级财政的拨款主要仅提供各民主党派组织社会工作部门的日常工作经费和极少量的社会服务活动项目经费，而各民主党派组织社会服务活动许多时候还要向社会筹集资金，甚至动员所属组织和成员个人捐款等，不仅资金来源不稳定、不平衡而且只能是杯水车薪。

第六,从制度机制保障角度看,顶层设计考虑不足,内部机制有待完善。民主党派社会服务常常被认为是一个简单普通的"做好事、做实事",这是社会服务工作性质定位不明确使然。从外部支撑方面来说,执政党各级组织和各级政府如何看待和定位民主党派社会服务工作,在这一定位下如何支持民主党派更好地开展社会服务活动是一个需要在制度层面加以解决的问题。从民主党派内部保障来说,如何确立社会服务在民主党派履职尽责中的性质、地位和作用,是需要各民主党派着力研究解决的一个重要问题。从操作手段方面来说,民主党派社会服务工作如何筹划、如何落实、如何开展横向和纵向合作、如何从机制上确保各级组织和广大成员积极参与,以及如何实现与参政履职有效结合等,还没有一套相对成熟完备的领导机制、工作机制、成员参与机制、激励约束机制、评价反馈机制和跟踪问效机制等工作机制。此外,各民主党派组织社会服务项目与受援地区基层群众需求常常存在匹配不够的情况等,往往导致民主党派社会服务工作内部凝聚力不强,优势发挥不足,工作效能不高,社会影响力不大,社会服务效能无法得到有效发挥。

第七,从民主党派自身来看,存在角色认知不清,重视程度不够的问题。一些民主党派组织和成员对民主党派社会服务的性质任务和地位作用认识不清,对民主党派社会服务的政党属性和重大意义理解不透,认为民主党派开展社会服务活动是多余的,或者只是细枝末节和随心功德的慈善工作。有的甚至认为既然民主党派是参政党,理应把参政履职这一基本职能履行好,花更多时间和精力去从事社会服务工作是本末倒置,不务正业。由于对民主党派社会服务认知存在的这种偏差,表现在具体工作实践中就是对民主党派社会服务工作的重视不够,能动不足,缺乏支持和参与社会服务工作的积极性、主动性,更缺乏创新社会服务工作新形式、新途径的坚定性和自觉性，影响了民主党派作为参政党整体作用的发挥。也正因为如此，民主党派社会服务长期以来未能形成持续、稳定、专业、协同的工作机制，也没能形成持续、稳定的社会服务基地和服务对象，很难构建工作常态化、工作区域和服务对象相对固定化、工作成果长效化的社会服务工作格局。这样的情势，使民主党派社会服务工作往往表象上看热热闹闹，但实质上属于零敲碎打，甚至经常"打一枪换一个地方"，不仅影响社会服务的实际效果，而且影响社会观感，甚至会被一些中共基层组织和政府部门认为是"添乱""做秀"，人民群众的获得感也有限，进而影响了民主党派在基层干部群众中的形象。

第八，从内容形式和途径看，还存在内容单一，形式老套，途径办法不多等问题。民主党派开展社会服务活动经历数十年，但是内容仍比较陈旧，还是较多地停留在捐资助学、扶贫济困、义务咨询等传统理念、思路和做法上，社会服务内容与经济社会发展的同步性不够；形式比较单一，与时俱进探求新形式、新途径、新渠道的思路不宽，办法不多。此外，民主党派社会服务与参政履职的联系不够紧密。如何使社会服务更有效地服务于基本职能，并将履行基本职能的成果更好地服务社会、服务基层和人民群众，如何在新时代中国特色社会主义服务社会的丰富实践中更好地检验民主党派参政履职的效能等，还是一个需要继续深入研究和探索的重要问题。

以上我们从民主党派社会服务的性质定位，以及与社会服务活动理论、政策和实践有关的八个方面深入分析了当前民主党派社会服务存在的一些主要问题，也简明扼要地分析了存在这些问题的主要原因。下一部分内容将结合剖析这些问题，从理论和实践两个维度对民主党派社会服务问题进行较全面的讨论。

第九章　民主党派社会服务的理论思考

费孝通先生作为民主党派的社会活动大家和泰斗级人物,他的政治敏锐性和社会洞察力都在民主党派领导人中有口皆碑。他常常运用通俗易懂的语言说明一些深刻的道理,民主党派同志常常能感受到他高尚的道德情操和深厚的理论功底,尤其是更能深刻地感受到他"志在富民、皓首不移"忧国忧民的拳拳之心。比如关于民主党派社会服务的意义和实施路径方面他就提出过许多独到深刻的见解。费老殷切嘱托我们"心里要有老百姓,要心中有盟,要想到通过盟为人民服务,我们对人民有帮助,人民就会需要我们",这就为各民主党派提出了做好社会服务工作的宗旨和应该达到的思想境界。其他民主党派的前辈先贤也提出过不少类似的主张。作为民主党派各级组织和民主党派成员,继承老一辈的优良传统,不断开拓前进,是我们的重要使命。

谈到民主党派社会服务的理论问题,无外乎是要回答这样几个问题:一是民主党派社会服务是什么?民主党派开展社会服务的实质是什么?二是民主党派为什么要开展社会服务,即民主党派开展社会服务的重要性和必要性在什么地方?三是做好社会服务工作要遵循什么规律和原则?搞清楚这几个问题,也就能较明确地理清民主党派社会服务要采取什么工作思路,在实际工作中要注意采取什么样的措施做法等问题。

第一节　民主党派社会服务深刻内涵的思考

民主党派的社会服务实质上是什么?或者,民主党派开展社会服务的本质是什么?民主党派社会服务的本质就是为人民服务,是强化与人民群众密切联系的重要抓手，是民主党派联系人民群众的桥梁和纽带。从这样的高度去理解和认识民主党派的社会服务，很多问题就有了答案。

我们先从为什么需要民主党派加强与人民群众密切联系说起。这个问题搞明白，民主党派社会服务的本质也就能非常清楚。

我们知道，政党制度是现代民主政治的重要实现形式，是国家政治制度的重要组成部分。[①] 政党的兴衰存亡与民众的支持与否直接相关。一个政党，离开了国情，离开了所联系的人民群众，就成为无根之水，没有任何生命力。一个脱离所联系群众的政党，就不成其为政党，而顶多只能算一个团体。这样的政党既没有存在的必要，也没有存在的可能。国家需要和民众认同是执政党执政合法性的基础，同样也是参政党"参加国家政权，参与国家大政方针和国家领导人选的协商，参与国家事务的管理，参与国家方针政策、法律法规的制定和执行"的基础。民主党派作为代表所联系群众利益的政治联盟脱离了人民群众也将一事无成。这就是民主党派作为一个政党必须始终加强与人民群众密切联系的根本原因。由于民主党派是参政党，它与人民群众联系的方式不似执政党是依靠全面加强对各个层面、各个领域领导，践行全心全意为人民服务的根本宗旨来实现的。民主党派加强与人民群众联系的方式是通过参政履职和社会服务等方式来实现的，而社会服务是民主党派及其成员最直接面对人民群众，直接感受人民群众喜怒哀乐、所思所想和困难诉求的重要形式。因此，社会服务就成为民主党派"眼睛向下"，加强与人民群众密切联系的重要桥梁和纽带。这就是民主党派作为中国特色社会主义参政党开展社会服务活动重要性和必要性的逻辑本质。

---

① 中华人民共和国国务院新闻办公室. 中国新型政党制度[M]. 北京：人民出版社，2021.

具体来说，为什么民主党派要始终保持与人民群众的密切联系呢？有以下三个方面的原因：

首先，民主党派要始终保持与人民群众的密切联系是一个政治立场问题。民革中央原主席何鲁丽说："多年来，无论身在哪个岗位，我都牢记自己来自人民，服务人民，要深入实际，听真话，讲真话，献真招。"① 一个政党选择和坚持什么样的立场是一个根本性问题，这关系到这个政党政治生命延续与否和存在价值的高低。我国各民主党派主要由各个领域的知识分子组成，但它所联系的群众不全为知识分子，它所服务的对象更不全为知识分子，而是包括千千万万的人民大众。我们在前面有关内容中曾提出"民主党派参政履职要始终坚持以人民为中心的马克思主义根本立场"的观点，其实这一观点也是民主党派之所以作为政党的根本观点和政治立场之所在，当然也是民主党派社会服务的重要观点和政治立场之所在。民主党派唯有始终自觉坚持中国共产党的领导，始终站在人民立场思考问题，始终坚持为人民大众服务尤其是困难群体、弱势群体服务，在为人民服务的丰富实践中提出政策性的意见建议，才能在中国共产党领导的多党合作和政治协商制度框架内与执政党团结合作，赢得人民群众的信赖，更好地体现参政党的作用和价值。

其次，民主党派要始终保持与人民群众的密切联系是坚持中国共产党领导的多党合作和政治协商制度，更好地履行参政党职能的需要。我们知道，人民立场是中国共产党的根本政治立场，是马克思主义政党区别于其他政党的显著标志。中国共产党作为执政党始终把保持与人民群众的血肉联系作为战胜一切困难和风险的根本保证，使这个世界最大执政党的成长和一个国家的发展进步融为一体，在充满挑战和

---

① 孙春兰主编.大道：多党合作历史记忆和时代心声[M].北京：团结出版社，2017：19.

风云变幻的百年风雨中创造了不朽的历史伟业。民主党派作为中国共产党领导的多党合作和政治协商制度的参与者,作为与中国共产党风雨同舟、患难与共的参政党,其根本目标是为了在中国共产党领导下实现为人民谋幸福、为民族谋复兴的历史使命。多党合作需要民主党派保持与人民群众的密切联系,民主党派知情才能出力,知情的方式就是要加强与人民群众的联系。因为开展深入的调查研究,发现问题、探求解决问题的办法等,都要从人民群众中来。民主党派正确的意见建议从哪里来,就是从人民群众中来,从调查研究中来;参政履职发现的问题从哪里来,还是从人民群众中来,解决的办法从哪里来,也是从人民群众中来。因此,民主党派最根本的就是要站稳人民立场,始终努力为国家发展和人民幸福建有用之言,献务实之策,积极为人民群众做好事、做实事,开展好各项社会服务活动,才能为促进国家地区经济发展与社会和谐稳定作出实实在在的贡献,从而共同实现中国共产党领导的多党合作和政治协商制度设计和实施的初衷。

最后,民主党派要始终保持与人民群众的密切联系是民主党派加强自身建设的需要。政党是通过对所联系群众的影响力和号召力来实现其政治主张的。中国共产党自成立伊始就站在人民的立场上,把为人民服务作为党的根本宗旨,始终与人民同呼吸、共命运,牢固树立"以人民为中心"的理念,坚守"人民"这一核心价值,增强群众观念和群众感情,不断厚植党执政的群众基础,得到了人民群众的信任和拥护。民主党派作为中国特色社会主义参政党,承担着历史和现实赋予的神圣职责,只有不断加强自身建设,才能适应新时代对参政党提出的新任务、新要求。而民主党派加强思想政治建设、领导班子建设、组织建设、作风建设、制度建设等各个方面能力的建设,都离不开不断强化与人民群众密切联系这个永恒的主题。因此,民主党派要始终不忘多党合作之初心,牢记复兴中华之使命,自觉传承和弘扬民主党派的优良传统,始终做到密切联系群众,真心服务群众,一切从群众中来,到群众中去,始终把人民群众关心的热点难点问题和所思所想所盼作为民主党派参政履职和社会服务的重点;要想人民群众之所想,急人民群众之所急,进一步改进工作作风,力所能及和切实为人民群众做好事、做实事,树立求真务实、真抓实干和清正廉明的民主党派良好社会形象,才能真正做中国共产党的好参谋、好帮手、好同事,共同开创多党合作事业的美好明天。

有的读者可能会提出疑问,为什么本来在研讨民主党派社会服务的问题,这里却用那么多的文字去谈民主党派要密切与人民群众联系的问题,可能以为我们是在写散文般地东拉西扯。其实不然,大家认真看后就应该会有不同的结论。正因为密切与人民群众联系是民主党派参政履职和社会服务的客观需要,是民主党派加强自身建设的必然要求,关系到多党合作事业的可持续发展。正是因为中国共产党的领导和人民利益至上立场是民主党派与中国共产党团结合作之所以成为可能的根本基石,才需要民主党派深入实际调查研究,不断增强为人民群众利益鼓与呼的意识,顺应人民群众要求,反映人民群众心声,符合人民群众意愿,着力开展形式多样、丰富多彩的社会服务活动,从而在服务和贴近人民群众中增进理解,增强共识,增加感情,努力形成民主党派与人民群众的良性互动,与执政党一起共同促进实现人民群众对美好生活向往的目标。

马克思在《关于费尔巴哈的提纲》中对人的本质曾提出著名论断:"人的本质不是单个人所固有的抽象物,在其现实性上,它是一切社会关系的总和。"① 人的价值主要分为两种,即人的自我价值和社会价值。人的社会价值是指人对于社会或者他人所具有的价值。马克思关于人

---

① 马克思,恩格斯. 马克思恩格斯全集:第 1 卷 [[M]. 北京:人民出版社,1995.

的本质理论中提出了人的本质属性在于"社会性",认为价值不是外在于人类生存发展活动的某种先验的、神秘的现象,它产生于人按照自己的尺度去认识和改造世界的活动。① 由此出发,可以得出一个基本结论,即人的基本价值在于其社会价值。各民主党派作为以知识分子为主体的新时代中国特色社会主义参政党,其社会价值不仅体现于参政履职实践之中,也体现在社会服务实践之中。因此,关于民主党派社会服务是什么这个问题,我们还应该放在发挥参政党作用的高度去认识和把握,从民主党派社会服务的性质来探讨。首先,各民主党派是一个政党,具有中国特色社会主义参政党的一切特征;其次,民主党派社会服务作为参政党与人民群众密切联系的一个重要纽带,具有其独特的政党属性,体现着参政党特点和服务社会的职能。由此,有人把社会服务作为民主党派的一项重要职能即社会职能的说法,也有一定的合理性。下面,我们从这个角度进一步探讨民主党派社会服务是什么这样一个问题。

第一,关于民主党派社会服务的政党属性问题。

中国共产党领导的多党合作和政治协商制度的显著特征是:共产党领导、多党派合作,共产党执政、多党派参政。民主党派社会服务就是在这一政治框架内展开的。社会服务除了与民主党派基本职能有着明显区别外,还与民主党派成员基于本职工作、以营利为目的企业经营活动和各类慈善机构的慈善活动不同。"它的实施主体是民主党派,体现的是公益性、服务性和奉献性,以关注民生、关注公平、关注稳定为主要内容,以促进社会和谐为主要任务。与社会慈善事业、公益事业的区别是其主体政治性、政党性。"②

---

① 中共中央党校马克思主义理论教研部,中国马克思主义研究基金会.马克思主义关于人的学说[M].北京:人民出版社,2011.
② 于速,刘丽利.民主党派社会服务工作浅析[J].吉林省社会主义学院学报,2015,2:6-8.

政治属性是政党的第一属性，社会属性服从或服务于政治属性。从这个意义上说，民主党派社会服务不仅仅是一项简单的社会服务工作，而是民主党派政党属性和政治属性在社会工作领域的反映。民主党派社会服务如果仅仅只是"为服务而服务"，忽视了政治立场和政治方向，就会犯根本性的错误。2005年2月《中共中央关于进一步加强中国共产党领导的多党合作和政治协商制度建设的意见》所指出的"在新世纪新阶段，民主党派是各自所联系的一部分社会主义劳动者、社会主义事业建设者和拥护社会主义爱国者的政治联盟，是接受中国共产党领导、同中国共产党通力合作的亲密友党，是进步性与广泛性相统一、致力于中国特色社会主义事业的参政党"。"发展是中国共产党执政兴国的第一要务，也是各民主党派参政议政的第一要务。"这就从政党属性的高度明确民主党派的性质地位和作用，同时也阐明了民主党派工作的内容、手段、范围、标准等一系列问题。参政履职是民主党派的基本职能，社会服务从本质上说不仅是参政议政的延伸，更是政党属性在社会层面的表现形式。民主党派社会服务与其他社会团体、慈善机构社会服务的根本不同在于民主党派社会服务的政治属性和政党属性，并自然引申出它是民主党派服务于国家经济社会发展的一种社会属性而存在的。民主党派开展社会服务，对外可以提升参政党影响力，对内可以增强凝聚力和成员的责任感自豪感，成为各民主党派及其广大成员了解国情地情民情和经济政治生活实际的重要途径和渠道。无论是组织形式、参与对象、实施环境等都与民主党派的参政党属性息息相关，具有显著的政治性、群体性、主动性和非功利性。这就在政党性质、政治原则和政治实践层面进一步明晰了民主党派社会服务政党属性的内涵，规范了民主党派社会服务政党属性的外延。因此，理解和把握民主党派社会服务的政治属性和政党属性，应该成为民主党派社会服务的首要理论基础和重要实践指针，也应该成为观察和思考民主党派社会服务工作的首要条件和必要前提。

第二，关于民主党派社会服务的职能定位问题。

学界较普遍认为，现代政治学意义上的政党概念是由 18 世纪英国思想家埃德蒙·柏克提出的，他认为："政党是人们为通过共同努力以提高民族福利并根据某种他们共同认可的原则而结成的组织。"[①] 并宣称政党之首要目的是"谋求一切正当手段，使持此种政见者获取某种条件，从而使他们得以借助国家的一切权力和权威，将其共同方案付诸实施。"[②] 当然，柏克的政党定义和有关论述，掩盖了政党的阶级性，从根本上说是为资产阶级服务的。但其中的合理成分实际上隐含着现代政党、国家权力和公民社会之间的关系。有学者据此深入探讨认为，"政党与社会的关系既是一个政党来源于社会的关系，又是一个政党服务于社会的关系，即政党通过何种方式进行社会治理的关系。"[③] 以上无论是"提高民族福利"还是"政党服务于社会"的说法实质上就是在论述政党的社会属性。谈到民主党派社会服务的政党属性，正确认识社会服务的职能定位是十分重要的。我们知道，中国共产党领导的多党合作和政治协商制度是中国特色社会主义的一个政治优势，民主党派社会服务都是在这一政治框架内展开的。很多学者认为社会服务工作是参政议政的拓展和延伸，有的研究者认为社会服务是参政履职的基础，有的研究者认为社会服务只是"活动"而不是"工作"。笔者认为，社会服务既是民主党派与广大群众亲密接触的重要桥梁，也是民主党派深入基层了解社会、扩大自身社会影响的重要渠道，是与参政履职一样重要的一种社会职能，是参政党社会属性的外在表现。随着新时代中国特色社会主义民主政治的不断推进，社会服务在民主党派

[①] 埃德蒙·柏克. 自由与传统 [M]. 蒋庆，等译. 北京：商务印书馆，2001：148.
[②] 埃德蒙·柏克. 自由与传统 [M]. 蒋庆，等译. 北京：商务印书馆，2001：149.
[③] 刘京希. 社会建设中的现代政党——政党社会属性演化的新动向及由此所决定的党社关系 [J]. 学习与探索，2008，6：103-106.

中的地位作用将进一步提升。因此建议今后中共中央在修改相关文件或条例时，或者各民主党派修改章程时，把社会服务作为民主党派履行社会职能的一项重要内容补充进去，明确下来，通过这样的方式凸显社会服务作为民主党派履行社会责任、发挥服务社会作用的重要职能、途径和形式，进一步丰富民主党派履行职责的内涵，扩展民主党派履行职责的外延，更好地体现和发挥参政党作用。

第二节 民主党派开展社会服务的重要性必要性思考

民主党派为什么要开展社会服务，即民主党派开展社会服务的重要性和必要性在什么地方？是另一个需要探讨的问题。

民主党派社会服务既然是政党社会属性的客观要求，到底做好这项工作有什么意义，或者有什么重要性和必要性呢？我们认为可以从以下几个方面来认识。

首先，从历史脉络的角度看，民主党派社会服务是民主党派老一辈成员作为知识分子群体"心系民生、关注社会"优良传统一以贯之的体现和反映。正如我们在前面所说的，"以民为贵"和"眼睛向下"是自古以来中国知识分子孜孜追求的目标指向和精神导向，民主党派老一辈成员秉承优良传统，不仅为底层人民大众鼓与呼，而且身体力行，不断开拓服务社会的有效形式、途径渠道，作出了不懈努力。多年来，民主党派社会服务从小到大、从无到有、从局部到全国，从一个民主党派"单打独斗"到各民主党派联合开展，都是一部部值得书写的感人故事。各民主党派社会服务无论是理论还是实践，从深度的挖掘、广度的拓展到力度的强化，都有了不同程度的提升。因此，社会服务不仅是民主党派传承历史、开拓新局的需要，也是发挥特色、凝聚共识的需要，更是强化自身建设，树立良好形象，展现我国多党合作事业可持续发展美好前景的要求，其意义不可忽视。

其次，从民主党派职能分析的角度来看，民主党派的社会服务不仅是基本职能的扩展和延伸，同时也是服务社会实践的重要途径和渠道，是民主党派履行社会职能、展示参政党政党属性的重要体现，同时也是参政履职的重要来源。中国特色社会主义进入新时代，民主党派要履行好参政议政、民主监督和参加中国共产党领导的政治协商职能，就要提出有重要参考价值且能对执政党决策起推动作用的意见建议，而提出这些意见建议的实践来源是什么呢？从哲学角度理解，马克思主义认为"实践是认识的来源"。这里说的"实践"，我们理解主要是两个方面，一个是参政履职中的调查研究，通过专题调研等形式深入了解把握国家经济社会发展情况和存在的问题，了解人民群众的所思所想所盼，分析存在问题原因，进而向执政党和政府提出意见建议；另一个就是直接通过参与社会服务实践，扎根中国土壤，了解国情地情，体察社情民意，从中找准建言献策课题，为参政履职提供重要素材和基本依据，更好地履行参政党职责。理论界和实务工作者都把社会服务作为民主党派参政议政自然延伸的缘由正基于此。同时，正如前面提到的，经过多年探索和实践，社会服务已经不仅仅是参政议政的延伸和重要组成部分，而是相对独立为民主党派的一项重要社会职能，是民主党派结合自身政治优势和智力优势，聚集集体智慧和整体效能，深入基层，深入实际，了解社会、接触社会、融入社会，全心全意为人民服务，尽心尽力推动经济社会发展的重要履职作为。从这样的高度去理解和认识民主党派社会服务的重要性和必要性，才能更加深刻地理解和认识中国共产党领导的多党合作和政治协商制度的丰富内涵，也才能更加深刻地理解和认识这一制度对推进中国特色社会主义民主政治的深远意义和重要作用。

最后，从社会服务对民主党派自身建设与长远发展的影响和推动作用角度来看，社会服务是民主党派自身建设各项工作的推进剂和检验员，是从实践到理论再到实践"螺旋式上升"的飞跃过程。我们认为，社会服务蕴含和展现了民主党派自身建设的全方位价值：通过与人民群众的广泛接触，深刻认识和理解中国共产党领导全国各族人民从站起来、富起来到强起来所取得的巨大成就，从人民群众伟大实践和生动丰富社会生活中汲取营养，使之成为民主党派自身建设的大课堂、活教材，不断增强对中国特色社会主义的道路自信、理论自信、制度自信、文化自信，从而进一步坚定接受中国共产党领导、坚持走中国特色社会主义的理想信念，这是一个民主党派的政治灵魂和思想自觉之所在；通过深入实际、深入基层，发现具有普遍性、代表性、指导性和借鉴意义的典型经验，为更好地参政履职提供重要素材和智慧源泉，是民主党派之所以存在和发展的政治社会价值之所在；通过为民主党派各级组织和广大成员搭建关注民生、服务社会、展现自我的平台，在组织成员参加社会服务活动中发现人才、培养人才、使用人才，不断增强各级组织的活力和感召力、动员力、凝聚力、向心力，是民主党派各级组织着力进行自我教育，不断强化自身建设，推进构建和完善多党合作政治格局，切实担当好中国特色社会主义亲历者、实践者、维护者和捍卫者的使命和职责之所在；通过深入群众，服务群众，使广大群众对民主党派产生更加直观生动的认识，不断提升民主党派的政治社会影响力，树立民主党派良好社会形象，夯实多党合作事业社会基础，是推进中国共产党领导的多党合作和政治协商制度落地生根、枝繁叶茂、常绿常新、硕果累累的社会价值之所在。

此外，社会服务是民主党派及其成员接触社会的重要实践媒介和手段。各民主党派成员多数是科学技术和教育事业等各行各业的专家学者，他们具有丰富的专业知识和深厚的学识功底，但绝大多数对经济、社会和政治实际工作领域的方方面面缺乏深入的理解和把握。通过参与社会服务活动，民主党派及其成员可以进一步拓宽视野，增进对经济社会发展实际情况和存在问题的了解和认识，增进与广大人民群众的联系和感情，从而更有利于有的放矢地参政履职。正因为社会服务对民主党派自身建设所具有的这些特殊价值，使社会服务不是简单的"做好事、做实事"，而是成为推进民主党派强化自身能力、履行参政党职能、体现参政党价值、增强社会认可度的重要抓手，成为我国多党合作事业的重要组成部分，对于民主党派自觉接受中国共产党领导，做好与中国共产党通力合作的亲密友党具有十分重要的意义。

由此可见，社会服务是民主党派的重要社会职能，是民主党派各级组织工作的重要载体，是民主党派自身建设成果在社会服务领域的重要体现。社会服务不仅在民主党派工作中占有不可或缺的重要位置，而且随着我国经济社会发展的不断推进和中国特色社会主义民主政治的不断深化，将越发彰显其作用和价值。

第三节 民主党派开展社会服务的性质和原则探讨

拨开重重迷雾去探求真理的世界，总是一种莫名的幸福。在我们开展多党合作理论研究中也总能体会到其中的苦与乐。如抽丝剥茧一般，在探讨了民主党派社会服务是什么，以及民主党派为什么要开展社会服务这两个问题后，我们还应该对民主党派社会服务的基本性质、需要把握的基本规律和工作原则等有一个较为全面的认识，才能为做好社会服务工作提供清晰的方向和指引。也就是说，我们需要弄清楚的问题是：民主党派开展社会服务的性质是什么？要遵循什么规律和原则？

首先，我们来看看民主党派社会服务有哪些基本性质。

根据《汉典》的解释："性质，就是禀性气质"，就是事物本身所具有的与其他事物不同的根本属性，是事物本质的外在表现。社会服务作为民主党派工作的重要组成部分，它有哪些区别于其他工作的根本属性和外在特点呢？

第一是政治性和政党性。政治性可以说是民主党派社会服务的第一属性。在中国共产党领导的多党合作和政治协商制度框架内，民主党派既然确立了作为参政党的政治地位，其社会服务作为民主党派的一项社会职能，是参与和服务国家经济社会发展的具体体现，具有必然的政治属性和政党属性。民主党派通过社会服务，对外能够增强社会影响力，对内能够增强凝聚力、向心力和活跃度，增强广大成员的社会责任感和历史使命感，无论是领导方式、组织形式，还是参与对象、实施环境、服务对象等都与民主党派的参政党特性息息相关。民主党派社会服务的这些政治特性主要表现在要始终坚持中国共产党的领导，坚持中国特色社会主义的政治方向不动摇。落实到具体工作之中，就是要积极争取执政党各级组织和各级政府及其有关部门的支持帮助，加强沟通协调，力争把好事做实、把实事做好，做到与执政党和政府中心工作的有机契合，民主党派社会服务才能保持目标不变、方向不偏；只有在社会服务的目标筹划、计划制定和方案实施的每一个环节都始终站在为执政党分忧、为人民群众解难的角度去考虑问题，才能做到"帮忙不添乱、切实不表面、尽职不越位"，把民主党派的良好愿望落到实处。同时，只有始终保持清醒的头脑，才能在与国际国内各类企业、社会团体和NGO组织等合作开展社会服务过程中站稳立场、找准方向。可以说，这些都是民主党派社会服务政治属性的必然要求。

第二是实践性和服务性。即民主党派社会服务具有实践性和公益性，以服务人民群众为根本目的。实践不仅是改变世界的具体行动，也是推动理论创新的动力。我们在前面已经详细讨论过民主党派要始终保持与人民群众密切联系的问题，这不仅是一个政治立场问题，而且是民主党派履行职能和自身建设的实践问题。因此，民主党派社会服务是直接面对人民群众的重要实践活动，民主党派发挥自身人才荟萃、智力密集和联系广泛的特色和优势，了解人民群众的实际困难和心理需求，针对性地、力所能及地为人民群众做好事、做实事，解难题、解民忧，进而达到造福社会的目的。这就是民主党派社会服务实践性和服务性的重要特征。同时，民主党派除了人民群众的利益没有任何自己的利益，民主党派社会服务往往都是非营利性、无偿的和义务的公益活动，不是为了得到什么，而是为了实现人民群众对美好生活的向往。需要强调的是，民主党派社会服务的公益性与社会组织社会服务的公益性既有联系又有区别。民主党派社会服务活动的公益性首先是民主党派政党价值和政党属性的重要体现，而一般社会组织开展的公益活动则没有这样的特征，也没有这方面的要求。

第三是智力性和知识性。民主党派社会服务的智力性和知识性是由民主党派作为知识分子为主要成员的参政党特性决定的。它主要体现在两个方面，一是开展社会服务的主体即各民主党派成员主要是知识分子，二是民主党派社会服务以智力帮扶为主要内容和形式。首先，各民主党派成员绝大多数都是来自各个行业的中高级知识分子，拥有一批在各学科领域造诣较深、学术上有成就的专家学者，他们长期在各自专业领域工作，具有丰富的专业知识和工作经验。民主党派的绝大多数社会服务活动主要是依托发挥成员丰富专业知识和娴熟专业技能所形成的特色优势，结合基层社会和人民群众的需求来进行的，目的是使民主党派及其成员的"一技之长或多技之长"转化为服务社会和人民群众的丰富实践，从而达到民主党派服务社会的自觉自为与基层社会和人民群众需求的高度匹配，这些都充分体现出社会服务的知识性和智力性。另一方面，民主党派性质决定了它所掌握的政治资源、经济资源和社会资源等实体资源是有限的，但民主党派的组织资源是健全完善的，智力资源是相对充裕的，人文资源是较为丰富的。这些特性决定了民主党派社会服务虽然不能为基层社会和人民群众提供丰富的实体性资源支持，但也是大有可为的。可见，虽然民主党派社会服务无法为地方和基层提供大量的物质帮扶和资金支持，但是民主党派利用从中央到地方各级组织的组织管理体系优势、民主党派高中级知识分子成员知识结构形成的群体智力优势，以及成员来自不同专业和行业形成的界别特色和人文资源优势等，都是民主党派社会服务活动的重要知识基础和智力条件，这些就是民主党派智力性和知识性的重要表现。

第四是辅助性和补充性。即民主党派社会服务是执政党和政府有关工作的辅助和补充。一方面，民主党派社会服务无法做到大投入，也无法直接实施大项目，而是在中国共产党领导下力所能及地做好拾遗补阙的工作。另一方面，民主党派成员大多数工作在经济、科技、教育、卫生、文化、法律等各个领域的第一线，行业分布广泛，知识结构完备，多为地区和所在单位的骨干，但由于成员分散，本职工作任务繁重，空间和时间的集中度与聚合度不够强，因此难以采取"大兵团"和"持久性"作战式的社会服务，而是在国家宪法、法律和政策允许的范围内力所能及地开展社会服务活动。以上这些说的就是民主党派社会服务的辅助性和补充性。民主党派及其成员只有充分认识民主党派社会服务的这一特性，才能做到既不好高骛远，又不妄自菲薄。好高骛远就会劳神费力，无功而返，妄自菲薄就会自卑自馁，无所作为。因此，知其能为而为之，知其不能为而不强为，应该成为民主党派及其成员开展社会服务活动的正确认知和自觉行动。

第五是利他性和益己性。我们说过，民主党派作为中国共产党领导的多党合作和政治协商制度的重要组部分，数十年来始终坚持忧国忧民的优良传统，始终保持知识分子群体的良知、风骨和担当，除了人民群众的利益，没有自己的任何私利。民主党派及其成员在各项社会服务活动中用自己的知识、技能服务大众，早已成为民主党派关注民生、服务人民、奉献社会、助推发展、促进和谐的积极作为，充分体现了民主党派社会服务的利他性特征。同时，"社会是个大熔炉"。民主党派成员平时常年从事某个专业领域的研究或者在象牙塔中辛勤教学，接触社会的时间和机会较少。民主党派及其成员通过参加社会服务活动，能够更加清晰地了解国情民意，找准参政履职的切入点，更好地履行参政党职能。民主党派成员可以在参加社会服务活动中净化灵魂、健全人格，在服务群众的同时锤炼能力、提升素质，不断深化对我国政治制度和政党制度优越性的认识，在巩固与中国共产党的政治道路认同、奋斗目标认同、文化价值认同等方面都具有不可替代的重要作用，充分体现了民主党派社会服务的益己性特征。正因为如此，社会服务是民主党派进行自我教育的实践教材，是民主党派成员从清静书斋走向火热社会生活的重要形式。总之，民主党派社会服务是利他性和益己性的有机结合，是民主党派及其成员和所服务对象互利共赢的重要实践活动。

以上从五个方面对民主党派社会服务的性质进行了深入分析，这些性质从根本上来说是我们认识民主党派社会服务"是什么"的重要基础。为什么这么说呢？这是由民主党派社会服务的本质决定的。马克思主义认为，本质是事物的根本性质，是构成事物诸要素之间的内在联系。① 我们知道，社会服务作为一个民主党派履职功能和重要工作的政治概念，首次出现于《中共中央关于坚持和完善中国共产党领导的多党合作和政治协商制度的意见》第13条："民主党派开展经济、科技、教育、法律、医卫、文化等咨询及社会服务工作要以服务为宗

---

① 《马克思主义哲学》编写组.马克思主义哲学[M].北京：高等教育出版社、人民出版社，2009.

旨，注重社会效益。"文件明确了社会服务的宗旨和工作范围。《中共中央关于进一步加强中国共产党领导的多党合作和政治协商制度建设的意见》进一步指出："要拓宽民主党派和无党派人士发挥作用的渠道。中共党委和政府及有关部门要积极创造条件，支持民主党派和无党派人士紧密围绕全面建设小康社会开展各种形式的社会服务活动"。这两个文件奠定了民主党派社会服务的法理基础，也指出了民主党派社会服务的本质。从中我们是否可以得出结论：政治性和政党性、公益性和服务性就是民主党派社会服务的根本性质，亦即本质，而其他性质则从属或者服务于这一本质。从这样的角度去理解民主党派社会服务性质的问题，对民主党派的职责使命也就会有更加清晰的认识。

下面，我们再来探讨一下民主党派社会服务要遵循什么规律，要依据哪些原则来开展社会服务活动的问题。

马克思主义认为，无论是认识世界还是改造世界，都必须遵从客观规律，按照客观规律办事。尊重客观规律与发挥主观能动性是辩证统一的，尊重客观规律是正确发挥主观能动性的前提。如果意识的能动作用是盲目的，就不能正确地认识和改造世界。社会服务作为民主党派履行职能的一项重要工作，亦然必须遵循不以人的意志为转移的客观规律。充分认识和把握民主党派社会服务的客观规律，对于民主党派社会服务工作大有裨益。那民主党派社会服务有哪些规律呢？根据对各民主党派社会服务历史和经验的梳理，我们认为民主党派社会服务主要有以下几方面的规律。

第一，重视程度与取得成效成正比规律。民主党派各级组织对社会服务的重视程度，以及争取执政党各级组织、各级政府及其有关部门支持帮助的程度是民主党派社会服务取得成效突出与否的关键。一些人或许认为，这算什么规律。不管什么工作，不是只有重视才能做好吗？其实不然。由于重视程度不同，各民主党派之间，或者同一个民主党派的各级组织之间社会服务工作成效的差距很大。有的民主党派组织社会服务开展得风生水起,得到执政党各级组织、各级政府的肯定和人民群众的欢迎,而有的则不然。之所以出现这种工作成效参差不齐的现象,主要还是由于各民主党派组织对社会服务的重视程度不同导致的。此外,由于种种原因,不同层级的执政党组织或者政府及其有关部门对民主党派社会服务的理解、重视程度不同,支持力度也各异,这对民主党派社会服务工作及成效也带来了不同程度的影响。

第二,智力投入为主、资金支持为辅的工作规律。民主党派社会服务的这一规律,是由民主党派社会服务的智力性和知识性,以及辅助性和补充性的性质决定的。民主党派及其成员不掌握太多的政治资源和物质资源,但有着丰富的智力资源和完备的知识结构,在社会服务工作中具有智力帮扶为主、资金支持为辅的有利条件,从而能够扬长避短,发挥优势,开展各具特色、精彩纷呈的社会服务活动,对执政党各级组织和各级政府的工作作出有益补充,得到人民群众的接纳和欢迎。

第三,民主党派组织内部互动、社会联动形成合力规律。墨子说:"力,刑(形)之所以奋也。"团队的合力,不是每个个人实力数值的简单叠加,更不是"内卷"的零和博弈,而是围绕共同战略目标所形成的凝聚力、协同力、战斗力。组织资源优势、群体智力优势、人文资源优势以及界别特色优势等既是民主党派作为一个参政党群体的特色和优势,也是民主党派成员作为知识分子个体的特色和优势。这些性质决定了既要充分发挥各民主党派从中央到地方各级组织的积极性,又要把每个民主党派组织和成员的优势凝聚起来,上下联动,横向互动,整合资源,形成合力,共同开展社会服务活动。即使是每个民主党派组织数量有限的物质资源,只要集中起来使用也能积沙成塔,力所能及做成一些想做的事情。此外,在国家法律法规允许的前提下,民主党派只有积极争取社会各界的支持和参与，才能把社会服务工作做深做实，做出影响，做出品牌。反之，如果不集中优势资源，就难以形成社会服务的整体合力。这就是民主党派社会服务既要充分整合内部资源，又要积极争取外部资源支持的规律逻辑之所在。

第四，持久性、相对固定性与工作成效成正比规律。我国各民主党派数十年社会服务的实践充分证明，凡是见子打子的零散活动都无法产生很好的效果；凡是打一枪换一个地方的"游击式"社会服务活动也不会产生良好的社会影响。反之，民主党派只有坚持定点帮扶、典型带动，以点带面、点面结合，经年累月地就某一领域、在某一地区或者某些地区开展社会服务活动，不断深化内容，创新形式，逐步拓宽受益面和辐射面，才能取得切实的效果。这就是民主党派社会服务的持久性、相对固定性与工作成效成正比规律。遵从这样的规律，民主党派社会服务就容易见成绩，出成效，管长远，使人民群众享有实实在在的获得感。

民主党派社会服务是一项实践性非常强的社会活动，以上这些性质规律客观实在，浅显易懂，并不需要用多么高深的语言或者很大的篇幅去描述它。但是在实际工作中，如果不了解民主党派社会服务性质，不尊重甚至偏离民主党派社会服务规律，就会给民主党派社会服务工作带来不利影响。民主党派切实遵循这些性质和规律做好工作，进而对推动经济社会发展产生正向影响才是我们最终的目的。民主党派就是要在遵循社会服务客观规律的基础上能动地做好服务社会工作，积极为人民群众做好事、做实事，发挥参政党作用。

民主党派如何才能在充分把握民主党派社会服务性质和科学遵循社会服务客观规律的基础上能动地改造世界呢？这不仅是一个认识论问题，是一个方法论问题，也是一个理论与实践相结合的问题，是一个实践如何在理论指导下发挥作用的问题。而要实现这一目的，首先就要遵循和把握社会服务工作的一些基本原则，因为把握原则是从认识向实践跨越的一个重要桥梁。

什么叫原则？民革党员、武汉大学哲学学院教授彭富春认为："在哲学语言的运用中，原则是指最根本的存在，亦即本体。"[①] 美国桥水投资公司创始人、董事长兼联席首席投资官雷伊·达里奥（Ray Dalio）也对此提出了较完备的论述，他提出的《原则》包含21条高原则、139条中原则和365条分原则，涵盖为人处事、公司管理两大方面。2010年起，简略版的《原则》被放在桥水官网上，至今共计被下载超过300万次，无数读者争相阅读。在该作品中，作者认为，对自然规律或生活规律懂得越多，理解的越彻底，就能够越有效率地与世界互动。每个人都应该有自己信奉的，对自己最有用的原则。你的原则决定了你的行为，当你与他人产生联系时，你和对方的原则将决定你们的互动。作者甚至提出："原则就像法律——你不能因为你自己和他人同意打破原则就违反原则。要记住，每个人都有义务捍卫、遵守或完善原则。如果你认为这些原则无法正确解决问题和争议，你应该努力修正原则，而不是肆意妄为。""当你在遇到问题之前仔细思考过你最看重的东西，那么在问题来临的时候，你将会游刃有余地进行选择和决策，获得你最想要的东西。"这些思想无疑对民主党派如何把握社会服务工作的原则有一些深刻的启示。

那么，新的时代条件下民主党派做好社会服务工作要遵循些什么原则呢？正如前面我们说过的，社会服务是民主党派政党属性的一个重要体现，也是民主党派的一项重要社会职能。要履行好这一社会职能就必须遵循一定的原则。从民主党派社会服务工作的政党属性、职能定位和性质规律出发，结合各民主党派自身特点，我们可以符合逻

[①] 彭富春. 论大道[M]. 北京：人民出版社，2020.

辑地得出以下几个民主党派社会服务工作的主要原则。

第一，政治效益与社会效益相结合的原则。作为参政党，民主党派任何工作都必须在中国共产党领导的多党合作和政治协商制度框架内从有利于我国多党合作事业发展的高度来考虑，否则就容易迷失方向。我们前面谈到过，社会服务工作作为民主党派的一项重要工作或重要活动，既要追求政治效益又要讲求社会效益，既具有强烈的利他性特征，又有显著的益己性特征。从利他性的角度来说，民主党派社会服务的主要内容就是以各种方式和途径为人民群众做好事，做实事，其目的是在中国共产党领导下力所能及地为人民群众排忧解难，使人民群众感受到执政党、政府的关爱和参政党作为社会一分子带来的温暖，进而不断增强对坚持中国共产党领导和中国特色社会主义的认同感，这是民主党派社会服务产生良好政治效益和社会效益的重要体现。从益己性的角度来说，民主党派社会服务的政党属性表明它是参政党的一种有严密组织构架、又有一定政党意愿和目的要求的社会活动。民主党派通过社会服务，也有更多机会和途径深入调查研究，取得第一手资料，为参政履职提供基础依据。因此，民主党派社会服务不仅仅是一种社会工作或者慈善行为，更是一种参政党政治价值、政党价值和社会价值相统一的重要载体，是彰显中国共产党领导的多党合作和政治协商制度有序政治参与功能的具体体现。再深一步说，它是民主党派作为新时代中国特色社会主义参政党的政治惯例与习俗、政治契约与默许、政治伦理与实践的反映。只有做到政治效益和社会效益的有机统一，才能使民主党派的社会服务既保证正确政治方向，又保证社会效益的最大化。

第二，服务大局与有的放矢相结合的原则。面对国际环境日益复杂、国内社会转型和改革发展任务日益繁重的复杂背景，围绕中心、服务大局是民主党派对我国经济社会发展总体格局和新型态势的主动作为和积极回应。民主党派社会服务职责定位必须紧紧围绕执政党和国家的大政方针和中心任务来确定，社会服务工作规划必须服从和服务于执政党和国家的总体部署和目标要求，社会服务具体工作必须充分考虑对经济社会发展全局的影响，这是由民主党派的参政党属性和根本任务所决定的。只有正确认识大局，坚持胸怀大局，自觉服务大局，民主党派才能正确把握和充分考虑社会服务实践所涉及的一切社会因素，确保社会服务的政党属性和社会效果。另一方面，民主党派社会服务不能"空对空""走过场"，而是要突出重点、有的放矢，结合各民主党派的特色优势针对性地开展科技教育帮扶、医疗文艺下乡、社会力量办学、弱势群体关爱、特殊群体帮教以及乡村建设规划等形式多样的活动，为地区经济发展与社会和谐稳定贡献一己之力。总之，民主党派要通过服务大局和有的放矢的有机结合，力求做到社会服务立足当前和谋划长远相统一、战略方向和战术方法相统一、重点突破和整体推进相统一、宏观把握和微观落实相统一，不断提高社会服务的协同性、科学性、创造性和能动性。

第三，量力而行与尽力而为相结合的原则。民主党派在国家政治生活中的参政党地位和社会服务的参政党属性，决定了民主党派不是国家经济社会发展大局的决策者、主导者和指挥者，而是执政党和政府重大决策的推行者、参与者、建言者，民主党派社会服务具有独特的辅助性和补充性特征。这就决定了民主党派社会服务实践不能超越自身的能力局限，不能偏离自身的资源优势，也不能摆脱自身的专业特色，而是要根据民主党派的能力、特长和特点开展好力所能及的社会服务活动。同时，民主党派也要充分发挥自身特色优势，饱含深情、积极主动、不打折扣、持之以恒地为基层群众做好事、做实事，更好地展现民主党派一切以人民利益为依归的参政党价值取向。只有坚持把量力而行和尽力而为有机结合起来，既充分发挥积极性和主动性，又坚持有所为有所不为，才能使民主党派服务社会的工作踏雪留痕，抓铁留印，取得实效。

第四，应时顺势与以人为本相结合的原则。实践证明，做任何工作只有顺势而为、乘势而上，才有可能取得成功。社会服务如果不立足现实，不遵循规律，就有可能事与愿违，甚至弄巧成拙。从服务性质来说，民主党派社会服务必须符合中国共产党领导的多党合作和政治协商制度的规范约束，也必须符合执政党和国家大政方针政策等大势发展要求。从服务对象来说，社会服务不能仅仅是民主党派自身的一厢情愿，其生命力根本在于群众认可。只有始终坚持以人为本，把人民群众利益放在第一位，注重研究人民群众的现实需求及变化趋势，以此为依据来确定社会服务的种类、内容、对象和方式，才能实现应时顺势和以人为本的统一。需要特别指出的是，民主党派任何华而不实、博人眼球而没有实际内容的社会服务行为都得不到群众欢迎，任何"为服务而服务""为宣传而服务"或者"为完成任务而服务"却不考虑群众需求的社会服务都会受到群众的反感和抵制。民主党派及其成员只有带着民盟前辈陶行知说的"捧着一颗心来，不带半根草去"[①]的赤诚之情，把解决群众最关心、最直接、最现实的问题作为社会服务的立足点和出发点，把人民群众"满意不满意，高兴不高兴，答应不答应"作为评判社会服务取得成效与否的根本标准，才能更好地体现民主党派社会服务的效能和价值。

第五，发挥优势与讲求实效相结合的原则。民主党派既要继承弘扬各民主党派多年来社会服务实践中形成的优良传统，深化巩固行之有效的渠道途径和方式方法，精心谋划，统筹安排，针对性地开展工作。同时，又要把发挥优势与讲求实效紧密结合，坚持实事求是，一

[①] 这句话出自1929年6月6日陶行知为新安小学的对联题词。当时，陶行知亲自兼任名誉校长，并为学校写了这副对联："捧着一颗心来，不带半根草去。"

切从实际出发，按规律办事，力戒形式主义和表面文章。既要注意共性，也要注意个性，特别是要积极探索符合不同地区和群体实际的社会服务内容、途径、形式、方法、手段，进一步更新服务理念，探索新的服务领域，开拓新的服务渠道，不断提高服务水平，决不能机械模仿或照抄照搬他人经验，以免东施效颦，贻笑大方。要尊重民主党派社会服务规律，加强横向纵向联合，积极争取执政党各级组织和各级政府支持帮助，加强各民主党派之间、同一民主党派各个层级组织之间、各个地区组织之间以及与执政党和政府有关部门之间的协调配合，避免在无谓的相互攀比和交叉竞争中造成精神内耗和资源浪费。

第六，奉献社会与提升自我相结合的原则。爱因斯坦说："一个人的价值，应该看他贡献什么，而不应当看他取得什么。"[1]民主党派社会服务主要对象是人民群众，与其他社会组织社会服务有一个共同特点，那就是本着美好的愿望从事着为大众服务的崇高事业，都是为了人民群众的利益无私奉献，不求回报。这是民主党派社会服务利他性特征和中华民族传统美德的完美融合。同时，参加社会服务能够使民主党派成员在"服务社会、帮助他人"与"提升自我、实现价值"相统一的社会服务实践中体会奉献与收获，展现使命与担当，这也是许多民主党派成员欣然乐意和主动参与社会服务活动的一个重要原因。

民主党派社会服务的理论问题，可以说是一个悖论。一方面，民主党派社会服务是一个实践性非常强的社会工作，也是一个融入性非常强的社会活动，似乎不需要太多的理论支撑，进行这方面的研究似有理论正当性不足的疑虑。另一个方面，民主党派社会服务又是政治性、政党性非常强的一项工作，是中国共产党领导的多党合作和政治协商制度框架内各民主党派履行社会职责的重要任务，有其区别于其

---

[1] 沃尔特·艾萨克森.爱因斯坦传[M].长沙：湖南科学技术出版社，2015.

他民主党派职能或其他社会组织社会服务的独特属性、运行脉络和规律原则。正如英国著名小说家阿瑟·柯南·道尔借笔下著名侦探夏洛克·福尔摩斯的口吻所说的一句名言："人如果不面对事实从理论上加以说明，而是先入为主，主观臆断，那么不知不觉中就会歪曲事实。"如果不深入探究民主党派社会服务理论问题并得出普遍性、指导性和参考性的理论依据，民主党派社会服务实践就会遇到很大的困难。因此，我们在中国共产党领导的多党合作和政治协商制度框架内探讨了以上一些民主党派社会服务有关的理论问题。坦率地说，从事民主党派社会服务理论研究是比民主党派参政履职理论研究更为困难的任务，可资借鉴的资料更加少得可怜。以上这些理论探讨更多仅是一家之言，还望更多同仁批评指正，共同努力，深入研究，一起补上这一领域的空白，是为期望。

第十章　民主党派社会服务的实践探索

　　回顾中国共产党领导的多党合作和政治协商制度从确立、推进到完善发展的整个过程，相对于民主党派社会服务理论研究的滞后，各民主党派从中央到地方各级组织都响应中共中央号召，团结动员广大成员积极投身社会主义改造、建设、发展及改革开放事业，在"眼睛向下、身段下沉"的丰富实践中创造了宝贵的社会服务工作经验。在新的时代条件下，民主党派如何进一步坚持理论联系实际，与时俱进地积极探索社会服务工作的运行机制、实施路径和渠道途径，采取行之有效的方式方法推进社会服务扎实深入，就成为摆在各民主党派面前的重要课题。

　　从实质上来说，我们在前面重点从理论角度探讨的是民主党派社会服务"是什么"的问题，在讨论社会服务工作实践这一问题时，具体"怎么做"却不是我们研究的重点。因为经过数十年的积极实践，各民主党派、民主党派的各级组织积累了丰富的社会服务经验，值得继承发扬和借鉴吸纳。为了避免挂一漏万，我们结合前面提到的系列理论问题，仅就民主党派如何进一步持续推进社会服务实践、做好社会服务工作提出一些思考和建议。

　　在此，重点讨论三个方面的问题。第一个问题，就是民主党派社会服务实践如何把握社会服务性质、规律和原则的问题；第二个问题，就是民主党派社会服务实践如何通过正确的渠道，运用切实可行的方法，探索社会服务新途径新形式，不断推进社会服务工作创新的问题；第三个问题，就是如何健全完善民主党派社会服务制度机制的问题。

第一节　如何把握好社会服务的性质、规律和原则

首先，我们来探讨第一个问题，就是民主党派社会服务实践如何把握好社会服务工作政治性、政策性和社会性特征，不断深化民主党派社会服务性质、原则和规律的认识，更好地履行服务社会职责的问题。

我国古代思想家、哲学家、文学家和史学家，道家学派创始人和主要代表人物老子的《道德经》里说："万物作焉而不辞"，就是说我们要顺应万物的发展规律而不横加干涉。民主党派社会服务性质、原则和规律不以我们主观意志而存在或消失，我们只能顺应规律而不能违背规律。同时，规律存在是一回事，如何发挥主观能动性正确顺应事物发展变化的规律，发挥好社会服务最大效用则是另一回事。在民主党派社会服务实践中，我们认为可以通过以下两个"必须"来认识和把握。

第一，必须体现政党属性，突出参政党特点。

民主党派社会服务是一种政党行为，有着鲜明的参政党特色和生动的参政党特点。民主党派社会服务要立足自身实际，突出自身特色和优势，并最终落脚到履职尽责的实践之中。脱离了参政议政、民主监督和参加中国共产党领导的政治协商这些民主党派的基本职能，离开了民主党派在中国共产党领导的多党合作和政治协商制度中的性质、地位和作用，民主党派社会服务就会失去方向和灵魂，和一般社会团体和慈善机构的公益活动无异。同时，民主党派社会服务是一项政治性、政策性很强的工作，要求我们必须从新时代中国特色社会主义的实际出发，牢固树立大局意识和全局观念，统筹考虑社会服务的效能和影响，更好地为经济发展与社会和谐稳定服务。

要坚持以中国共产党领导为前提。历史和现实都告诉我们，没有

中国共产党就没有新中国,就没有中国特色社会主义。民主党派社会服务坚持中国共产党的领导,就是坚持中国共产党对民主党派政治方向、政治原则和重大方针领导的重要体现。同时,民主党派社会服务体现参政党属性,既要考虑围绕中心、服务大局的宏观要求,也要考虑人民群众微观需求和实际效果。在具体工作中,特别是要积极争取执政党各级组织和各级政府的支持认可,及时争取中共各级统战部门的指导帮助,推进社会服务不断取得新的成效。

要坚持以科学理论为指导。坚持马克思列宁主义、毛泽东思想、邓小平理论、"三个代表"重要思想、科学发展观和习近平新时代中国特色社会主义思想为指导,是民主党派参政履职的重要保证,当然也是社会服务的根本要求。毛泽东曾在《改造我们的学习》中说:"许多同志的学习马克思列宁主义似乎并不是为了革命实践的需要,而是为了单纯的学习。"[1] 民主党派社会服务实践中坚持以科学理论为指导,就是要通过持续的政治理论学习和深入的社会服务实践,深刻领悟马克思主义及其中国化、时代化的理论成果所蕴含的爱民情怀、科学思维和工作方法,掌握贯穿其中的马克思主义立场、观点、方法,坚持理论和实际紧密结合,用科学理论指导社会服务实践,不断增强社会服务的科学性、预见性、创造性,进一步提升社会服务实践水平,更好地履行社会服务职责。

要坚持以群众利益为依归。我们前面就民主党派加强与人民群众紧密联系问题作了深入探讨,从中可以看出人民群众利益对民主党派的重要性是怎么强调都不过分的。民主党派社会服务工作实践中,民主党派及其广大成员要始终保持与人民群众的联系,而且要联得久,系得紧。在制定社会服务工作规划计划时要考虑人民群众是不是喜欢,

---

[1] 毛泽东.毛泽东选集:第3卷[M].北京:人民出版社,1991:797.

是不是契合人民群众的紧迫和真实需求；在实施社会服务项目时要及时主动与人民群众友好协商，听取和吸纳他们的意见建议；在考察评估社会服务工作成效时要把人民群众是否满意作为最重要的标准，等等。总之，做好社会服务的每一项工作或者实施好社会服务的每一个项目，都是民主党派在人民群众中社会形象的镜像化，是民主党派加强与人民群众紧密联系的重要纽带，是坚持以人民为中心思想和民主党派社会服务政党性、实践性和服务性的具体体现。

要坚持自我教育之平台。民主党派社会服务的益己性决定了民主党派及其成员在社会服务工作实践中不仅要承担服务社会的责任，也负有自我教育的职责。民主党派要积极组织和动员成员广泛参与社会服务活动，使成员在服务社会实践中不断增强对社会实际的了解，增进对人民群众的感情，从而不断提高自身的思想政治素质，进一步坚定理想信念，增强履职能力，提升服务水平。

第二，必须发挥自身优势，突出工作重点。

民主党派是中国共产党领导的多党合作和政治协商制度的重要组成部分，也是这一制度的参与者、践行者、推动者。各民主党派成员既是全体社会大众中的普通一员，又是以知识分子为主体的智力富集者、智慧集成者。民主党派既依靠整体效能发挥参政党作用，又依靠成员个人的知识和能力影响和服务社会，具有不可替代的独特优势，也有力所不逮的缺陷短处。因此，民主党派社会服务要把握工作重心，突出工作重点，有所为，有所不为，扬长避短，奉献社会。

要坚持突出重点，以智力为基础。社会服务涉及方方面面，"智力为基础"正是民主党派社会服务特点和优势之所在。各民主党派要结合自身特点特长，根据社会基层和人民群众需求来确定社会服务工作的重点领域，着力在教育帮扶、科技帮扶、医疗帮扶、文化下乡等方面开展社会服务工作，不断增强社会服务的针对性并使之真正落到实处。

坚持量力而行，以实效为标准。量力而行，就是要坚持一切从实际出发，实事求是而不是单凭主观意愿地蛮干。朱德说："要从我国的实际情况出发，量力而行，不做自己力量达不到的事。"他更有一句诙谐的话："有多少米做多少饭"。① 各民主党派组织社会服务要量力而行，尽力而为，根据各自所掌握或者能够协调的物质、资金、人才资源的规模、渠道，安排社会服务工作计划，编制社会服务工作方案，开展社会服务工作。在工作中不提好高骛远的目标，不许虚无缥缈的承诺，不做力所不及的工作，而是结合自身实际、基层实际、群众实际扎扎实实、一步一个脚印把能够做、并且能够做好的工作深入推进，力求取得实实在在的效果。

坚持把握主动，以合规为准绳。民主党派社会服务与各种社会组织、企事业单位、中介机构等开展的慈善活动或社会服务活动有较大的共同点。民主党派可以引入相关的合作方共同开展社会服务活动，这是毋庸置疑的。但是，并不是所有的组织或单位都可以成为民主党派社会服务合作的对象。民主党派社会服务要始终把握主动权，一切活动都要符合国家宪法和法律法规的规范和要求。不能因为要获取社会资源而在活动中"降而求其次"或者甚至成为挂名的附庸，而是要切实履行起参政党的职责，把握好社会服务的政治方向和目标任务，否则就有可能违背初衷、适得其反，甚至带来负面效应。值得注意的是，当前国际国内形势纷繁复杂，一些所谓的国际 NGO 组织打着扶贫济困、教育帮扶等口号，借帮扶之名，行渗透之实，他们对"搭"民主党派社会服务"便车"来实现自己不可告人目的有特殊的偏好，需要引起各民主党派组织及其成员的高度警惕。

---

① 王刚.朱德："有多少米做多少饭"[J].当代兵团，2016，4：42.

要坚持持之以恒，以坚毅为久功。山东百岁形意拳名师李静轩经常对弟子们提到这样一句格言"气以日积而坚毅，功以久练而方成"。[①] 持之以恒，就是要像李静轩老人一样，锲而不舍，驰而不息，久久为功。民主党派数十年社会服务经验表明，选择固定的帮扶地区，长期坚持，以点带面，示范带动，由分散、单向、随意、短期向集中、互动、固定、长期转变，是社会服务工作能够深入开展、取得实效并产生重要社会影响的关键之所在。比如，30多年来民盟中央先后与贵州省毕节市、黔西南州，甘肃省定西市，四川省遂宁市，河北省广宗县，广西壮族自治区百色市，重庆市彭水县等建立对口帮扶关系，持久开展社会帮扶，就是这种思想理念和经验做法的体现。

要坚持善作善成，以落实为抓手。社会服务是一门科学。各民主党派组织不仅要善于做事情，学会做事情，还要尊重科学、注重规划、重视实施，才能把社会服务做成功、做出成绩。社会服务是事业，但也是一项常规工作，既要注重长期规划，又要注重短期安排；既需要深入调研、科学决策，又需要狠抓落实、促成落地。社会服务是职责，必须能操作、可持续。要尊重各方、协调上下、把握尺度，无论从流程、环节、细节，到实施、反馈、设计，还是手段、措施、途径，都要做到提前谋划、心中有数。要判断服务对象的接受程度和资源提供者的承受程度，由此掌控社会服务的范围、进度、容量、深度，从而真正把好事做实、把实事做好。资源整合过程中要具体问题具体分析，具体对象具体对待，考虑整合难易与成本，顾及后续效果和影响。同时，既要注重加强民主党派内部联系，又要注重加强民主党派外部联系，以实现资源聚集，优势互补，形成合力。

---

① 王僖.百岁大侠写就功夫传奇[Z].生活日报数字报，2012-04-03.

第二节　如何探索社会服务形式的创新

民主党派社会服务实践如何坚持通过正确的渠道，运用切实可行的方法，探索社会服务新途径新形式，不断推进社会服务工作创新，也是一个值得探讨的问题。

民主党派探索社会服务有效途径和形式的问题，说到底是一个如何继承和创新的问题，或者说是在继承中创新，在创新中发展的问题。前者是源，回答从哪里来的问题；后者是流，回答到哪里去的问题。民主党派社会服务从新中国成立积极参与社会主义改造，改革开放后为"四化"建设服务，到办学讲学，到参与社会主义新农村建设等等，是一个一脉相承和与时俱进的过程。随着中国特色社会主义进入新时代，民主党派社会服务也面临新的历史方位和环境条件。建设社会主义现代化国家和"两个一百年"奋斗目标的提出，为民主党派社会服务开辟了新领域，提出了新课题。这就要求各民主党派既要继承以往的典型经验和成功做法，又要适应新形势，跟上时代步伐，坚持与时俱进，锐意开拓创新，找准社会服务工作的切入点，不断更新工作理念，创新工作思路，进一步推进社会服务科学化水平。

要着力扩展社会服务内容。从社会服务实践形态和运作模式的历史演进看，我国各民主党派社会服务主要是针对社会困难群体和特殊群体的特定困难而进行扶助或支持，具有人格化、公平性、特定性和具体性等特点。我国经济社会发展的不平衡性决定了各个时期、不同地区都存在不同范围和对象的困难群体、弱势群体和特殊群体，而且这些群体的范围和所处地区结构也随着形势发展变化而不同。过去很长一段时间，各民主党派主要是针对农村贫困地区开展经济、科技、教育、法律、医卫、文化等社会服务。随着全面建成小康社会和脱贫攻坚目标任务的完成，助力乡村振兴已然成为民主党派社会服务新的目标任务。另一方面，面对改革开放及社会转型期出现的新情况新问题，城市弱势群体数量还很庞大，下岗失业人群、进城务工农民、效益欠佳企业职工等群体极易被生存生计所困扰，容易出现焦虑矛盾和心理失衡等现象，成为一些社会不稳定因素。这些都需要民主党派根据形势发展变化，不断探索拓展社会服务内容，开展针对性的社会服务，力所能及地为需要帮助的社会群体排忧解难，推进社会和谐稳定。

着力拓宽社会服务渠道。民主党派社会服务渠道是一个涉及空间布局、时间格局和形式构建的综合要素配置过程。各民主党派在实现自身优势特色和人民群众需求匹配目标的基础上，在继续保持现有渠道开展社会服务的同时，还要积极拓宽社会服务新渠道新途径。从空间布局上来说，要从过去主要由民主党派某个地方组织在本行政区域内开展社会服务，向同一民主党派从中央到地方组织形成"一盘棋"合力开展社会服务转变；实现东部发达地区民主党派组织与西部欠发达地区民主党派组织合作，共同跨区域向西部欠发达地区开展社会帮扶转变；由遍地开花式分散服务向点面结合式区域相对集中服务的空间布局转变，把服务的触角延伸到真正需要民主党派社会服务的地方，更精准覆盖所需帮扶群体，提高社会服务的针对性和整体效能。从时间格局上来说，就是要如何有效认知、规划社会服务的时间分布。过去很长一段时间，民主党派社会服务在时间上主要是点状思维，每一届组织或者同一届组织不同时间的社会服务地点和对象大都不同，习惯采用"蜻蜓点水"和"打一枪换一个地方"的流动工作方式，持久性不够。新时代，无论从民主党派中央层面还是各级组织层面，民主党派除了开展短期性、专题性、流动性社会服务活动外，更要发扬"钉钉子精神"，选择相对固定的极少数地区建立社会服务基地，坚持数年、甚至数十年开展定点帮扶，使之不因民主党派界别变化或者领导成员变化而变化，不因外部形势变化而变化。之所以强调社会服务的空间布局和时间格局问题，其根本目的是为了实现流动服务与定点服务相结合，临时服务与长期服务相结合，跟踪服务、全程服务与个性化服务相结合，使服务对象真正受益，也有利于民主党派社会服务有规模、有影响、有实效。从形式构建上来说，既要继承传统社会服务的有效形式，又要根据新形势新任务要求与时俱进推进社会服务形式创新。针对群众需求提升和科技发展变化的现实，既要顺应群众要求，迎合群众意愿，开展群众喜闻乐见、真切需要的各类服务，又要适应互联网时代特点积极探索远程医疗、远程教育、网络农产品销售等服务形式，在新时代条件下不断开创民主党派社会服务的新领域、新渠道、新形式。

着力整合社会服务资源。我们知道，多党合作是统一战线的重要组成部分。古今中外几乎所有政治力量都懂得团结和联合的重要性，也都在做团结和联合的工作。民主党派社会服务也要十分注重发挥一切积极因素，团结社会各方面力量共同帮助弱势群体、困难群体和特殊群体跟上时代步伐。众人拾柴火焰高，众人划桨开大船。社会服务具体工作中既要注重发挥同一民主党派从中央到地方各级组织的合力，又要注重各民主党派之间的联合，还要加强与执政党各级组织、各级政府及其有关部门、社会团体、企事业单位、社会组织及社会有影响人士的合作，把一切能够聚集的政治资源、人才资源和物质资源聚集起来，群策群力，优势互补，有效整合和有序引导各类资源合理配置，不断厚植社会服务资源基础，推进社会服务可持续发展。

着力提升社会服务质量。首先，在思想上要坚持"质量优先"。民主党派各级组织和广大成员都要充分认识社会服务不是一项可有可无的工作，而是了解社会的重要窗口和服务社会的重要渠道，是与人民群众接触交流的重要平台，是树立民主党派良好社会形象的重要举措。因此民主党派社会服务一定要树立服务质量意识，不能存在社会服务是义务的、无偿的就可以松懈、随便的思想。其次，在操作层面要推进品牌战略。品牌的本质是品牌拥有者的产品、服务或其他优于竞争对手的优势能为目标受众带去同等或高于竞争对手的价值。培育和创造品牌的过程也是不断创新的过程。作为参政党有组织的政治行为，民主党派社会服务品牌往往是根据中共中央精神并结合自身实际在实践中创立并积累经验而形成的。例如，民革的"博爱·牵手"活动，民盟的"农村教育烛光行动"，民建的"思源工程"活动，农工党的"杏林春雨"活动，九三学社的"亮康行动"和"同心康福"项目，致公党的"致福送诊"活动等社会服务优势品牌的实施，促进了农村经济社会发展和城市社区建设。在新的时代条件下，民主党派社会服务实践要巩固原有品牌形象和无形资产，以品牌化运作的方式增进社会服务的知名度、认同度和美誉度，特别是要将民主党派元素、精神嵌入社会服务品牌，突出民主党派社会服务有别于其他社会组织社会工作的品牌特色。各民主党派要防止社会服务面面俱到，而是基于界别特点适时有效推进提升社会服务专业化、精细化水平。最后，在质量控制上要做好检查反馈。要明确社会服务所要达到的目的、标准和具体要求，对照检查社会服务项目实施进度和整体效益，适时总结经验，适时查找不足并加以改进，确保社会服务达到预期质量，取得预期效果。

着力扩大社会服务影响。一些学者认为，社会影响力是有效主导个人、组织或社会发展变化的现实力量以及被主导者对这一力量的认同。[①]也有研究者从个人社会影响的角度提出，社会影响力是个人由于社会地位、社会联系以及社会财富等因素，改变他人思想或行为的能

---

① 徐锋，李军.论执政党的社会影响力[J]，临沂师范学院学报，2003，25（1）：116-118.

力。① 对于民主党派而言，我们认为社会影响力既意味着担当使命和推进社会问题解决的成就感和价值感，又代表着能够提升民主党派组织自身能力和增强社会认知和评价的美誉度和公信度。那么，民主党派社会影响力表现在哪里呢？民主党派社会影响力就表现在中国共产党领导的多党合作和政治协商制度框架内履行好基本职能和社会职责，对国家政治生活和经济社会发展产生重要影响的"现实力量"以及执政党和人民群众对这一"现实力量"的肯定和认可。而民主党派成员影响力则是通过传承民主党派优良传统，发挥自身独特优势和服务国家社会的热情转化而来的对人民群众思想、生活和行为所产生的一种带动、引导、服务的"现实力量"。正是民主党派及其成员这种"现实力量"产生了对社会的影响力。为此，民主党派不仅要利用扎实有效和具体实在的社会服务项目展现社会影响力，还要通过为社会服务营造良好舆论氛围来扩展社会影响力。同时，更要做好服务对象的思想动员和组织协调工作，使社会服务不仅仅是民主党派的"单向热情、单向给予"而是民主党派与服务对象携手"双向互动、互利共赢"的一项重要活动，这样才能促进社会服务资源供给和服务项目实施效益的最大化。

着力强化社会责任意识。社会责任，顾名思义，就是一个政党或组织对社会应负的责任，它超越了法律所要求的义务，完全是基于对社会使命感和责任感而产生的一种自为行为。我国各民主党派诞生于半封建半殖民地的旧中国，是由身处不同领域，坚持"国家兴亡，匹夫有责"理念的一群群知识分子为主体组成。新中国成立以来，各民主党派不断丰富和发展这种社会责任精神和传统，并不断赋予新的内涵。在新的时代条件下，各民主党派应继续把时代精神与优良传统结

---

① 张静，唐杰. 社会影响力分析综述[J]. 中国科学：信息科学，2017，8：967-979.

合起来，将社会责任的理念深入到社会服务的各项工作之中，及时了解人民群众意愿和呼声，做好协调关系、理顺情绪、化解矛盾的工作，积极为人民群众做好事、做实事，使社会服务真正成为一种自觉、自悟、自发的行为，充分展示民主党派勇于担当、善于担当社会责任的良好形象。

第三节　如何进一步健全完善民主党派的社会服务机制

与参政履职一样，民主党派社会服务活动必须有一定的制度机制保障。民主党派社会服务各项保障能力提升实质上也是民主党派履职能力提升的重要组成部分，我们将在本书的下一部分专门讨论民主党派履职能力提升问题。在这里结合民主党派社会服务保障能力的特点，仅就与社会服务实践需要相适应的思想政治、组织领导、人才队伍、制度机制等问题作一些提纲挈领式的研讨。

在思想政治保障方面。一是靠学习提升。要通过多种形式的学习教育活动，凝聚共识，坚定信念，不断提高政治判断力、政治领悟力、政治执行力，坚定理想信念，从思想根源上切实解决一些民主党派组织对社会服务工作认识不清、重视不够的问题。二是靠教育引导。要教育引导广大成员深刻理解和正确把握民主党派社会服务性质地位及作用，不断深化对社会服务重要性、必要性和规律原则的认识，把握好社会服务工作重点和努力方向，把民主党派各级组织及其成员的认识统一到围绕中心、服务大局目标任务上来，统一到更好地服务群众、温暖人心和增进和谐的社会服务实践中来。三是靠知行合一。继承弘扬民主党派老一辈"关注民生、服务社会"的优良传统，始终坚持以人民为中心，始终保持与人民群众密切联系的使命宗旨，凝心聚力、务实笃行，不断提高服务社会的自觉性和坚定性，更好地巩固多党合作和服务社会的思想政治基础。

在组织领导保障方面。开展社会服务活动，责任落实是基础，组织领导是保障。民主党派各级组织特别是"一把手"要履行好社会服务推动者、协调者、考核者职责，民主党派各级组织社会工作部门和专职人员要严格履行组织者、执行者职责，推进做好各项工作。健全完善领导机构、工作机构和咨询机构，抓严、抓实、抓好社会服务工作，切实解决好社会服务职能定位认识不清，社会服务领导弱化虚化的问题。民主党派各级领导班子要站在社会服务政党属性的高度，切实加强对社会服务工作的领导，重点把握好"抓手"问题。要把社会服务与参政履职等其他重要工作一起列入重要议事日程，一起研究、一起部署、一起落实、一起督促检查，尤其对一些重点地方、重点问题要直接指导，亲自调研，亲自把关，从领导层面上解决好"说起来重要、做起来次要、忙起来不要、做完后忘掉"的问题。另一方面，要精心组织，这是领导组织保障的另一层含义。民主党派机关各职能部门都要把社会服务作为一项共同任务，做好相关服务保障工作。组织部门要充分发挥民主党派基层组织和广大成员参与社会服务的积极性和创造性，注重在社会服务中发现、培养、选拔、使用和推荐人才，强化干部队伍建设，为社会服务工作提供组织保障；参政议政部门要把参政履职嵌入社会服务全过程，使之成为认识国计民生，了解社情民意，更好建言献策的重要来源；宣传部门要加大宣传力度，及时反映和宣传民主党派各级组织及其成员社会服务的积极作为和先进典型；理论研究部门要不断深化社会服务性质、定位、作用、规律和原则的研究，为社会服务实践提供理论支撑；办公行政部门要加强制度化、信息化建设，积极争取各方面政策和人力、物力、财力支持，做好各项协调服务工作，为社会服务提供坚实的行政保障。

在人才队伍保障方面。美国企业家H.格瑞斯特提出"杰出的策略必须加上杰出的执行才能奏效",成为管理学上著名的"格瑞斯特定理"。一个组织的成功,不仅取决于正确的决策,而且取决于高效的执行。战略再正确,方案再完美,计划再细致,如果没有高素质的人才去执行,一切等于零。可见,建立一支具有坚强凝聚力、向心力、战斗力、执行力的社会服务工作队伍,是新时代对民主党派的新要求。民主党派为社会服务提供人才队伍保障,一是靠传承。民主党派社会服务是中国知识分子数千年来"先天下之忧而忧,后天下之乐而乐""为天地立心,为生民立命,为往圣继绝学,为万世开太平"等浓厚家国情怀和强烈社会责任感在社会服务领域的具体反映,也是各民主党派老一辈成员与中国共产党团结合作、共同奋斗和践行"大道之行,天下为公"风雨历程中形成的优良传统。各民主党派只有培养使用好一支传承优良传统,热心社会服务,勇于担当作为的人才队伍,才能切实做好社会服务工作。二是靠培训。民主党派及其成员服务社会的坚定性和自觉性,以及服务社会的能力水平不是与生俱来的,而是在反复学习培训中不断深化巩固的。通过学习培训提升履职能力,才能为社会服务提供人才保障。三是靠锻炼。民主党派成员虽然大都有专业特长,但对国情、地情、社情及基层群众的生活状况了解不深也是客观存在的事实,通过参加社会服务能够增强对社会客观实际的认识,提升参与社会改造和服务的能力,为更好服务社会奠定良好的基础。四是靠组织。民主党派成员来自各行各业,大家在本领域、本行业往往是年富力强、专业性强、综合素质高的佼佼者,但如果没有成员所属民主党派的领导、组织和协调,就无法完成社会服务工作任务。五是靠联合。各民主党派之间、同一民主党派不同层级或地区组织之间社会服务人才资源都要共建共享,才能实现智力资源效用的最大化。各民主党派要为成员参与社会服务搭建平台、提供条件,使之更好地发挥作用。当然,民主党派绝大多数成员只能兼职参加社会服务,如何正确处理好本职工作与社会服务的关系是一个值得组织和成员个人考虑的问题。从组织角度来说关键是各民主党派要与执政党充分沟通协商,从顶层设计上出台一些政策措施予以保障解决。

在物质和经费保障方面。毋庸讳言,物质和经费保障不足是民主党派社会服务的一个痛点。一方面民主党派及其成员服务社会的热情不断高涨,一方面民主党派及其成员所能掌握的物质和经费资源又十分有限。因此,各民主党派要积极争取各方面支持,扩大社会服务物质和经费保障基础。具体说来就是要做到"三个一点":一是各级政府预算支持一点。中国共产党领导的多党合作和政治协商制度的特点决定了民主党派经费来源主要靠财政拨款,社会服务既然作为民主党派一项重要工作或者一项暖人心、扩影响的重要活动,就需要各级政府把民主党派社会服务工作经费列入财政预算,并可逐年加大支持力度。执政党各级组织和各级政府也可以考虑把一些正在建设的帮扶项目与民主党派社会服务有机结合起来,支持民主党派共同承担服务社会的职责。二是各民主党派成员捐献一点。民主党派成员来自各行各业,还有不少成员是企业家和各界精英人士。各民主党派组织应着力发挥广大成员的积极性、主动性和创造性,捐款捐物,奉献爱心,共同有组织地开展社会服务活动。三是向社会各界筹措一点。民主党派要扩大与社会组织、慈善机构、企事业单位和爱心人士的交流交往,争取他们对民主党派社会服务的关心帮助和支持,在国家法律法规允许范围内与它们联合开展形式多样的社会服务活动,实现互利共赢。总之,就是要通过积少成多、积沙成塔的努力,不断增强民主党派社会服务的能力。当然,民主党派各级组织也要切实做好社会服务的目标筹划、项目实施、检查反馈等工作,把国家拨款和各方资金用在刀刃上,最大限度提高有限资金的使用绩效。

在制度保障方面。制度机制说到底是一套结构化的规则,它是一个工作系统组织或部分之间相互作用的过程与方式。民主党派社会服务必须建立一整套与之相适应的领导机制、工作机制、成员参与机制、物质和经费保障机制、激励约束机制、评价反馈机制和跟踪问效机制等内部工作机制,以及与参政履职融合机制、不同地区民主党派组织合作开展社会服务工作机制、不同民主党派联合开展社会服务工作机制、与社会组织联合开展社会服务工作机制等外部工作机制。这样一套制度机制得到不断完善并有效运用和体现于社会服务的每一个环节,是不断推进民主党派社会服务开展的必要条件。这些制度机制要包含些什么内容,如何制定,如何执行并使之有效运转不是我们讨论的重点,因为这是需要民主党派社会服务支持者和条件提供者(如执政党各级组织、各级政府及其有关部门)、参加社会服务主体组织者(民主党派各级组织)需要考虑的问题。这里主要就如何把握工作机制性质特点问题作一点探讨。我们认为,工作机制不是纪律规范,不是教育提纲,而是人们根据事物发展客观规律,为了实现某种目的制定出来的、确保工作正常运转的规范范式和运行方式。它最重要的特点就是务实管用。它具有约束性但不具有强迫性,它由主观制定但又基于客观存在,它有相对稳定性但又可根据事物发展变化不断作相应优化调整,其目的是为了实现实施主体的工作目标。因此,尊崇机制、遵守机制、执行机制就是尊重自我应该成为民主党派及其成员的重要理念和行为规范,当然也应该成为民主党派社会服务的一项重要准则。这就是要为民主党派社会服务提供坚实制度机制保障的意义之所在。

费孝通在《同唱一台戏,和衷渡难关》一文中说:"要形成一个以智力为基础的社会服务体系,目的在于来贯彻我们在党的领导下做好事、做实事的主张。这样做,也将能为完善共产党领导的多党合作作出一些贡献。"① 在中国特色社会主义新时代，民主党派社会服务面临着更好机遇，也会遇到更大挑战，可以说是机遇与挑战并存。民主党派应充分认识社会服务对巩固发展多党合作事业的战略意义，始终坚持接受中国共产党的领导，始终遵从社会服务的政治属性，自觉服从和服务于执政党和国家发展目标、发展战略和工作大局，坚持有所为，有所不为，扬长避短，求真务实，从更深层次和更广范围彰显新时代民主党派社会服务特色和风采，树立民主党派良好社会形象。

---

① 费孝通. 费孝通文集：第11卷 [M]. 北京：群言出版社，1999：548.

第四编

关于民主党派履职能力建设的感悟与思考

国际国内形势的深刻变化，新时代中国特色社会主义建设的不断推进和民主政治建设的不断加强，都对民主党派参政履职、服务社会提出了新的更高要求。民主党派要履行好参政履职和社会服务的职能职责，其基础和底气就在于要具有与之相适应的较高的自身建设水平。2019年颁布的《中共中央关于加强中国特色社会主义参政党建设的意见》提出各民主党派要切实加强思想政治建设、组织建设、作风建设、履职能力建设和制度建设，努力成为政治坚定、组织坚实、履职有力、作风优良、制度健全的中国特色社会主义参政党，做自觉接受中国共产党领导、同中国共产党通力合作的亲密友党和好参谋、好帮手、好同事。这是第一次以中共中央文件的形式把民主党派履职能力建设与民主党派自身建设中的思想政治建设、组织建设、作风建设和制度建设分开表述，其中的内涵意义可见一斑。

民主党派为什么要加强履职能力建设？我们知道，民主党派要完成自身在中国共产党领导的多党合作和政治协商制度框架内的历史任务，最根本的一条就是要切实加强自身建设，不断提升履职尽责的能力和水平。履职能力建设作为民主党派自身建设的重要组成部分，与自身建设的其他部分相互交织，解决的是民主党派如何更好地为参政履职和社会服务提供思想政治、组织领导和制度作风等方面保障的问题。在前面内容中，我们深入阐述了民主党派参政履职和社会服务的性质定位、指导思想、运行规律等问题，也比较详尽地讨论了如何积极争取执政党各级组织和各级政府进一步支持民主党派参政履职和服务社会的问题。实际上，这个问题归根结底是一个民主党派如何在新时代发挥好参政党作用的问题。而要解决此问题，最根本的就是要切实加强自身建设，不断提升履职能力。因为，"打铁必须自身硬"。只有始终坚持以提高履职能力为先导，不断提高民主党派的思想政治素质，建设一支适应时代要求的参政履职和社会服务队伍，健全完善各项工作机制，才能完成历史赋予民主党派的重要使命。

第一，加强履职能力建设，是民主党派更好地与执政党实现同频共振的需要。长期以来，中国共产党始终把加强党的建设作为提高执政能力和执政水平的重要抓手，使中国共产党始终成为走在时代前列、人民衷心拥护、经得起各种风浪考验、朝气蓬勃的，领导全国各族人民不断从胜利走向胜利的马克思主义执政党。民主党派只有不断加强履职能力建设，才能在参政履职和服务社会的丰富实践中始终紧跟时代步伐，与时俱进地建良言、献良策、做好事、做实事，为执政党和政府分忧，为人民利益发声，更好地发挥参政党的作用和效能。

第二，加强履职能力建设，是民主党派更好地参政履职、服务社会的需要。我们知道，参政履职是民主党派的生命线和自身价值之所在，社会服务是民主党派密切与人民群众联系，推进社会治理提升的重要举措。民主党派参政履职和服务社会水平在很大程度上反映了民主党派的整体能力。参政党履职能力如何，又是参政履职和社会服务成效的重要决定因素。民主党派履职能力高低，是与民主党派成员的思想政治素质和政治把握能力、组织领导能力、参政议政能力、合作共事能力、解决自身问题的能力等密不可分的。因此，民主党派只有按《中共中央关于加强中国特色社会主义参政党建设的意见》指出的要"加强思想政治引领，弘扬多党合作优良传统，夯实多党合作思想政治基础，建设政治坚定的中国特色社会主义参政党"的要求，不断提升中国特色社会主义参政党建设水平，才能为履行好参政党职能职责打下坚实基础。

第十一章 民主党派履职能力建设的思想、组织、人才保障探讨

结合执政党对参政党的期望和民主党派自身履职实践，谈到民主党派加强履职能力建设的问题，其实归结起来重点就是以下一些方面：一个是夯实思想基础的问题；一个是加强组织领导的问题；一个是提供人才支撑的问题；一个是健全完善制度的问题。只有这些问题解决了，民主党派的履职能力才能说是得到了提高，才能为民主党派参政履职和社会服务保驾护航，进而为推进中国共产党领导的多党合作和政治协商制度不断健全完善作出贡献。下面我们就这些问题作较深入的探讨。为了阅读的方便，我们在本章重点探讨前三个问题，后一章专门讨论第四个问题。

第一节 夯实思想基础问题

邓小平深刻指出："我们共产党有一条，就是要把工作做好，必须先从思想上解决问题。"[①] 民主党派为了更好地参政履职和服务社会，就要以执政党为师，首先加强政治思想建设，不断夯实履职尽责的思想政治基础。遵循民主党派参政履职和社会服务的客观规律，切实加强政治思想建设，最重要、最有效和最直接的方式就是加强学习。因为学习是做好一切工作的基础。那么，民主党派为了更好地参政履职和服务社会需要着重掌握哪些知识，或者说应该主要学习哪些知识呢？我们认为，当前民主党派及其成员应始终坚持以马克思主义及其中国

---

① 邓小平. 邓小平文选：第1卷 [M]. 北京：人民出版社，1989：184.

化时代化的理论成果为指导,坚持接受中国共产党的领导,坚持理论与实际紧密结合,继承弘扬民主党派老一辈优良传统,用科学理论武装头脑、指导实践、推动工作,共同凝聚起建设社会主义现代化国家、实现中华民族伟大复兴的强大正能量。

强化理论武装,夯实思想之基。加强政治思想建设,提升理论素养是民主党派提升履职能力的首要前提。因为只有保持理论上的清醒,才能保持政治上的坚定和行动上的自觉,而这一切都要建立在对马克思主义及其中国化时代化理论成果的深刻理解和领悟之上。马克思主义是穿越时空的真理之光,运用马克思主义基本原理指导实践是中国共产党的看家本领,同时也是民主党派指导实践的重要指南。民主党派要想在坚持中国共产党领导前提下正确运用马克思主义的立场、观点、方法来认识经济社会发展的趋势和前景,判断和处理履职尽责中的各种问题,就必须深入学习马克思主义及其中国化时代化成果毛泽东思想、邓小平理论、"三个代表"重要思想、科学发展观和习近平新时代中国特色社会主义思想的主要内容、重要原理、基本观点、基本方法,老老实实读原著,扎扎实实学原文,切切实实悟原理,深刻理解马克思主义及其中国化时代化阶段性成果的时代背景和主要任务,深刻理解马克思主义政党理论的核心内涵。通过原原本本学、带着问题学、联系实际学,增强用马克思主义指导履职尽责实践的自觉性和坚定性,提高运用马克思主义基本原理提出问题、分析问题、解决问题的能力,不断增强政治判断力、政治领悟力、政治执行力,为更好地参政履职和服务社会奠定坚实的思想基础和理论基础。

强化政策指引,增强履职实效。早在解放战争时期,毛泽东同志就强调:"政策和策略是党的生命,各级领导同志务必充分注意,万万不可粗心大意。"[①] 新中国成立后，中国共产党更十分注意把政策和策略的制定实施作为科学执政的重要环节常抓不懈，注重把执政党的基本原理、基本路线、基本方略与时俱进地转化为各个时期的重大理论观点、重大战略思想和重大战略部署，承前启后、一以贯之。牢牢把握国际国内形势的深刻变化，随着时空准确识变、科学应变、主动求变，推动久经磨难的中华民族实现历史性巨变。作为致力于新时代中国特色社会主义的参政党，民主党派要深入学习和深刻领会执政党的路线、方针、政策，完整准确把握执政党的政策和策略，不断增强对执政党基本路线、基本纲领和基本经验的共识；充分认识中国共产党领导的多党合作和政治协商制度的深刻内涵，增强对民主党派性质、地位和作用的认识，不断提升政治坚定性、政治敏锐性和政治鉴别力，努力在参政履职和社会服务中坚持正确政治方向；深入了解人民群众的期望和需求，联系实际找出问题，分析问题，完整准确、有的放矢地履职尽责，在多党合作中发挥好参政党作用。

强化思想教育，深化政治传承。中国各民主党派是中国共产党领导的多党合作和政治协商制度的重要组成部分，民主党派履职尽责本质上是一种政治行为。数十年来，我国各民主党派老一辈成员始终坚持自觉接受中国共产党的领导，以国家富强和民族独立为己任，奔走国是、关注民生，在长期革命、建设和改革开放实践中形成了令后辈景仰的优良传统和精神。这些优良传统和精神跨越时空、历久弥新，是中华民族5000年优秀传统文化的精神血脉和文化之根的传承，是历史长河为近现代知识分子群体提供的历史积淀与精神滋养，是19世纪中叶鸦片战争以来中国人民饱受西方列强"船坚炮利"凌辱的深重苦难在近现代知识分子群体心灵中投射留下深刻烙印的自然反映，是民

[①] 毛泽东.毛泽东选集：第4卷[M].北京：人民出版社，1991：1298.

主党派数十年来在与中国共产党团结合作风雨同舟、荣辱与共的光辉历程中凝练出的优秀品质。作为各民主党派及其成员来说,这种优良传统和精神是民主党派可赞可叹的信念,可歌可泣的奉献,可敬可佩的爱国爱民之魂的历史印照。

古人说:"度之往事,验之来事,参之平素,可则决之。"[①] 以史为镜,可以知兴替。新的时代,民主党派及其成员要深入学习5000多年的中国历史,学习500多年的社会主义史,学习180多年的中国近代史,学习100多年的中国共产党历史和统一战线史、民主党派史,学习70多年的新中国史,学习40多年的改革开放史,深刻领悟各民主党派紧跟中国共产党走,为国家富强、民族独立和人民幸福不懈奋斗的光荣历史,不断加强优良传统教育、形势任务教育、国情地情社情教育和各自章程的学习教育,更好地激励广大民主党派成员把握历史发展规律,顺势而为,奋发有为,不忘合作初心,继续携手前进,增强参政履职和服务社会的系统性、预见性、创造性,确保多党合作事业薪火相传,发扬光大。

强化知识储备,锻造履职本领。当今知识爆炸时代,知识更新的速度日新月异,对每个民主党派成员学习能力提升提出了迫切要求。民主党派各级组织及其成员尤其是领导班子和参政履职骨干除要具备坚定的政治信念、较高的理论政策水平外,还要具有丰富的知识储备、广博的知识素养和完善的知识结构,是多学科知识的综合运用。民主党派各级组织及其成员应着重学习和掌握统一战线和多党合作理论和知识,把握经济、政治、文化、社会、管理甚至统计、生态等方面的一些前沿知识,也要学习和把握一定的参政履职和社会服务技巧,具备较强的综合素质和能力。

---

① 出自《鬼谷子·决篇》第十一.

韩愈说："闻道有先后，术业有专攻。"当今世界，经济发展和社会进步既需要"专家"也需要"杂家"。需要"专家"是因为术业有专攻，需要"杂家"是因为社会分工越来越细，学科之间的渗透交叉越来越明显。民主党派成员绝大多数都是所在领域和专业的行家里手，他们或专家学者或业务骨干，是"专家"，而参政履职和社会服务所需要的知识则相对较广。因此民主党派成员还要具备丰富的参政履职和社会服务知识，做好"专家"基础上的"杂家"，做好"杂家"基础上的参政履职"专家"，努力实现民主党派成员由"专家型"向"复合型"人才的转变。有一种说法认为民主党派成员要发挥自身专业优势开展参政履职和社会服务工作，其实这种说法是值得商榷的。因为参政履职主要是从参政党的角度就国家和地区经济社会发展中的重要问题提出意见建议，不管民主党派成员个人及群体的专业优势集中在哪个领域，其参政履职本身体现的是参政党政治参与的属性，因此民主党派及其成员的专业优势虽然有利于参政履职工作，但与参政履职不必然存在正相关关系。民主党派成员不仅可以在自身专业领域取得突出成就，也可能在与自己专业无直接关系的领域发挥参政履职作用。作者认识的一位民主党派成员是软件工程的硕士研究生导师，取得的专业成绩在全国具有良好声誉。但同时他又对区域经济发展问题颇有研究，每每就地区经济社会发展提出的意见建议都很有见地，多次得到执政党和政府采纳。这个例子说明，民主党派及其成员既要围绕参政履职和社会服务突出学习重点，又要有意识地拓展学习实践领域，全方位提升理论水平和能力素养；既要坚守参政党奔走国是、关注民生的初心，又要不断强化知识储备，完善知识结构，更好地参政履职、服务社会，完成历史赋予的使命和任务。

强化实践创新，做到知行合一。我们前面就说过，马克思主义认为实践是认识的基础和来源，强调实践是认识发展的动力，实践对认识有决定作用；同时，认识对实践又有反作用，认识与实践是具体的历史的统一。"认识"和"实践"也可以理解为中国传统哲学中说的"知"和"行"。"知行"是中国传统哲学的重要范畴，其始于《尚书》与《左传》，《尚书》有"非知之艰，行之惟艰"之说，《左传》有"非知之实难，将在行之"之说。明朝思想家王守仁（世称阳明先生）反对将知行分作两截，主张求理于吾心。他说："知是行的主意，行是知的功夫；知是行之始，行是知之成。只说一个知，已自有行在；只说一个行，已自有知在"①。这种朴素的辩证法强调了"知行合一"的重要性。吸收中华文化的精髓，民主党派参政履职和社会服务既要坚持理论（知）的指导，也要强调实践（行）的探索，坚持理论性和实践性相统一，知中有行，行中有知，二者不可分离。民主党派要坚持把强化理论学习、强化政策指引、强化历史教育、强化知识储备寓于强化实践创新的各项工作之中，把思想政治引领内化于心，外化于行，学以致用，以用促学，使民主党派及其成员不仅立足于思想上的清醒，而且着眼于政治上的坚定，更转化为素质上的提升和行动上的自觉，与执政党和衷共济，砥砺前行，团结奋斗，共襄伟业，一起推进建设社会主义现代化国家的历史进程。

第二节　加强组织领导问题

"领导"，从字面上来理解，"领"就是带领、引领的意思；"导"就是导向、指导的意思。按照《辞海》的解释，领导作为一种行为，是"影响一个群体实现目标的过程。在一个群体成员改变其他成员的动机或者态度时产生"。民主党派参政履职和社会服务的关键，很重要的一点就是加强领导的问题。因为只有加强思想、政治和组织领导，

---

① 王阳明，于自力. 传习录[M]. 郑州：中州古籍出版社，2008.

参政履职和社会服务才能沿着既定的方向不断推进。加强领导的核心，就是要发挥领导者即民主党派各级组织及其负责人特别是主要负责人的定向、沟通、激励和引导作用，确立民主党派履行职责的使命、愿景和核心理念，把握民主党派履行职责的重点领域和目标任务，更好地团结带领各自成员建言献策，服务社会。

为此，民主党派切实加强对参政履职和社会服务的组织领导，应着力把握好以下几个方面：

落实领导责任。领导学认为，影响领导力强弱的主要因素有沟通力、激励力、影响力等，领导力决定着战斗力和执行力。如果说"领导干部带头"是一种"中国特色"的话，"领导是关键"则是对领导主体责任重要性的最好表达。中国传统文化中"老大难、老大难，老大重视就不难"则是对落实主体责任的通俗表述。一个民主党派组织领导班子具有的政治感召力、事业凝聚力和人格向心力的高低，往往决定着这个组织履职水平的高低。一个合格的民主党派领导班子必须是一个政治家、社会活动家和参政履职、社会服务的专家群体，同时又是其所供职机构如大专院校、科研机构、医疗机构等各个行业的领军人物，他们的示范带动作用，是凝聚人心、聚集智慧、增进共识的重要条件。抓好参政履职和社会服务工作，关键在领导，责任在班子。民主党派各级组织是本地方基层组织参政履职和服务社会的责任主体，各级组织的主要负责人是第一责任人。民主党派各级组织的领导班子成员尤其是主要负责人要真正树立"参政履职和社会服务是一把手工程"的理念，抓好抓实、抓出成效，不断提高议政建言和社会服务的质量。各级领导班子要定期研究参政履职和社会服务工作，确定专人分管或负责，把有关工作列为全委会、常委会和主席（委）会的重要议题，第一时间听取汇报，第一时间研究，第一时间部署，作出指示。民主党派各级领导干部要率先垂范，"守土有责、守土担责、守土尽责"，主动承担责任、主动带队调研，主动深入基层实际、主动了解社情民意，带头围绕执政党和政府中心工作建有用之言、献务实之策，服务社会，服务群众。要吃透执政党和国家方针政策，把握参政履职和社会服务进度节奏，解决存在困难和问题。组织、宣传、行政等部门要认真履行部门职责，为参政履职和社会服务提供工作保障。要积极争取执政党各级组织及其统战部门的支持帮助，共同推进民主党派更好地履行职责。谚语说："火车跑得快，全凭车头带"。民主党派各级组织的委员、常委尤其是领导班子成员，往往就是该组织参政履职和社会服务的骨干。只有这支队伍建设好了，民主党派履行好职责才不是一句空话。

坚持科学谋划。民主党派工作有自身的性质、规律和重点，做民主党派工作可以说是具有一定专业性的"技术活"。面对履行参政党职责的艰巨任务，民主党派各级组织尤其是领导干部要深入思考执政党关注的重点领域和人民群众的期望需求，超前研判国际国内形势的发展变化，结合实际科学谋划参政履职和社会服务工作，做好顶层设计，明确工作重点，抓好项目实施，督促推进落实，定期跟踪检查，确保工作抓实抓细，抓出成效。要本着精干、高效、务实、专业的原则设立相关工作机构，按照政治可靠、业务精深、队伍稳定、结构优化的要求配备工作人员，使谋划蓝图变为服务经济社会发展的现实作为。

坚持统筹兼顾。中国共产党领导的多党合作和政治协商制度的伟大独创性和巨大优越性要靠各民主党派充分发挥职能作用体现出来；民主党派参政履职和社会服务的水平和质量，又要靠民主党派的自身能力和整体素质来保证。民主党派履职尽责的各项工作并不是独立存在的，而是体现参政党价值与强化自身建设效能的有机统一，是各民主党派切实加强自身建设取得成果的重要体现和现实反映。因此，民主党派各级组织要把履职尽责与加强思想政治建设、领导班子建设、组织建设、制度建设、作风建设等有机结合起来，把自身建设寓于参政履职和社会服务的丰富实践之中，把各级组织和广大成员激发出来的工作热情和进取精神转化为履职尽责的强劲动力，用履职尽责工作效能检验履职能力水平的高低。

坚持强化宣传。民主党派社会知晓度不高的问题一直是个难题，社会各界对民主党派履职尽责的情况更是知者寥寥，抓好民主党派参政履职和社会服务的舆论宣传工作十分重要。民主党派各级组织要争取中央及各级主流媒体的报纸杂志、电视广播等传统媒介和重要网站、重要微信公众号等新媒体媒介的支持帮助，发挥民主党派内部宣传媒介的作用，加大对民主党派履职尽责的宣传。一方面要加大对民主党派在中国共产党领导的多党合作和政治协商制度框架内性质地位和作用的宣传；另一方面，要加大对民主党派参政履职和社会服务所做工作、取得成绩、产生影响等方面的宣传，对民主党派重要会议、重要活动、重点建言、先进典型等更要进行重点宣传报道，以不断扩大民主党派的社会影响，努力形成执政党各级组织和政府各部门更加重视、支持和帮助民主党派工作，以及社会各界更加关心、理解和支持民主党派工作的良好舆论氛围。可见，民主党派各级组织及其成员不仅要"勇担当、勤履职、会参政"，而且要"善借力、扩宣传、树形象"，与社会各界一道共同凝聚起有利于民主党派履职尽责的强大正能量。

第三节 人才支撑和队伍建设问题

中国民主革命的伟大先行者孙中山曾经说过："治国经邦，人才为急。"[①] 人才在民族振兴、国家发展中具有十分重要的地位，如今这已

[①] 出自孙中山《上李鸿章书》，1894年6月．

成为一种常识。民主党派发挥好参政党作用必须要有足够的人才资源保障,尤其是要有足够数量的懂政策、勤参政、会协商、善议政的参政履职人才。这就要求各民主党派组织慧眼发现人才,善于挖掘人才,用心培养人才,不拘使用人才,选拔推荐人才,努力建立健全完善、智力密集、群体聚集能力强的参政履职和社会服务人才队伍。要达成此目的,着重做好以下几个环节的工作是很有必要的:

第一,抓好组织发展发现吸引人才。

中国共产党作为执政党历来十分重视人才问题在整个工作大局中的重要地位和作用。经过100多年的发展,执政党成员中的知识分子尤其是高中级知识分子比例、数量和层次已不可同日而语。如今民主党派虽然仍然是智力密集的知识分子群体,但与新中国成立初期的比较优势已不再凸显。民主党派要跟上执政党的步伐,就必须吸纳、储备更多的参政履职和社会服务人才。这其中最首要的就是要重视组织发展,吸引更多的无党派知识分子加入民主党派组织。各民主党派要根据各自的界别特色、参政履职和社会服务需求有意识地吸纳高中级知识分子中的无党派人才加入组织。特别要注重考虑发展对象的文化层次、政治素质,以及参与议政建言和社会服务活动的意愿和能力,用好主界别外30%比例人才的政策,不断充实新生力量,保证拥有一支政治素质较高、综合素质较强、跨专业跨领域的骨干成员队伍。要通过民主党派旗帜性人物的引领、民主党派作为一个整体对国家和社会的贡献,以及民主党派丰富的组织活动、充满活力的组织结构、严密有力的组织体系等展示民主党派良好的社会形象,不断增强对无党派人才的吸引力。需要指出的是,民主党派要想在组织发展中吸纳优秀人才,就要充分尊重人才成长规律,做到"三个不能等",即:"不能等执政党各级组织及其统战部门推荐介绍,不能等无党派人才成长成熟再去吸纳发展,不能等优秀无党派人才找上门",而要在无党派知识分子成长的初期阶段就"炼慧眼、识良才",早发现、早介入、早吸纳有发展潜力的优秀无党派知识分子加入民主党派组织,为民主党派更好地履职尽责打下坚实的人才基础。

第二,强化组织活动培养选拔人才。

我们这里说的"组织活动"不是一般常说的"组织生活",而是民主党派赖以生存和发展所开展的包括民主党派思想政治教育、民主党派参政党意识提升、民主党派常规活动展示和民主党派履职能力培养等一系列民主党派活动的总称。从这个角度来说,民主党派强化组织活动也就是要通过开展形式多样、内容丰富的活动,加强对新加入民主党派成员的培养和锻造,使他们较快地成长为适应履职尽责要求的人才。

北宋时期著名思想家和教育家胡瑗在《松滋县学记》里说:"致天下之治者在人才,成天下之才者在教化。"不断增强培训对象独立思考的能力,内化于心,外化于行,对于民主党派作为一个政党或者民主党派成员作为一个个体都是十分重要的。谈到民主党派人才的培养,一方面民主党派成员要充分发挥独立学习和思考能力,使自己得到更好的锻炼。另一方面民主党派组织要加强对所属民主党派成员特别是潜在骨干的针对性培养,并重点抓好以下几个方面:一是民主党派成员申请加入之初,要对其进行马克思主义及其中国化时代化理论成果,我国根本政治制度、基本政治制度和统一战线理论、多党合作理论,以及执政党和国家基本路线、基本方针、基本政策和基本方略等方面的教育培训,帮助其尽可能短的时间内实现从一个普通的无党派人才向民主党派参政履职和社会服务人才的转变。二是要对民主党派新成员进行民主党派性质地位和职能职责的教育培训。对民主党派"为什么要参政履职"、参政履职"参什么""怎么参","参的成果如何转化""如何开展参政履职的调查研究""如何撰写参政履职文案",

以及"为什么要开展社会服务活动",社会服务"服务什么""为谁服务""怎么服务"等问题进行专题性的培训和讲解,切实提高新成员的参政履职和社会服务能力。三是通过老中青"传、帮、带"等形式,通过课题征集、信息报送、成员座谈、宣传报道等渠道,鼓励、支持和安排参政履职和社会服务潜在骨干参与民主党派工作。四是通过组建专门的调研课题团队、社情民意调查团队、社会服务团队等从各个方面以工促学,在参与参政履职和社会服务活动中考察和锻炼人才。五是要在精心培养和筛选的基础上,利用多种渠道常态化、系统化、规范化、长期化跟踪教育培训潜在骨干,努力建立一支参政履职和社会服务意愿高、能力强,关键时刻靠得住、顶得上的骨干队伍,使其能够尽早成为民主党派和多党合作事业所需要的行家里手。六是要积极创造条件,鼓励和支持新加入的民主党派成员深入参政履职和社会服务第一线,促进他们在学习中实践,在实践中学习,以有利于参政履职和社会服务人才脱颖而出、健康成长。

第三,丰富履职实践使用锻炼推荐人才。

被称为现代管理学之父的彼得·德鲁克认为:"管理是一种实践,其本质不在于'知',而在于'行',其验证不在于逻辑,而在于成果。"[1] 温室里长不出参天大树。据说到过北京故宫博物院家具馆的参观者普遍都会对宫廷紫檀家具的惊艳绝美所折服。紫檀虽美,但它"五年一年轮,千年孕一木",成材实属不易。实践出真知,锻炼长才干。"十年树木,百年树人",正像树木成材一样,人才成长也需要过程。从人才成长的规律来说,实践是人才成长必不可少的重要阶梯,人才成长的过程也是一个在实践中不断深化认识的过程。

民主党派参政履职和社会服务人才的培养离不开实践锻炼和积累。

---

[1] 彼得·德鲁克. 变动中的管理界[M]. 上海:上海译文出版社,1999.

有人说："最大的培养在实践。使用就是最大的培养。"就是这个意思。从"参政"和"履职"方面来看，民主党派成员能够到各级政府及司法部门担任领导职务直接参加国家事务管理，不仅是民主党派及其成员知情明政和获取第一手资料的重要渠道，也是民主党派成员历练实践和施展才华的重要途径。要通过有意识、有计划地安排民主党派成员挂职、交流、下派等形式到改革发展的第一线岗位锻炼。从"议政"和"服务"的角度来看，一方面要支持民主党派的各级领导班子成员、人大代表、政协委员、参政履职和社会服务骨干等切实履行职责。另一方面，要努力营造尊重人才特点、鼓励人才创新、信任理解人才的优良环境，积极组织新加入成员参加民主党派组织的考察调研、课题申报、课题研究等参政履职和社会服务活动，让他们有更多实践锻炼的机会。在条件成熟时也要积极向执政党的组织、统战部门及民主党派成员所在地区、单位举荐，努力为他们争取更多更好的参政履职条件。

第四，完善人员结构优化搭配人才。

当我们讨论参政履职和社会服务人才结构优化配置这个问题的时候，首先要对"人才结构"这一问题有一个清晰的认识。因为只有这个问题搞清楚了，我们才能深入地探讨如何发挥好参政履职和社会服务人才的整体作用，从而更好地履职尽责的问题。"人才结构"（structure of personnel）简单来说就是人才系统的构成形式，可分为三个层次。第一个层次是人才的个体素质结构，指个体间各不相同的德、智、体、美、技诸要素彼此结合的方式。第二个层次是人才的群体结构，指一个系统内各类人才按一定的层次、序列和比例相互组合的构成形式，主要由人才的性别结构、年龄结构、知识结构、智能结构、专业结构、素质结构等亚结构构成。第三个层次是人才的社会结构。按照上海教育出版社《教育大辞典》的说法，是指一个国家或一个地区的人才按一定的层次、序列和比例组合的构成形式。除包括人才群体结构中的诸亚结构外，还包括人才的部门结构、民族结构、区划结构、层级结构等，它主要取决于社会的经济结构、政治结构、教育结构、产业结构、技术结构等。我们这里谈到的民主党派参政履职和社会服务人才结构主要是指在人才个体素质结构基础上的群体结构及其在社会结构中的位置。

在人才个体结构方面，由于各民主党派的成员主要由各个领域和专业的高中级知识分子组成，其个人德、智、体、美、技各种要求所组成的整体素质与参政履职的总体要求是匹配的，这也正是民主党派之所以把参政履职作为基本职能的人才基础支撑点之所在，也是民主党派把智力帮扶作为社会服务优势领域的支撑点之所在。

在人才群体结构方面，由于不同的人所接受的教育程度不同、生活工作环境不同，所受学校的环境熏陶和教育思想、教育层次的不同，因此不同的人会有不同的思维模式、意识形态、知识结构和技能技巧。在这里我们仅就年龄结构、知识结构、专业结构和层次结构等方面作一些探讨。

从年龄结构角度看，由于民主党派成员存在代际传承性，决定了民主党派参政履职和社会服务人才也存在代与代之间的传承性、融合性和发展性。一般来说，老一代民主党派成员具有与中国共产党风雨同舟、患难与共和忧国忧民的优良传统，他们就国家经济社会发展的意见建议得到执政党吸纳后产生的影响往往带有全局性和根本性。改革开放后加入民主党派的成员历经对外开放和市场经济大潮洗礼，对新时期改革发展稳定中存在的问题往往看得清楚、把握准确，能够与时俱进地提出针对性的意见建议。21世纪后加入民主党派的新一代成员思想活跃，受互联网思维影响大，发散思维能力强，提出的意见建议能够独辟蹊径，对一些疑难问题往往能够提出巧妙的解方。社会服务方面亦是如此。民主党派参政履职和社会服务人才的这种年龄结构，要求民主党派在实际工作中做好老中青搭配，根据不同的参政履职选题和社会服务项目选择不同年龄特长的成员承担，或者综合各自特长组织不同年龄段的成员共同承担，更好地发挥整体合力。同时，越是发展潜力大的优秀年轻潜在骨干成员，越要尽早分任务，压担子，鼓励引导他们积极参加参政履职和社会服务活动，让他们尽快得到实践磨砺和锻炼成长。

从知识结构角度看，参政履职和社会服务工作所说的知识结构主要是指一个个体或者群体所掌握的知识体系，它不仅包括民主党派个体知识组成的结构，也包括民主党派这一群体的不同个体掌握知识的层级结构关系。举个形象的例子，就如庖丁解牛，有的人注重了解牛的组织结构，而有的则更加注重了解应该如何下刀，解牛先后顺序应该如何等等。民主党派参政履职和社会服务各个知识层级的人才都不可缺少，高级职称民主党派成员提出的意见建议可能更为宏观，有利于宏观层次问题的研究探讨；中级职称成员更容易从技术层面考虑问题，对于一些技术性层面的问题往往能提出独到的见解；年轻的初级职称成员往往与基层人民群众的联系更为紧密，对人民群众生产生活存在的问题和困难以及他们的所思所想有更深切的感受，能够提出更加贴近人民群众意愿和诉求的意见建议。民主党派成员中学历层次的高低也大抵存在这种现象。因此，从知识结构角度来说，民主党派各级组织要充分发挥各个层次人才的作用，使他们能够结合各自知识结构特长参政履职，服务社会。

从专业结构角度看，专业结构是指人才群体中所需各种专业人才的比例构成。合理的专业结构要求人才群体内各种专长人才有一个合理的比例。这是由组织结构的目标和人才群体的具体任务所决定的，因而它不是一个固定的模式。由于民主党派参政履职和社会服务涉及方方面面，就要求民主党派作为一个群体要具备搭配合理的专业知识结构。从参政履职的角度说，为了增强专业性，要合理搭配民主党派内部人才的专业构成，组建若干个专业相对集中的参政履职专家智库，从课题选题开始，直至调查研究、调研报告撰写一直到调研成果转化的每一个环节，都要体现专业化分工的要求。甚至在组织发展中就要充分用好30%这个交叉发展比例，有意识、有目的地物色和发展参政履职和社会服务短缺的专业人才，千方百计改善民主党派成员的专业结构。当然，事情总有两面性。由于各民主党派之间发展成员存在界别分工，各民主党派更要着重于自身界别领域的高水平专业党外人才的吸纳，集中智力资源把涉及本界别领域的参政履职和社会服务工作做深做精，这样更有利于发挥各民主党派的界别特色和特长优势。

从层级结构的角度看，层级结构最初是生态学上的一个概念，后被引入企业管理学、社会学和政治学等领域。企业管理学的层级结构是指企业内部横向和纵向的劳动分工结构。管理幅度和管理层级的反比关系决定了组织的层级结构可能表现为两种基本形态：相对比较集权的锥形形态和相对比较分权的扁平形态。[1]我国各民主党派作为中国共产党领导的多党合作和政治协商制度的重要组成部分，其整个组织体系也符合一般现代组织机构组织形态的层级结构特征。我国各民主党派一般都分为中央、省（区、市）、市（州）及县（区、市）等组织层级，而各民主党派参政履职和社会服务的组织层级结构也是与此相对应的。一般而言，虽然上一层级的参政履职和社会服务工作机构往往会吸纳下一层级的优秀人才加入，上一层级的有关工作也会邀请或吸纳下一层级机构参加，但是从总体上看各个层级的工作相对独立，

---

[1] 马文彬.知识经济时代企业层级结构的变革[J].现代管理科学.2007, 11: 39-41.

主要依靠本层级的人才支撑。各民主党派全国各级组织只有在内部树立"工作一盘棋"的理念思路，通过健全完善上下联动、横向互动的参政履职和社会服务人才资源库，实现内部人才的整合共享、分类搭配和统筹使用，从相对锥形向相对扁平的管理形态转变，才能实现民主党派内部人才价值发挥的最大化。

总的来说，民主党派参政履职和社会服务人才结构的优化搭配是一个系统工程，是一个人才群体的知识、技能和能力诸因素智能结构科学合理配置的问题。实际上人类社会所取得的每一项重要成果都是各种智能优势优化组合的产物。民主党派只有充分发挥各类群体的智能优势，扬长避短、合理搭配，共享共建、互为补充，才能不断提升民主党派履职尽责的效能。

第五，善于借助外脑聚集智囊人才。

当我们说到民主党派参政履职和社会服务人才支撑和队伍建设中要"善于借助外脑"的问题时，这里实际上是涉及管理学范畴的一个重要问题，即决策原则的问题。在管理学中，决策原则是反映决策过程的客观规律和要求，在决策工作中需要遵守的基本准则。从决策的过程来看，决策原则包括信息原则、预测原则、系统原则、可行性原则、优选原则、效益原则、外脑原则、行动原则、跟踪原则、科学原则等等。其中的外脑原则主要是指在决策中要重视利用参谋、顾问、智囊团的作用，发挥集体智慧的优势。[①]与此相对应，我们在这里把各民主党派内部的智力资源称为"内脑"，把民主党派外部的智力资源称为"外脑"。此外，正如苏轼《题西林壁》中说的："横看成岭侧成峰，远近高低各不同。不识庐山真面目，只缘身在此山中。"由于民主党派与社会各界所处的地位不同，看问题的出发点不同，或因思

---

① 李恕和主编.奔向21世纪 大学生成才哲理[M].长沙：国防科技大学出版社，1993：08.

维定式的影响，对事物的看法也不同。民主党派要想提出有价值的意见建议或者开展有创意的社会服务活动，就要超越狭小的界别局限，摆脱主观臆断的偏见，从多方面多角度综合分析事物的本质属性和发展趋势。而单独依靠一个民主党派自身的智力资源往往无法达到这一目标。因此，民主党派借助"外脑"显得尤为必要。这既是民主党派履职尽责实践经验的有益启示，也是今后进一步提升履职尽责质量的重要条件。

多年来，各民主党派在借助"外脑"服务上作了很多探索，积累了一些经验。例如，民革中央理论研究与学习委员会与上海师范大学成立协商民主与公共政策研究中心；民盟中央与中国科学院大学共建成立玉泉智库，进行课题共研；农工党中央与中国社会科学院研究生院重点聚焦医药卫生、人口资源环境领域管理专业人才培养和学科建设，联合实施培养人才项目；致公党成立暨南大学智库，充分依托暨南大学侨海特色发挥职能；九三学社与中科院科技战略咨询研究院和中国科协-北京大学科学文化研究院三方签约，在科技战略、科研管理、科学普及、科学教育等一系列领域开展合作；台盟中央与两岸关系和平发展协同创新中心就两岸经济一体化、两岸文教融合等领域进行协同攻关；民建辽宁省委、民建大连市委和大连海事大学三方合作在大连海事大学共建民建经济研究中心，武汉大学国际法研究所在浙江德清成立莫干山研究中心，与民革中央联合浙江省政协举办莫干山会议，共同为乡村振兴提供智力支持等等①。这些都是民主党派借助"外脑"开展参政履职和社会服务工作的典型例子。

有读者可能会问，既然各民主党派都在借助"外脑"方面作了积极有益的探索，为什么我们还继续强调要解决好这一问题呢？根本的

---

① 黄昌盛. 借力"外脑"打造参政"智囊团"——民主党派探索借助外部人才充实参政履职力量[N]. 团结报，2020-12-24（001）.

原因在于民主党派借助"外脑"方面存在两难。比如课题调研中"外脑"的成果占多少比例才算是民主党派的成果，或者民主党派成员参与到什么程度的调研成果才算是民主党派的参政议政成果？又或者，"外脑"提供的研究成果有多少能契合于民主党派参政履职和社会服务的需要，民主党派能够吸引"外脑"参与民主党派参政履职和社会服务的动力又在什么地方？等等。由于这些问题的存在，无论是民主党派内部还是外部的专家学者或智囊机构都对"民主党派借助外脑参政履职和社会服务"这件事兴趣缺缺就不足为奇了。因此，从整体上看，当前民主党派借助"外脑"参政履职和社会服务从形式上看还是随意的，不很规范的；从做法上看，还是零散的，不很系统的；从效果上看，还是隐性的，不很明显的。但是，我们应该看到，随着新时代中国特色社会主义的不断深入发展，民主党派在国家政治社会生活中的地位和作用不仅不会削弱，而且会进一步凸显；参政履职作为民主党派的基本职能在凝聚智慧，增进共识，促进发展方面的效能将会不断增强；社会服务在增强民主党派影响力，树立民主党派良好形象方面也越来越具有不可替代的作用。在这样的背景下，民主党派仅仅依靠自身的"内脑"已无法满足履行职能的需要，必须积极争取"外脑"的支持和帮助才能完成新时代赋予参政党的使命。

那么，如何正确借助"外脑"为民主党派参政履职和社会服务增添力量呢？民主党派借助"外脑"应注重以下几个方面：一是利用"外脑"制度化。民主党派要结合自身实际，针对性地加强与各类大学、科研院所、研究机构甚至民间智库的联系，建立制度化的、互利互惠的联系合作机制，广纳各方英才，精选精聘一批内部和外部专家学者共同组成专家参谋智库和重要智囊团队。二是联系"外脑"常规化。民主党派要保持与所联系"外脑"之间的经常性联系，通过建立定期意见交换机制、邀请参与民主党派课题研究和社会服务合作机制、邀请定期培训民主党派人才机制等,使民主党派联系"外脑"、为我所用工作经常化、常规化、规范化。三是借力"外脑"互补化。一方面要借助"外脑"为民主党派参政履职和社会服务提供丰富的智力支持,另一方面也要发挥参政党意见建议"直通车"等渠道优势,为"外脑"建言献策提供更直接的通道和平台,共同推进执政党和政府决策的科学化、民主化。民主党派与"外脑"之间的这种互补性,也是"外脑"乐意参与民主党派有关工作的一个重要因素。四是分工合作化。随着多党合作事业不断向前推进,民主党派履职尽责问题已日益分化和成长为一门独立的学科,具有自己独特的规律和范式。其中的一个重要特点是参政履职专家团队和建言献策团队的相对独立。专家团队往往负责经济社会发展有关课题的调查研究,并形成调研报告;而建言献策团队则是将专家团队的这些调研成果进行专业加工,转化为人大代表建议案、政协大会发言或书面发言、集体提案或个人提案,以及通过直通车等形式上报的政策建议信、社情民意信息,或者成为政治协商和民主监督的重要素材等等。可见,参政履职专家团队和建言献策团队之间的关系类似于接力比赛中的队友,缺少一方的努力都是不行的。只有双方密切配合,分工合作,才能达成共同的工作目标。民主党派借助"外脑",就是要把"外脑"和"内脑"中的人才协调组织起来,既共同组成坚实的参政履职专家团队,又组建起强有力的建言献策团队,形成你中有我,我中有你的合作格局,才能促进民主党派更好地参政履职。社会服务工作中也应该建立类似的专家团队和社会服务团队,共同推进民主党派社会服务活动的开展。总之,民主党派作为与中国共产党团结合作、共同致力于新时代中国特色社会主义的参政党,一头连着执政党各级组织和各级政府及其有关部门,一头连着民主党派内外的专家学者,一头连着社会各个阶层和广大人民群众,角色持重,任务艰巨。民主党派只有用好"内脑",借力"外脑",敞门调查研究，合作议政建言，合力服务社会，形成内外智库一盘棋的放大效应，打造起平时联系紧密、沟通顺畅，关键时刻能用得上、顶得起的履职尽责"智囊团"，才能共同为科学精准有效建言，扎实服务基层社会提供重要的智力支撑和人才保障。

第十二章　民主党派履职能力建设的制度保障探讨

我国战国末期思想家、哲学家和散文家，法家学派代表人物韩非子说："欲成方面圆而随其规矩，则万事之功形矣，而万物莫不有规矩，议言之士，计会规矩也。"波兰著名作家、1924年诺贝尔文学奖获得者弗拉迪斯拉夫·莱蒙特（Wladyslaw Reymont 1867—1925）曾有一句名言："世界上的一切都必须按照一定的规矩秩序各就各位。"这些都强调制度和机制的重要性。民主党派加强履职能力建设，不仅要解决思想认识、领导能力、人才队伍等问题，还要把解决这些问题的各项举措制度化、规范化和程序化，才能为民主党派履职尽责提供坚实的制度保障。

"机制"本意指有机体的构造、功能及其相互关系，尔后有机体喻指一般事物，重在指事物内部各部分的机理即相互关系。民主党派履职尽责机制可以说是一个宽泛的概念。从广义上来说，凡是与民主党派履职尽责有关的制度机制都可以叫作履职尽责工作机制，主要是指在中国共产党领导的多党合作和政治协商制度框架内，为了民主党派实现参政党目标，从思想理念、目标取向、路径安排、行为方式、保障措施等方面整合工作资源，全面有序推进参政履职和社会服务各项工作运作模式和方法路径的制度化、规范化和程序化。它既包括执政党各级组织和各级政府对民主党派的支持合作机制，在人民政协范围内支持民主党派及其成员中的政协委员履行职能的制度安排，也包括社会各界对民主党派参政履职和社会服务工作平台支持、理论研究、舆论宣传等方面的制度安排等，当然更包括民主党派内部的制度机制，可以说是一个系统工程。从狭义上来说，主要是指民主党派为了履行好参政履职和社会服务职责所建立的各种组织协调机制、服务保障机制和激励评价机制的有机统一体。实际上，我们已经在本书的各个部分贯穿了广义概念的内容，这里重点只是从加强民主党派履职能力建设的角度就狭义概念的履职尽责机制问题进行研究和探讨。

第一，关于民主党派参政履职和社会服务的组织协调机制问题。

管理学上有一个简单而有趣的原理，人们把它叫作"氨基酸组合效应"。"氨基酸组合效应"原本是一个生物学上的理念，讲的是人体内有八种最主要的氨基酸，这八种氨基酸会共同合成蛋白质，而组成人体蛋白质的这些氨基酸只要有一种含量不足，其他七种就无法合成蛋白质。现在这个规律被用到了管理学中，意思是当缺一不可的时候，那个一就是一切。一个组织是一个完备有机的统一整体，在整个组织的管理中必须全盘统筹，加强协调，不能厚此薄彼。同样的，管理学上还有一个"米格-25效应"。米格-25喷气式战斗机是苏联在20世纪60年代生产的一款战斗机，它的许多零部件与美国相比都落后，但因设计者考虑了整体性能，故能在升降、速度、应急反应等方面成为当时的世界一流，曾造成西方世界的恐慌。管理学上把这种现象叫作"米格-25效应"，指事物的内部结构是否合理，对其整体功能的发挥关系很大。如果结构合理，会产生"整体大于部分之和"的功效；如果结构不合理，整体功效就会小于结构各部分功效之和，甚至出现负值。简单地说，就是"所谓最佳整体，乃是个体的最佳组合。"以上这两个管理学上的规律，其实质就是阐述了发挥整体功能及协调内部各方面关系对一个组织的重要性。而发挥整体功能在民主党派履职尽责的制度层面上就是要建立健全参政履职和社会服务的组织协调机制，使之通过良好的组织、协调、沟通、配合，整合内外资源，形成整体合力。要达此目的，民主党派在制度机制建设方面要注意以下几个方面：

一是坚持集体领导与个人分工负责相结合，建立健全领导工作机制。首先，民主党派的各级领导班子要坚持民主集中制原则，兼顾统揽全局与协调各方职能，抓方向、议大事、作决策、管全局，建立健全科学决策机制和领导协调机制，集中精力研究解决民主党派履职尽责中全局性、战略性和前瞻性的重大问题；领导班子成员之间要建立主要领导带头，分管领导分工负责、其他领导班子成员领衔专项工作或专门活动机制、联系地方基层组织和专门委员会、工作委员会机制等，规范程序，协同配合，切实解决好协调沟通和操作落实的关系问题。其次，建立健全领导班子协调沟通和缺位互补机制，推进领导班子之间补台不拆台、分工不分家，讲原则能共事，讲团结促和谐。再次，要建立健全常态化的学习培训制度、年终述职评议制度等，注重领导班子成员、常委、委员的素质培养，进一步促进领导班子和领导机构提高参政履职和社会服务意识及能力，更好地带领全体成员履行好参政党职责。

二是建立健全参政履职和社会服务资源整合机制。读者会发现，我们经常会借用一些管理学的知识来说明民主党派履职能力建设的有关问题，其实质是因为"能力建设"理论来源就属于管理学范畴。现在我们谈到"资源整合"问题时亦然如此。管理学上的资源整合主要是指一个实体组织（往往是指企业）对不同来源、不同层次、不同结构、不同内容的资源进行识别与选择、汲取与配置、激活和融合，使其具有较强的柔软性、条理性、系统性和价值性，并创造出新的资源的一个复杂的动态过程。民主党派履职尽责中的"资源整合"就是要把不同层级（如从民主党派中央到地方组织），或者民主党派内外的智力资源和其他资源进行有效整合，使其发挥整体效能和优势，为更好地参政履职和社会服务提供条件。为此，民主党派要建立健全上下联动、左右互动、内外结合的全方位资源整合机制。首先，要建立健全上下联动的纵向机制。即通过从民主党派中央到省级、州市级、县市级和基层组织的组织联合、人才共用、课题共担、成果共享，将各级组织及其所属人大代表、政协委员和骨干成员的积极性调动起来，力量整合起来，以实现参政履职和社会服务效用的最大化。其次，要建立健全左右互动的横向联合机制。这里包括两层含义，一方面，同一民主党派的全国各省（市、区）之间，或者同一辖区所属同一民主党派组织之间开展多种形式的合作调研和社会服务，共同就一些共性问题、临近区域之间存在的一些共同发展问题提出意见建议，推进有关问题的共同解决；或者联合在同一地区或就同一主题开展共同的社会服务活动。另一方面，不同民主党派的同一层级组织之间通过中共各级统战部门的协调或者各民主党派组织之间协作，就关系国家或地区经济社会发展的重大问题开展联合调研，共同向中共同级组织提出意见建议，推进这些重大问题的解决；或者联合在同一地区或就同一主题开展共同的社会服务活动。最后，要建立健全内外结合的履职尽责机制。一方面，民主党派要积极争取执政党各级组织、"一府两院"、各级政协及社会各界的关心、支持、帮助与配合，也要与民主党派自身的思想宣传、理论研究、组织行政等工作有机融合、相辅相成；另一方面，要通过制度和机制的形式把借助"外脑"支持的做法制度化、规范化、常态化。总之，只有通过纵、横、内、外不同方式和层次的联动机制，有效整合各种参政履职和社会服务资源，扩展参政履职和社会服务领域和辐射面，才能不断提高民主党派履职尽责的效能。

　　三是建立健全参政履职和社会服务对外沟通联络机制。民主党派履职责尽责的目的就是要为执政党和政府建言献策，共同推进国家的发展进步。因此，建立执政党各级组织和各级政府及其有关部门的良好合作关系就是多党合作的应有之义。作为民主党派履职能力建设的一个重要组成部分,对于操之在我方面,民主党派各级组织及其成员要更加重视制定完善相关的制度机制,更加积极主动对接有关方面共同执行好这些制度机制,使民主党派履职尽责所需的资源不断得到激活和聚集,参政履职和社会服务成果能充分发挥积极作用。

四是建立健全参政履职和社会服务运行工作机制。民主党派加强履职尽责的组织协调,最终还是要体现到民主党派内部的具体工作之中。因此,民主党派各级组织应立足自身工作实际,深入研究和抓好参政履职和社会服务内部运行机制的问题,着力建立一系列行之有效、责任明确、易于操作、规范有序的参政履职工作机制。如选题征集制度、课题申报招标制度、调查研究制度、成果转化制度、信息报送和反馈制度,以及社会服务分工合作机制、上下联动机制等一系列的制度机制,为参政履职和社会服务提供坚实的运行机制保障。

第二,关于民主党派履职尽责的内部保障机制问题。

"兵马未动,粮草先行"。民主党派要高质量履行好参政党职责,增强自身履职能力是前提,其中提升自身的内部保障水平更是先决条件。从制度建设的角度看,建立健全参政履职和社会服务内部保障机制有着自身的侧重和特点,主要包括思想政治保障、组织保障、人才保障、经费保障、作风保障和服务保障等方面的制度机制。以下仅就需要注意的一些问题提出思考和建议。

在思想政治保障方面,健全完善各个层级的政治理论学习制度、优良传统教育制度、形势任务教育制度等制度机制,并使之常规化、长期化,以达到潜移默化、久久为功的目的;其次,要建立健全内外宣传工作机制,把民主党派参政履职和社会服务情况作为思想宣传工作的重点,做到对重点课题选题、重大调研视察、重要议政建言和重要社会服务活动宣传的制度化、规范化、程序化,不断扩大民主党派履职尽责的社会影响。

在组织保障和人才队伍保障方面。重点就是两点，一个是强化组织保障，重点要建立健全各级领导班子、常委、委员领导和指导参政履职和社会服务工作，以及各级人大代表、政协委员、成员骨干及广大成员参与参政履职和社会服务工作的制度机制，促进形成履职尽责的群体合力。一个是提供人才保障，重点是要以吸纳政治素质高、知识层次高的人才为目标，在组织发展中建立健全有意识发现发展代表性、旗帜性和有影响力党外代表人士的制度机制，为民主党派参政履职和社会服务提供源源不断的"活水"。同时，要建立健全一套科学规范和行之有效的人才发现、考察、选拔、培训、培养、使用和推荐的制度机制，逐步健全完善年龄层次梯队分布、专业结构搭配合理、综合素质互补健全的人才队伍结构，为民主党派履职尽责提供坚实的人才保障。

在经费保障方面，主要就是争取更多的经费来源渠道、合理使用有限经费两个方面。从争取更多经费来源方面来看，一直以来民主党派的参政履职和社会服务经费主要来源于财政预算拨款，随着时间的推移会有所增加，但总体来看经费不足的问题还是比较突出。因此各民主党派要积极争取中共各级组织和政府的支持，同时建议政府有关部门制定"对民主党派参政履职和社会服务工作经费支持年度递增"的制度机制。此外，建议执政党和政府从政策和制度层面支持民主党派与大专院校、科研院所、各类企业和社会团体开展合作，共同争取有关的资金支持。从合理使用资金的角度来看，各民主党派除了要厉行节约和严格管理经费使用外，还要坚持"调查研究优先、智力付出回报"的原则。"调查研究优先"就是要把参政履职和社会服务经费向调查研究倾斜，以保证调查研究的资金供给。"智力付出回报"就是由于民主党派履职尽责是智力密集型投入与高质量成果产出成正比的工作，必须保证参与民主党派参政履职和社会服务工作专家学者的智力投入得到适当的回报。

在行政服务保障机制方面，重点就是要建立健全机关为民主党派参政履职和社会服务行政保障的制度机制。要发挥民主党派各级机关上传下达、下传上报的桥梁纽带作用，增强机关工作为履职尽责服务的意识和理念，建立健全机关参政议政部门、社会工作部门、宣传部门、组织部门和行政部门各司其职、协调配合、运行良好的制度机制，为民主党派参政履职和社会服务提供后勤和行政保障。

第三、关于建立健全民主党派参政履职和社会服务的激励鼓励、考核评价和监督制约机制问题。

民主党派参政履职和社会服务工作中的激励鼓励机制、考核评价和监督制约机制是一个有机的统一整体，是一个硬币的两个方面。加强这一领域制度机制的建设是强化民主党派自我管理、自我教育、自我约束和自我完善的需要，是激发广大成员内生动力、激励广大成员共同参与参政履职和社会服务实践的内在要求，也是民主党派履职尽责始终保持高质量、可持续发展的重要保障。

从建立健全激励鼓励机制的角度来说，良好的激励鼓励机制是参政履职和社会服务保障机制的重要组成部分。一个组织是否能够得以有效运转，其激励机制发挥着重要作用。广大成员积极性、主动性和创造性的高低，直接影响着整个民主党派组织履职尽责的质量和成效。应该看到，民主党派成员参与民主党派事务绝大多数为兼职，需要花费大量本职工作以外的时间和精力，但并不是所有民主党派成员所在地区和单位对此都会给予理解、支持和认可。若没有所在地区、单位的激励、推动和引导，民主党派成员个人投身参政履职和社会服务动力不足就是一个不得不面临的难题。只有建立健全激励鼓励机制，才能鼓励和支持民主党派组织及其成员更好地履职尽责。

建立健全激励鼓励机制，需要从执政党和参政党两个方面着力。

从执政党方面来说，建议执政党各级组织及有关部门制定指导性文件，明确要求各地区、各单位把民主党派成员参加参政履职和社会服务工作情况纳入本职工作业绩考核范围，并予以确认。从参政党方面来说，民主党派各级组织应积极探索更为有效的激励鼓励机制，努力营造大家都是参政履职和社会服务"关注者、支持者、参与者、推动者"的良好氛围。建立健全激励鼓励机制在不同民主党派、层级、地区有不同的表现形式，这不是我们讨论的重点，但应遵循以下几项原则：

一是要有利于民主党派成员更好地发挥参政履职和社会服务作用。"重视、关心、关注和支持"本身就是一种最根本的激励。德鲁克认为，员工激励是组织发展过程中无法回避的问题。只有当感情、知识和理解力在工作中转化为进取心和责任心时，它们才能真正让员工感到满意。离开了积极的投入，短暂的心理满足毫无意义，甚至会酝酿出更强烈的挫败感。我们需要采取的做法是以追求绩效的内在自我动机，取代由外部施加的恐惧，唯一有效的方式是提升员工的责任感，而非满意度。德鲁克的这些观点对民主党派激励机制的建立健全有很好的借鉴意义。民主党派成员是一个特殊的群体，其加入民主党派的初衷本来就是为了国家民族的复兴发展和个人自我价值的实现，而不是为了获得物质利益。因此，民主党派各级组织要十分注重提升成员履职尽责的责任感和使命感，从制度机制层面教育引导广大成员充分发挥自身的优势特色，激发广大成员为国奉献和为民服务自动自发的主体意识和责任担当，真正起到"1+1大于2"的群体溢出效应。

二是要有利于民主党派成员更好地实现价值，施展才华。民主党派成员是一个拥有"忧国忧民、为国奉献、为民参政"人文情怀的知识分子群体，对民主党派成员最大的激励就是鼓励和支持他们发挥优势为国家进步、社会发展和人民幸福献计出力，其中很重要的一方面就是要为他们提供施展才华的舞台。民主党派各级组织要树立"人尽其才"的用人理念,建立健全广大成员特别是参政履职和社会服务骨干合理搭配和科学组合的制度机制,把不同特长和优势的人才选拔或推荐到不同层次的人才智库或同一层级的咨询委员会、专门委员会、工作委员会等参政履职和社会服务平台之中。坚持把民主党派成员的参政履职和社会服务实绩与实职安排、政治安排、"特邀特约人员"安排和提供各种培训学习机会等结合起来,以参政履职和社会服务能力强弱、贡献大小等作为各级组织培养、选拔、使用和推荐领导干部、后备干部的重要条件和依据。只有为各类人才搭建平台,提供条件,才能更好地激励民主党派成员释放潜能,展现特质和风采。

三是要关注、关心和维护民主党派成员的合法利益和正当诉求。对民主党派成员参政履职和社会服务的激励措施是多方面的,其中对成员个人合法权益和正当诉求的支持和维护也是一种重要的激励措施。一方面,民主党派各级组织应通过执政党各级组织及其统战部门、相关单位的组织人事部门协调沟通,争取这些地区和单位把民主党派成员参与民主党派工作情况纳入工作量,在年终考核、评先评优、职务职级晋升、职称评定等方面予以重视和倾斜。民主党派组织对于在参政履职和社会服务活动中表现积极、成绩突出的成员应给予相应的物质奖励和精神激励。特别是对作出重大贡献的参政履职和社会服务人才还要积极推荐参加执政党各级组织、各级政府及有关部门、民主党派上级组织的表彰评选活动。同时,还要力所能及地帮助民主党派成员解决一些工作生活中的实际困难和合理诉求,使他们感受到组织的关心和温暖,才能起到持久的激励作用。

从建立健全参政履职和社会服务考核评价和监督制约机制的角度来说,就是以制度的形式加强对民主党派各级组织、领导机构成员、骨干成员参政履职和社会服务的态度、能力、成果、绩效的综合考核评价。北宋政治家王安石说:"询事考言,循名责实。"意思是要询问被考察对象所做事务和所说言论，按照他所任职位来考核其实绩。有的民主党派成员认为，民主党派作为一个参政党不应该有太多的工作考核和纪律约束，履行民主党派职责或者参与民主党派工作只需凭热情、积公德，甚至只需随心所欲；还有的认为民主党派工作是组织存心找麻烦，派任务，甚至认为参政履职和社会服务没有多少实际意义，因而缺乏参与民主党派工作的热情。这样错误的认知必然导致一些民主党派组织或者民主党派成员对参政履职和社会服务工作存在畏难情绪。实际上，我国各民主党派作为接受中国共产党领导，共同致力于中国特色社会主义的参政党，它们各自的章程中都已明文规定"参政议政、民主监督和参加中国共产党领导的政治协商"这一参政履职职能是参政党的基本职能，而社会服务是民主党派参政履职的重要拓展和延伸，共同目的是为推进中国特色社会主义经济建设、政治建设、文化建设、社会建设和生态文明建设服务。参政履职和社会服务是每一个民主党派成员应尽的义务，也是重要的权利，每一位民主党派成员从参加民主党派的那一天起，就必须接受所属民主党派章程的规范和约束。因此，对各民主党派组织及其成员参政履职和社会服务情况进行考核就是天经地义的必然选择。那种认为民主党派成员参与民主党派工作并不需要、也不可能进行考核评价的说法是错误的。

民主党派对各级组织及其成员履职尽责情况应以"严"为出发点，以"实"为落脚点，制定实施一套科学可行的考核评价机制。一是对民主党派各级组织及其委员、常委、领导班子成员，各级人大代表、政协委员、参政履职和社会服务骨干定目标、提要求、给任务、下指标，并健全完善前期有规划部署、中期有检查督导、末期有评估反馈的考核评价制度机制，必要时还要通过签订责任书或责任状等形式加以督促落实。二是将参政履职和社会服务的业绩考核指标作为民主党派干部培养、选拔、推荐、使用和进行各种政治安排及评优评先、激励鼓励的重要依据。三是民主党派各级组织要密切与执政党各级组织特别是成员所在单位中共组织的联系，主动通报民主党派成员参政履职和社会服务情况，主动了解该地区或单位将民主党派成员参政履职和社会服务成绩纳入本单位本职工作业绩考核情况。这既是一种激励也是一种考核和鞭策，能够对民主党派成员参政履职和社会服务工作起到推进示范和监督制约的作用。

总之，民主党派参政履职和社会服务制度保障问题是一个需要不断与时俱进探索创新的重要课题。目前理论界对于民主党派参政履职和社会服务需要建立什么样的制度机制和怎样建立制度机制的问题仍没有定论，各民主党派及其参政议政和社会服务工作部门也还没有形成一套成熟的制度机制。新时代新任务面临的新情况、新问题对民主党派参政履职和社会服务提出了新的更高要求，民主党派只有进一步探索健全完善参政履职和社会服务制度机制的有效形式，才能不断提升履职尽责质量，增强履职尽责效能，推动民主党派在中国共产党领导的多党合作和政治协商制度框架内发挥更大的作用。

最后，在谈到提升民主党派履职能力课题时，还有一个问题十分关键，这就是如何建设适应新时代要求的参政党问题，即加强参政党自身建设的若干具体问题。这些问题之所以不在这里展开讨论，不是因为不重要，而是因为本书的重点是讨论民主党派参政履职、社会服务以及所应具备的履职能力建设的概要性问题。实际上，民主党派加强自身建设是提升履职能力的应有之义，是参政履职和社会服务的基础，其重要性是不言而喻的。我们在探讨民主党派履职能力问题时已融入自身建设的各项内容，而自身建设的具体问题则需要另外场合作深入的研究和阐述。这不仅是研究布局的要求，更是为了让我们的研究更加集中、更加符合客观实际的需要。

参考文献

[1]马克思,恩格斯.马克思恩格斯选集:第1卷[M].北京:人民出版社,1972.

[2]马克思,恩格斯.马克思恩格斯选集:第4卷[M].北京:人民出版社,1972.

[3]马克思,恩格斯.马克思恩格斯全集:第40卷[M].北京:人民出版社,1982.

[4]马克思,恩格斯.马克思恩格斯文集:第5卷[M].北京:人民出版社,2009.

[5]马克思和恩格斯.马克思恩格斯文集:第10卷[M].北京:人民出版社,2009.

[6]毛泽东.毛泽东选集:第1卷[M].北京:人民出版社,1991.

[7]毛泽东.毛泽东选集:第2卷[M].北京:人民出版社,1991.

[8]毛泽东.毛泽东选集:第3卷[M].北京:人民出版社,1991.

[9]毛泽东.毛泽东选集:第4卷[M].北京:人民出版社,1991.

[10]毛泽东.毛泽东文集:第2卷[M].北京:人民出版社,1993.

[11]毛泽东.毛泽东文集:第3卷[M].北京:人民出版社,1996.

[12]邓小平.邓小平文选:第1卷[M].北京:人民出版社,1989.

[13]邓小平.邓小平文选:第2卷[M].北京:人民出版社,1994.

[14]本书编写组.中国共产党简史[M].北京:人民出版社、中共党史出版社,2021.

[15]中共中央党史研究室.中国共产党历史:第1卷[M].北京:中共

党史出版社, 2011.

[16] 中央档案馆. 中共中央文件选集[M]. 北京: 中共中央党校出版社, 1989.

[17] 中共中央统战部研究室. 全国历次统战工作会议概况和文献[M]. 北京: 中国档案出版社, 1988.

[18] 中共中央文献研究室. 毛泽东思想形成和发展大事记[M], 北京: 中央文献出版社, 2011.

[19] 《马克思主义哲学》编写组. 马克思主义哲学[M]. 北京: 高等教育出版社、人民出版社, 2009.

[20] 中共中央统战部研究室. 统一战线100个由来[M]. 北京: 华文出版社, 2010.

[21] 孙晓华. 中国民主党派史[M]. 沈阳: 辽宁人民出版社, 1999.

[22] 相幼炯. 中国政党史[M]. 上海: 商务印书馆/上海书店影印, 1937/1989.

[23] 谢彬. 民国政党史[M]. 上海: 中华书局, 2011.

[24] 朱建华. 中国近代政党史[M]. 长春: 吉林大学出版社, 1990.

[25] 杨华丽. "打倒孔家店"研究[M]. 北京: 人民出版社, 2014.

[26] 孙春兰. 大道: 多党合作的历史记忆和时代心声[M]. 北京: 团结出版社, 2017.

[27] 冯友兰. 中国哲学史新编(上)[M]. 北京: 人民出版社, 1998.

[28] 冯友兰. 三松堂学术文集[M]. 北京: 北京大学出版社, 1984.

[29] 民盟中央社会服务部. 关注民生 服务社会[M]. 北京: 群言出版社, 2013.

[30] 晏阳初. 晏阳初文集[M]. 成都: 四川教育出版社, 1990.

[31] 埃德蒙·柏克. 自由与传统[M]. 蒋庆, 等译. 北京: 商务印书馆, 2001.

[32]彭富春.论大道[M].北京：人民出版社，2020.

[33]沃尔特·艾萨克森.爱因斯坦传[M].长沙：湖南科学技术出版社，2015.

[34]费孝通.费孝通文集：第11卷[M].北京：群言出版社，1999.

[35]费孝通.江村经济[M].上海：上海人民出版社，2007.

[36]费孝通.乡土中国[M].上海：上海人民出版社，2007.

[37]费孝通.费孝通与多党合作[M].北京：中国社会科学出版社，2010.

[38]钱伟长.钱伟长文选：第3卷[M].上海：上海大学出版社，2004.

[39]梁漱溟.乡村建设理论[M].上海：上海人民出版社，2006.

[40]王阳明，于自力.传习录[M].郑州：中州古籍出版社，2008.

[41]彼得·德鲁克.变动中的管理界[M].上海：上海译文出版社，1999.

[42]李恕和.奔向21世纪大学生成才哲理[M].长沙：国防科技大学出版社，1993.

[43]中共中央党校马克思主义理论教研部，中国马克思主义研究基金会.马克思主义关于人的学说[M].北京：人民出版社，2011.

[44]中华人民共和国国务院新闻办公室.中国新型政党制度[M].北京：人民出版社，2021.

[45]中国共产党第二十次全国代表大会文件汇编[M].北京：人民出版社，2022.

[46]楼志豪，朱晓明，游洛屏.《中共中央关于进一步加强中国共产党领导的多党合作和政治协商制度建设的意见》专题讲座[M].北京：华文出版社，2008.

[47]周淑真，刘先传.当代政党制度与中国特色政治发展道路[M].北京：华文出版社，2006.

[48]中国国民党革命委员会中央委员会.中国的参政党[M].北京:团结出版社,2005.

[49]马文彬.知识经济时代企业层级结构的变革[J].现代管理科学.2007,11:39-41.

[50]樊欣.马克思恩格斯建党学说的科学内涵及当代价值[J].中国井冈山干部学院学报,2021,6.

[51]陈喜庆.关于加强参政党理论建设的三点意见[J].民主,2012,4:3-4.

[52]朱炳元."两个必然"仍然是当今世界发展的大趋势[J].红旗文稿,2019,6:17-20.

[53]高峻.新中国建国初期多党合作制的确立[J].政协天地,2011,6:40-41.

[54]张富良.论民国初期政党林立及其历史影响[J].黑龙江教育学院学报,2007,10:71-73.

[55]廖贤富.马克思恩格斯政党学说概述[J].中共云南省委党校学报,2012,2:15-17.

[56]燕连福,林中伟.马克思主义基本原理同中华优秀传统文化相结合的历程、经验和未来展望[J].教学与研究,2022,2.

[57]王让新.马克思主义与中国实际相结合有机构成新论[J].求实,2011,9:16-19.

[58]吕忠梅.在习近平新时代中国特色社会主义思想引领下坚持和发展共产党领导的多党合作和政治协商制度.求是,2018,8:14-16.

[59]孙应帅.马克思主义政党学说的当代阐释[J].马克思主义研究[J],2008,7:22-24.

[60]刘沛汉,马维政,张天民.马克思主义政党学说在当代中国的发

展[J].辽宁师范大学学报（社会科学版），1995，1：1-6.

[61]戴绪恭.评民初党派林立[J].华中师院学报，1982，5：109-118.

[62]答云贵.浅谈马克思主义哲学的原则性与灵活性[J].宜宾师专学报，1991，3：33-37.

[63]王娅妹.一位企业家的教育情怀——记慈溪育才中学董事长沈宏邦[J].群言，2003，11：30-34.

[64]周前程.认清和把握中国的具体实际——马克思主义中国化的一个重要问题[J].中共福建省委党校学报，2017，8：16-22.

[65]白树海，林萍.加强多党合作制度化建设的几点思考[J].吉林省社会主义学院学报，2012，3：9-11.

[66]王关兴.中国民主党派形成与发展的十大历史特点[J].盐城师范学院学报（哲学社会科学版），1999，3：80-84.

[67]余天武.多党合作制度六十年历程和基本经验研究[J].湖北省社会主义学院学报，2010，2：22-26.

[68]刘奚君.对民主党派参与人民政协工作机制创新的几点思考[J].广西社会主义学院学报，2019，4：42-47.

[69]李平，王立新，王晓艳.建立健全高校民主党派参政议政机制途径探究[J].赤子，2014，14：76-77.

[70]郑爱玲.建立健全民主党派参政议政的四项机制[J].团结，2001，4.

[71]岳世平.建立健全民主党派参政议政工作机制面临的挑战及对策[J].山西社会主义学院学报，2011，3：17-21.

[72]吴平魁.建立健全民主党派参政议政工作机制问题的几点思考[J].上海市社会主义学院学报，2013，1：30-33.

[73]马艳.建立民主党派参政议政履职机制的思考[J].湖北省社会主义学院学报，2015，5：21-23.

[74] 施敏.健全完善多党合作运行机制[J].福建省社会主义学院学报，2016，3：37-41.

[75] 钟俊.论民主党派参政议政工作机制的完善[J].重庆社会主义学院学报，2012，4：25-27.

[76] 王刚.朱德："有多少米做多少饭"[J].当代兵团，2016，4：42.

[77] 张占军.民主党派"互联网+专委会"工作机制探析.黑龙江省社会主义学院学报，2016，4：30-32.

[78] 蒙爱军、唐志明.民主党派参政议政工作机制创新研究[J].贵州社会主义学院学报，2006，4：14-17.

[79] 朱虹.改革开放四十年我国民主党派参政议政制度的发展与完善[J].广西社会主义学院学报，2018，6：59-64.

[80] 杜义林，杨友平.关于参政议政的哲学思考[J].中央社会主义学院学报，1997，10：16-18.

[81] 王劲松，王维.关于大数据时代民主党派提高参政议政能力的思考[J].中央社会主义学院学报，2017，1：5-8.

[82] 崔北军.关于加强民主党派参政议政能力建设的调查与思考[J].山西社会主义学院学报，2015，3：31-36.

[83] 汪守军，邱雪茹.关于加强民主党派队伍建设的探讨——以加强民主党派参政议政能力建设为视角[J].广州社会主义学院学报，2012，3：21-24.

[84] 邹函奇.参政党能力建设的自身向度研究[J].江苏省社会主义学院学报，2011，4：26-31.

[85] 张釜，何宛英，王宏伟.人才兴盟、人才强盟的战略研究[J].吉林省社会主义学院学报，2006，2：2-6.

[86] 廖继红.民主党派在构建社会主义和谐社会中的优势作用[J].上海市社会主义学院学报，2006，6：17-21.

[87]张晓蕾.周铁农：中国的参政党不是花瓶[J].党史纵横，2007，1：47-50.

[88]关锋.坚持辩证唯物主义和历史唯物主义世界观和方法论[J].红旗文稿，2019，1：12-14.

[89]中国农工民主党湖南省委员会.课题调研是参政议政的好形式[J].前进论坛，1999，1：10-11.

[90]兰徐民.领导力的构成及其形成规律[J].领导科学，2007，22：34-35.

[91]王运启.领导者如何培养领导力[J].饲料博览·管理版，2009，1：15-17.

[92]韩启德.讲政治 有依据 真管用 文风实：民主党派参政议政"四要"[J].人民论坛，2017，20：6-8.

[93]刘春雷.民主党派参政议政能力建设探析[J].湖南省社会主义学院学报，2016，2：20-22.

[94]任世红.民主党派与智库的功能区分及联结[J].团结，2016，6：43-48.

[95]卢丽芬，刘军，庞建辉.浅谈民主党派参政议政中存在的问题及对策[J].广西社会主义学院学报，2006，4：22-24.

[96]陈昌福.民主党派在处理政党关系中面临的几个问题[J].上海市社会主义学院学报，2008，2：35-38.

[97]潘碧灵.练好调查研究基本功[J].旗帜，2019，12：35.

[98]周群.浅论新时期民主党派参政议政的性质、地位和作用[J].广西教育学院学报，2003，1：80-84.

[99]黄祖军.新时代民主党派马克思主义意识形态的认同与建构[J].理论导刊，2020，7：67-73.

[100]陈维加，杜亮.寻找新特点 把握新规律 开拓新局面——民盟

地方组织开展参政议政工作的几点做法[J].中央社会主义学院学报,2006,5:149-151.

[101]徐路.浅析社会服务与参政议政相结合[J].民主,2012,6:6-8.

[102]武鸿麟.以中国特色社会主义理论为指导认真履行参政党职能——民建履行参政党职能的经验和规律刍议[J].贵州社会主义学院学报,2014,4.

[103]曾昭伟.在不断加强自身建设中提高参政议政水平——从湖南省各民主党派参政议政"模式"看党派自身建设与参政议政的辩证关系[J].湖南省社会主义学院学报,2000,1:16-18.

[104]杨雪燕.新形势下加强多党合作制度化、规范化、程序化建设的思考[J].福建省社会主义学院学报,2014,1:9-17.

[105]刘斌志,秦莲.中国特色社会主义参政党能力建设的核心指标与发展策略[J].湖南省社会主义学院学报,2020,3:24-28

[106]中国农工民主党东莞市委员会课题组.东莞市民主党派社会服务品牌化与社工机构公益创投项目建设情况的比较与思考[J].广东省社会主义学院学报,2014,4:35-38.

[107]任瑞珏.六十年来多党合作的历程及启示[J].广东省社会主义学院学报,2009,4:28-31,6.

[108]黄德斌.浅谈民主党派社会服务活动的属性定位与多因素困惑[J].湖北民族学院学报(哲学社会科学版),2015,2:153-157.

[109]于速,刘丽利.民主党派社会服务工作浅析[J].吉林省社会主义学院学报,2015,2:6-8.

[110]李仲学,祖秉辉,赵怡晴,李翠平.社会责任的动态规律与应对策略[J].中国人口资源与环境,2012,22卷专刊.

[111]赵道静.新形势下民主党派社会服务工作相关问题探析[J].湖北

省社会主义学院学报, 2009, 5: 44-46.

[112] 姜泽廷. 志愿服务价值与马克思主义人的价值理论的联系[J]. 北京交通大学学报（社会科学版）, 2012, 2: 91-94, 130.

[113] 范丽娟. 文化现代化：梁漱溟乡村建设思想的着力点[J]. 安徽史学, 2006, 5: 87-91.

[114] 农工民主党河北省委员会课题组. 对新时期民主党派提高参政议政能力建设问题的思考[J]. 河北省社会主义学院学报, 2012, 2: 23-26.

[115] 高峻. 新中国建国初期多党合作制的确立[J]. 政协天地, 2011, 6: 40-41.

[116] 范焕军. 让民主党派建议坐上"直通车"[J]. 民主, 2021, 1: 19-21.

[117] 任洋洋. 当前政府信息公开工作中存在的问题与对策建议[J]. 青年与社会, 2013, 28: 5-6.

[118] 羿宗哲. 对参政议政有关问题的思考[J]. 江苏省社会主义学院学报, 2013, 2: 23-27.

[119] 何延政. 发挥互联网优势履行参政议政职责的思考[J]. 前进论坛, 2015, 1: 43-44.

[120] 欧阳琳. 衡阳民盟提高履行参政议政水平的问题和对策[J]. 致富时代·下半月. 2009, 10.

[121] 王玉佩, 刘俊迈, 李津川, 刘春艳, 张剑羽, 王瑞. 科学履职是民主党派参政议政的必然要求[J]. 天津政协, 2013, 8: 8-13.

[122] 程红. 民主党派参政议政、民主监督两大职能的再认识[J]. 江苏省社会主义学院学报, 2013, 4: 37-39.

[123] 傅德辉. 谈谈如何搞好调查研究[J]. 政策, 2014, 7: 4-7.

[124] 沈殿忠. 准确理解和把握参政议政的完整含义（上）——深入学

习《意见》("5号文件")的几点体会[J].前进论坛,2006,1:11-13.

[125]沈殿忠.准确理解和把握参政议政的完整含义(下)——深入学习《意见》("5号文件")的几点体会[J].前进论坛,2006,2:10-12.

[126]詹成付.不断深化对社会组织工作规律性的认识[J].中国民政,2017,18:28-31.

[127]杨君武.民盟前辈领导人的乡村建设理论和实践及其对当前中国新农村建设的启示[J].文史博览(理论),2009,2:40-45.

[128]胡木天.民盟社会服务工作的政党属性之我见[J].群言,2016,10:19-21.

[129]王夫玉.民主党派社会服务的职能定位及创新路径分析[J].江苏省社会主义学院学报,2011,6:22-26.

[130]刘京希.社会建设中的现代政党——政党社会属性演化的新动向及由此所决定的党社关系[J].学习与探索,2008,6:103-106.

[131]焦平生.新世纪新阶段民主党派社会服务的理性思考[J].中国统一战线,2005,10:22-23.

[132]李晔,管永前.知识分子参与新农村建设的模式研究[J].新闻爱好者,2011,5:115-116.

[133]徐锋,李军.论执政党的社会影响力[J],临沂师范学院学报,2003,25(1):116-118.

[134]张静,唐杰.社会影响力分析综述[J].中国科学:信息科学,2017,8:967-979.

[135]中国致公党中央委员会研究室.致力为公谋国是——近年来中国致公党参政议政工作纪实[J].中国统一战线,2000,12:

24-25.

[136] 王维平. 向民盟先贤学习　光大调查研究之风[J]. 中央盟讯, 2021, 2: 43-44.

[137] 肖贵清. 彰显和发挥我国共产党领导的多党合作和政治协商制度的优势[J]. 理论导报, 2019, 12: 4-6, 10.

[138] 孙明媚, 王雁菊. 提高民主党派参政议政能力的理论探讨[J]. 党政干部学刊, 2018, 1: 22-26.

[139] 金民卿. 深刻认识辛亥革命的伟大历史意义[J]. 党建, 2021, 11: 25-27.

[140] 徐本力. 对提升民主党派参政议政基础和能力的几点思考[A]. 人民政协理论与实践研究——上海市人民政协理论研究会2009年度论文集[C]. 上海: 上海人民出版社, 2010.

[141] 徐若冰. 以互联网思维促进民主党派、无党派人士协商议政的知情渠道和信息平台建设的思考[A]. 云南省第八届社会科学学术年会文集. 统一战线与社会主义协商民主研究[C], 2014.

[142] 包松娅. 用光明驱散贫困[N]. 人民政协报, 2011-12-21（A03）.

[143] 孙东升. "必须坚持把马克思主义基本原理同中国具体实际相结合、同中华优秀传统文化相结合"——做好"两结合"掌握主动权[N]. 北京日报, 2021-09-13.

[144] 胡国喜. 从三个维度认识共产党领导的多党合作和政治协商制度[N]. 学习时报, 2018-03-21（A2）.

[145] 虞崇胜. 多党合作制度百年启示录[N]. 人民政协报, 2021-04-27（08）.

[146] 山东省习近平新时代中国特色社会主义思想研究中心（执笔: 何中华）. 深刻理解马克思主义基本原理同中华优秀传统文化相结合[N]. 人民日报, 2021-08-09（12）.

[147] 段光鹏. 马克思恩格斯论无产阶级政党的领导[N]. 中国社会科学网－中国社会科学报, 2021-04-14.

[148] 张梅颖. 抚今追昔忆陶公[N]. 光明日报, 2011-02-10 (15).

[149] 杨昕. 马克思主义党的学说史是系统且不断发展的理论[N]. 学习时报, 2018-06-08 (A7).

[150] 姜秀荣. 马克思主义在中国的早期传播[N]. 光明日报, 2018-07-18 (11).

[151] 蔡达峰. 深入理解参政党作用和参政党建设的关系[N]. 人民政协报, 2019-01-11 (07).

[152] 房宁. 我国社会主义民主政治的特有形式和独特优势[N]. 人民日报, 2018-11-25 (05).

[153] 陈惠丰. 协商民主的含义及政协协商在其中的位置[N]. 人民政协报, 2015-05-27 (04).

[154] 王珊. 新时代参政党建设的重要途径[N]. 人民政协报, 2019-01-25 (11).

[155] 高友东. 新时代中国特色社会主义参政党建设的认识与思考[N]. 光明日报, 2018-04-28 (07).

[156] 周淑真. 政党协商——多党合作制度的核心要素[N]. 人民政协报, 2016-01-20 (08).

[157] 周淑真, 吴美华. 建立中国特色社会主义政党制度理论体系的思考[N]. 人民政协报, 2008-04-28 (11).

[158] 多党合作理论和实践的发展创新[N]. 团结报, 2019-09-26 (005).

[159] 龚亮, 王海磬. 参政履职重头戏 统战工作大品牌[N], 光明日报, 2017-04-11 (15).

[160] 乔传秀. 政协协商民主建设关键在于"真协商"[N]. 人民政协报,

2015-08-12（04）.

[161] 张冠梓. 中国式现代化道路的时代特质与世界意义[N]. 光明日报，2022-04-13（06）.

[162] 张震宇. 建立常态化的民主党派参政议政工作机制[N]. 人民政协报，2017-09-06（08）.

[163] 袁廷华. 民主党派基本职能的新拓展. 人民网－人民日报[N]，2015-08-14.

[164] 吴传毅. 专家与杂家[N]. 学习时报，2014-01-13（D3）.

[165] 樊惠杰. 增强意识 把握规律——关于民主党派提高参政议政能力的思考[N]. 团结报，2012-6-12（008）.

[166] 张海鹏."半殖民地半封建"概念的提出及重大意义[N]. 北京日报，2021-04-12（10）.

[167] 钱振明. 百年大党与多党合作[N]. 人民政协报，2021-06-16（08）.

[168] 钱振明. 参政党履职能力建设路径选择[N]. 人民政协报，2020-06-10（11）.

[169] 曹政伟. 民主党派参政议政工作规律性研究[N]. 团结报，2017-04-18（008）.

[170] 张晓文."小信息"服务"大民生"——本溪市政协反映社情民意信息工作侧记[N]. 友报，2019-02-15：2.

[171] 黄昌盛. 借力"外脑"打造参政"智囊团"——民主党派探索借助外部人才充实参政履职力量[N]. 团结报，2020-12-24（001）.

[172] 吴棉国. 发挥民主党派优势 助力乡村振兴[N].2020-12-23（08）.

[173] 范笑天. 推进民主党派智库建设[N]. 人民政协报，2015-11-25（03）.

[174] 关于建国以来党的若干历史问题的决议[N].人民日报,1981-07-01(01).

[175] 刘芳.民主党派社会服务六十年:到最需要的地方去[N].团结报,2009-9-15.

[176] 徐燕峰.做好民主党派社会服务工作的一些思考[N].团结报,2018-07-11.

[177] 刘友梅,顾意亮.东西互助 联手发展——民盟上海市委践行农村教育"烛光行动"纪实[N].人民政协网-人民政协报,2014-10-10.

[178] 黄改荣:守护"夕阳红"三十三载初心不变[N].人民政协报,2020-01-07(08).

[179] 马洪香.民主党派社会服务问题研究——以民建山东省委为例[D].济南:山东师范大学,2014.

[180] 孔祥昊.我国民主党派参与社会服务工作研究[D].南京:东南大学,2017.

[181] 向钊.现代化视角下对梁漱溟乡村建设运动的分析[D].上海:复旦大学,2011.

[182] 李黎明.梁漱溟乡村建设研究[D].石家庄:河北师范大学,2008.

后　记

经过多方共同努力，拙作《学思践悟　细照笃行——关于民主党派履职尽责的行与思》即将付梓。这既是一份礼物，献给我热爱的多党合作事业；也是一份承诺，表达的是对各民主党派老一辈崇高风范、优良传统的敬意和传承。

蓦然回首，感慨良多。把自己多年工作的感悟思考分享给广大同道是作者长久以来的心愿，但把这些感悟思考形成一部书是原来没想过的事。能让作者有这样的想法和心思，缘于民主党派前辈精神的激励和感召，缘于师长、领导、家人和朋友的关爱和鞭策，缘于作者对做好民主党派工作的使命感和责任感。从起心动念到成书出版，历经3年多时间终于完成，心中倍感欣慰。栉风沐雨，玉汝于成，前路漫漫，重任在肩。未来的路还很长，只有不断学习实践，踔厉奋发，勇毅前行，才能不辜负世间的一切美好。

在这里，我要诚挚感谢已经去世的云南省人大常委会原副主任、民盟云南省委原主委高晓宇和曾经的直接领导寸镇西两位先生，是他们引导我走上多党合作事业的道路，也是他们手把手教会我如何坚持民盟优良传统，更好地做好民主党派工作。民主党派前辈的品质操守和道德文章永远是我不断前行的指路明灯。斯人虽逝，风范长存，这薄薄的几页稿纸，算是一个晚辈对他们表达的深深怀念和崇高敬意。

我也要诚挚感谢多年来给予我关心教导和帮助支持的历届领导和各位同事，是他们坚定了我热爱祖国、守正创新、知盟爱盟和矢志不渝的理想信念，坚韧不拔、修德守身，对民主党派工作一片赤诚的意志品格和战胜一切困难挑战的信心决心。当然，我也要深深感谢我的父母妻儿、兄弟姐妹、至爱亲朋，是他们赋予我生命更多的意义和价值，也是这本书能够问世的根本动力源泉之所在。

在本书的写作过程中，我参考了大量文献资料。其中引用的原文已按规定标注出处，对本书写作起重要启发、参考作用的资料均列入"参考文献"中。谨在此表示衷心的感谢！

最后，我还要真诚感谢民盟中央宣传部一级调研员马向东，群言出版社社长马红治、总编助理孙平平的关心帮助和鼎力支持。

往者不可谏，来者犹可追。经历多少风霜雨寒，才能迎接明天绚丽的彩虹。今天一切只是起点，未来还需不懈努力。由于理论水平和实践能力限制，书中错谬何止一二，恳望各位专家学者、民主党派实务工作同仁和广大读者不吝赐教，多多提出批评意见，以便今后不断修改完善，一起更好地为多党合作事业添砖加瓦，贡献力量。

作 者